LA NUEVA HOMOSEXUALIDAD

UNO Y LOS DEMÁS / 11
Colección dirigida por Elena Cordera

Títulos publicados:

Marina Castañeda

LA NUEVA HOMOSEXUALIDAD

PAIDÓS

México • Buenos Aires • Barcelona

Portada: Joan Batallè

De todas las ediciones en castellano,
© 2006, 2012, Ediciones Culturales Paidós, S.A. de C.V.
Bajo el sello editorial PAIDÓS M.R.
Avenida Presidente Masarik núm. 111, Piso 2
Colonia Polanco V Sección
Delegación Miguel Hidalgo
C.P. 11560, Ciudad de México
www.planetadelibros.com.mx
www.paidos.com.mx

Primera edición: 2006
Quinta reimpresión: enero de 2018
ISBN-13: 978-968-853-660-5
ISBN-10: 968-853-660-1

Impreso en los talleres de Encuadernación Domínguez
Progreso núm. 10, colonia Centro Ixtapaluca, Estado de México
C.P. 56530, México
Impreso y hecho en México – *Printed and made in Mexico*

Para todos aquellos que no llegaron a este día

ÍNDICE

INTRODUCCIÓN

Cuando terminé de escribir *La experiencia homosexual,* hace siete años, expresé la esperanza de que su tema, la psicología de la homosexualidad, se volviera irrelevante en una o dos generaciones. Me pareció lógico pensar que ya no harían falta investigaciones especializadas al respecto en cuanto los homosexuales dejaran de ser una población marginal con su propia psicología y formas de relación. Cuando la sociedad aceptara plenamente a los homosexuales, otorgándoles los mismos derechos que a los heterosexuales, se desvanecerían por fin los prejuicios, el estigma, la discriminación, y por ende la particularidad de la condición homosexual. En una palabra, cuando de veras se "normalizara" la homosexualidad, tenderían a desaparecer las diferencias. Imaginé que todo esto sucedería en unos treinta o cuarenta años.

Jamás pensé que esta "normalización" se daría tan pronto. La percepción de la homosexualidad, sobre todo entre los jóvenes, ha cambiado radicalmente en sólo unos años. En la última década, el matrimonio gay (o alguna variante) se ha aprobado en más de veinte países. Han tenido un gran éxito comercial diversas películas y series televisivas con temática gay, que presentan a personajes homosexuales sanos, atractivos y a todas luces "normales", revirtiendo así una larga tradición de imágenes negativas. La moda y la publicidad han promovido un erotismo bisexual antes impensable, ahora *chic.* Ha surgido un nuevo modelo de masculinidad, el llamado metrosexual, que usa productos de belleza y aretes sin despertar objeción alguna por parte de los hombres y menos aún de las mujeres. A nadie le parece ya extraño escuchar a estrellas del espectáculo proclamar su homosexualidad o su bisexualidad, con la misma naturalidad que si hablaran de sus pasatiempos favoritos.

La homosexualidad, siempre oculta y marginal, se ha ido integrando a la imagen que la sociedad tiene de sí misma. En todos los países industrializados las encuestas revelan una aceptación creciente de esta orientación, aunque no bajo cualquier forma. El acuerdo tácito parece ser: "Nosotros los aceptaremos como personas normales, a condición de que ustedes se comporten como tales", es decir, como heterosexuales. La normalización de la homosexualidad no se ha dado bajo los términos de la liberación gay de hace treinta o cuarenta años, que cuestionó las bases mismas de la sociedad patriarcal y la familia nuclear al imaginar un mundo de relaciones libres e igualitarias. Antes bien, se ha dado bajo el signo de un exacerbado conformismo.

Un buen ejemplo de ello serían las marchas del orgullo gay que transcurren cada verano en las grandes ciudades de Occidente: en muy pocos años se han vuelto eventos casi anodinos que ya no sorprenden —y menos aún chocan— a nadie. En 2005, una reportera de la BBC que describió la marcha en Londres comentó, con cierto asombro, que casi todos los participantes eran gente común y corriente, "como usted o yo", y notó cómo se iba integrando a la marcha el público heterosexual con todo y sus hijos pequeños, cosa impensable hace apenas unos cuantos años.

Sin embargo, no debemos olvidar que esta normalización de la homosexualidad es en realidad revolucionaria. El hecho de que una minoría siempre marginada, y casi siempre perseguida, haya logrado tan rápido la inserción social que hoy observamos es un fenómeno sin precedentes en la historia. Veamos algunas analogías históricas. La lucha por los derechos civiles de los negros en Estados Unidos ha tomado mucho más tiempo: de la emancipación de los esclavos en 1865 al sufragio efectivo de los africano-americanos en 1965 pasó exactamente un siglo, y muchos dirían que su plena integración no se ha logrado aún. Asimismo, otros fenómenos socioculturales como el divorcio, la anticoncepción y el aborto tardaron más en ser aceptados —o todavía no lo han sido— en muchos lugares.

La "normalización" de la homosexualidad (aunque sólo en algunos países) ha avanzado mucho más rápido. Del inicio del movimiento de la liberación gay, en 1969, hasta la legalización de una variante del matrimonio gay en Dinamarca, en 1989, pasaron veinte años. Hace apenas tres décadas, los profesionales de la salud todavía clasificaban a la homosexualidad como una patología; en Inglaterra, la homosexualidad masculina dejó de ser delito hace menos de cuarenta años. Claro, en muchos países sigue creyéndosela una enfermedad: todavía hoy, en México, existen profesionales de la salud que intentan "curarla" con psicoterapia, hipnosis, condicionamiento aversivo e incluso hormonas. Con todo, el hecho de que ya ninguna asociación médica o psicológica seria la considere como tal refleja una transformación cultural de grandes alcances.

Esto es aún más sorprendente si pensamos que el estatus de la homosexualidad está ligado al de otras minorías que no han logrado tanto, como los negros, que siguen padeciendo discriminación, o las mujeres, que siguen ganando mucho menos que los hombres. La paulatina normalización de la homosexualidad ha dependido de otros cambios en la forma de pensar de la gente, y está íntimamente ligada a otros movimientos sociales y culturales que van mucho más allá de la liberación gay. El feminismo, la militancia creciente de todas las minorías, el énfasis en la diversidad como fundamento de la democracia, la visión cada vez más amplia de los derechos humanos, y aun tendencias académicas como el posmodernismo, han contribuido a este proceso de integración social. Incluso el auge de un consumismo que busca continuamente nuevos nichos de mercado ha sido fundamental en la normalización de la homosexualidad. Todos estos factores sociales, culturales y económicos han promovido la igualdad de derechos para los homosexuales, aunque éstos no hayan sido su objeto inicial.

A su vez, los homosexuales han desempeñado un papel importante en estos cambios paralelos. Han participado en el vasto movimiento hacia la equidad de género al romper con los roles tradicionales de hombres y mujeres y ofrecer nuevas definiciones de la masculinidad y la feminidad. Han abierto los esquemas del matrimonio heterosexual al encarnar modelos alternativos de pareja y familia y enseñarnos nuevas maneras de concebir el amor y la amistad. Han demostrado en los hechos algo que las feministas siempre han proclamado en la teoría: que los roles tradicionales en la pareja y la familia no son "naturales" ni inmutables, sino que pueden existir formas de relación más igualitarias y flexibles, con reglas del juego abiertas y siempre negociables.

La homosexualidad femenina ha demostrado, asimismo, una de las tesis centrales del feminismo: las mujeres son perfectamente capaces de vivir sin los hombres. Las lesbianas no sólo se bastan a sí mismas: confirman que es posible realizarse plenamente como mujeres sin casarse ni tener hijos, condiciones antes consideradas la esencia misma de la identidad femenina. Por ejemplo, es un hecho notable, aunque poco comentado, que muchas de las mujeres más prominentes en la vida política y cultural de México sean lesbianas. No es que sean más inteligentes, sino que han dedicado sus vidas al estudio y al trabajo, en lugar de atender de tiempo completo a esposo e hijos durante décadas enteras. Por su parte, muchos hombres gays están ratificando que hay diversas formas de ser hombre, y que el machismo no es necesariamente la única ni la mejor manera de asumir la masculinidad. Por todo ello podemos decir que los homosexuales han contribuido a la gran transformación social de los últimos treinta años, y si bien se han beneficiado de otros movimientos, también los han impulsado.

Finalmente, la aceptación creciente de la homosexualidad ha contribuido al surgimiento de una bisexualidad cada vez más visible, aunque todavía poco comprendida. En la medida en que disminuye la homofobia, más personas se atreven a vivir experiencias homosexuales sin necesariamente definirse como tales, y se sienten libres de enamorarse y relacionarse con ambos sexos. Éste sería el caso de los llamados "heteroflexibles" en México, jóvenes heterosexuales que, sin buscarlo deliberadamente, de repente aceptan relacionarse eróticamente con personas del mismo sexo. Asimismo, muchos hombres heterosexuales han adoptado prácticas antes consideradas propias de los homosexuales, como recibir estimulación anal.

Esto no implica necesariamente un aumento en la población homosexual, sino la aceptación creciente de conductas y sentimientos que antes eran tabú por su asociación con la homosexualidad. Vemos así cómo se está abriendo, por primera vez en la historia, un abanico de posibilidades en el amor y el sexo que jamás se habían vivido con tanta libertad, y esto para todo el mundo, no sólo para los homosexuales.

Ahora bien, esta normalización no se está dando a un mismo ritmo en todas las sociedades. No cabe duda de que se ve más entre los jóvenes, en las grandes ciudades, en los países industrializados, y donde hay una menor influencia de la religión, sobre todo la católica y la musulmana. En México podemos observar actitudes muy extremas hacia la homosexualidad. Por un lado, y a pesar de toda la información disponible, persiste una homofobia profunda basada en el desconocimiento y el machismo. Según esta doctrina de la superioridad masculina, hombres y mujeres son valores antagónicos: el verdadero hombre no debe parecerse en nada a las mujeres, y estas últimas no deben usurpar los atributos supuestamente exclusivos del hombre, sean éstos intelectuales, laborales o emocionales. La homosexualidad se considera una transgresión de esta regla cardinal del machismo y, por ende, apenas se tolera. Observamos, en efecto, que el machismo y la homofobia siempre van de la mano y se refuerzan mutuamente.

En México, la televisión y la prensa amarillista han perpetuado, además, una serie de estereotipos burdos e ignorantes al presentar a los varones homosexuales como afeminados, frívolos e histéricos, en un acercamiento no sólo homofóbico sino profundamente misógino. Las (pocas) lesbianas suelen aparecer, asimismo, en roles masculinizados y caricaturescos. Estos estereotipos, y el rechazo que provocan, explican en parte la muy elevada incidencia de crímenes homofóbicos en México: nuestro país ocupa el segundo lugar del hemisferio en esta categoría, después de Brasil.

En el otro extremo, en las grandes ciudades escuchamos a un número cada vez mayor de jóvenes hablar de su homosexualidad o bisexualidad con una naturalidad asombrosa y sin vergüenza alguna: narran que sus compañeros los aceptan sin problema, pero se quejan muy a menudo de las actitudes "retrógradas" de sus padres y maestros. Observamos, en efecto, un cambio generacional muy marcado entre las personas nacidas antes y después de 1980 aproximadamente, o sea, según hayan sido niños y adolescentes antes o después de la liberación gay. Por ejemplo, una encuesta reciente en México revela que, si bien 57 % de los adultos mayores de 65 años piensan que debe rechazarse la homosexualidad y sólo 24 % creen que deba aceptarse, entre los jóvenes de 16 a 25 años las cifras se invierten: 75 % creen que debe aceptarse, mientras que sólo 18 % piensan lo contrario.[1] Otra encuesta ratifica que la intolerancia hacia la homosexualidad ("Nunca se justifica") cambia radicalmente según la edad: si bien los adultos mayores de 50 años la rechazan en 39 %, sólo lo hacen 26 % de los jóvenes de 18 a 29 años.[2] No cabe duda de que, conforme crezca esta nueva generación, la tendencia hacia la normalización seguirá avanzando en México, tal y como está sucediendo en los países industrializados de Occidente.

Observamos esta brecha generacional en casi todas partes. Una encuesta reciente en la Universidad de California nos muestra que 57 % de los estudiantes están a favor del matrimonio gay, contra 36 % de los adultos norteamericanos;[3] la diferencia nos señala nuevamente la magnitud del cambio en curso. Un libro publicado en 2005 describe al "nuevo adolescente gay" en Estados Unidos[4] y nos da una idea muy clara de las implicaciones de esta evolución. Parece que los jóvenes se están dando cuenta de su homosexualidad mucho antes que la generación anterior. Según diversos estudios, los varones gays hoy día se dan cuenta de sus deseos homosexuales alrededor de los 10 años en promedio, y las lesbianas a los 12 años; los varones tienen su primera experiencia sexual a los 14, y las jóvenes lesbianas a los 16. En los dos casos, los jóvenes salen del clóset alrededor de los 18 años. Hace un par de décadas, todo ello sucedía cuatro o cinco años más tarde.

Estas cifras sugieren una transformación radical en la experiencia homosexual. Nos dicen varias cosas: en primer lugar, que los jóvenes ya no creen que la homosexualidad sea una enfermedad, un crimen ni algo de qué avergonzarse. En segundo lugar, viven una integración social —e incluso escolar— mucho mayor de la que conoció la generación anterior. Esto significa, entre otras cosas, que ya no necesitan acudir a los antros o a la calle para conocer a otros jóvenes gays: en sus escuelas y ciudades ya existen espacios sociales (clubes, lugares de reunión) específicamente para ellos. Gracias a eso están a salvo de muchos de los peligros que amenazaron a sus antecesores. En tercer lugar, no temen sentir y expresar su atracción hacia personas del mismo sexo, porque perciben un entorno social y familiar mucho más tolerante.

---

[1] Encuesta nacional publicada en el diario *Reforma*, p. 6A, 17 de septiembre de 2005.
[2] "Encuesta mundial de valores en México", *Reforma*, p. 4A, 12 de febrero de 2006.
[3] "The Battle Over Gay Teens", *Time*, 10 de octubre de 2005.
[4] Ritch C. Savin-Williams, *The New Gay Teenager*.

En suma, todo el proceso de descubrir y asumir la homosexualidad se
ha vuelto mucho más rápido y fácil. Hace sólo veinte años, como señalé
en *La experiencia homosexual,* los homosexuales tenían que pasar por un largo periodo de dudas, confusión, vergüenza, aislamiento y dolor, antes de
asumir plenamente su orientación. Todo el proceso tomaba al menos una
década, marcaba toda la adolescencia, y daba lugar a un retraso importante
en ciertas áreas de la maduración psicológica. Ahora se ha reducido a la
mitad. Esto significa que el desarrollo psicosexual de los jóvenes gays es
ya muy similar al de los heterosexuales, tanto en sus tiempos como en su
grado de inserción social. Es posible, por ende, que la gran tragedia de la
adolescencia gay esté llegando finalmente a su término.

Este profundo cambio no sólo afectará a los homosexuales: tendrá vas-
tas repercusiones sociales que apenas empezamos a vislumbrar. Todas las
relaciones familiares y las normas sociales se verán influidas por la aceptación de la homosexualidad, desde la educación de los niños hasta los roles
de género y la creación de nuevos tipos de pareja, familia y comunidad.
La normalización de la homosexualidad no sólo es cosa de homosexuales:
afecta a la sociedad en su conjunto y está estrechamente vinculada a su
evolución futura.

En este ensayo examino algunas de las formas e implicaciones de dicha
transformación. Analizo, en una primera parte, los aspectos sociales de
esta nueva homosexualidad. En el capítulo inicial reviso algunas tendencias
de la historia reciente, incluyendo los dilemas que hoy plantea la gradual
integración social de lo que antes era una población clandestina. Planteo
lo que podría llamarse el círculo virtuoso de la visibilidad, gracias al cual el
número creciente de gente abiertamente gay genera más aceptación social,
lo que a su vez impulsa a más gente a salir del clóset, promoviendo así una
mayor visibilidad y aceptación, etcétera.

En el segundo capítulo describo las herramientas de investigación
que se han utilizado para captar el llamado "mercado gay" —encuestas,
estudios de mercado, investigación publicitaria, ventas por catálogo y por
internet— y que han transformado radicalmente nuestro conocimiento
de la homosexualidad. Enseguida intento esclarecer los vínculos entre,
por un lado, el mercado gay, la publicidad y cierto estilo de vida gay, y,
por el otro, la aceptación paulatina de la homosexualidad. Muestro cómo
las grandes corporaciones han puesto de moda una imagen idealizada de
los homosexuales, logrando incluso más, en este sentido, que el propio
movimiento de liberación gay. Sin embargo, como también lo señalo, esta
cooptación comercial de la homosexualidad ha tenido un costo elevado
para la identidad gay en su esencia más profunda.

En el capítulo 3 examino el papel central que ha desempeñado internet
en la construcción de la nueva homosexualidad al combatir la ignorancia

y el aislamiento, creando una comunidad virtual sin precedentes. Analizo cómo este medio de comunicación ha transformado asimismo la sexualidad gay, a través de la pornografía y los *chatrooms*. Describo algunos de los usos y costumbres del ciberespacio gay, que ha venido a reemplazar, o en todo caso a ampliar, el gueto en que anteriormente habitaban los homosexuales. Por último, destaco la importancia de internet en la lucha por los derechos civiles de la población homosexual.

En el cuarto capítulo hablo del matrimonio gay: sus antecedentes y variantes, la legislación al respecto en diversos países, las encuestas sobre el tema y los debates que ha suscitado tanto en la sociedad heterosexual como entre los mismos homosexuales. Presento información sobre quiénes se casan y por qué, basándome en datos que sólo han podido conocerse desde que se legalizó el matrimonio entre personas del mismo sexo. En ese capítulo queda demostrado que existe una enorme población de parejas homosexuales estables y duraderas, cuya existencia se desconocía porque vivían tranquilamente en su casa de manera más o menos invisible, sin participar en las marchas ni salir en los censos. Analizo también el estado actual del debate sobre la adopción y la crianza de hijos por parte de las parejas gays y lésbicas, así como las investigaciones al respecto y la posición de las principales asociaciones médicas, psicológicas, psicoanalíticas y psiquiátricas.

El capítulo 5 se centra en las formas contemporáneas de la homofobia social (y no la internalizada, que ya describí en *La experiencia homosexual*). Intento explicar su papel central en la propaganda de muchos partidos, organizaciones y gobiernos conservadores, que han tomado como chivo expiatorio a la figura del homosexual en sus intentos por revertir todos los avances sociales de los últimos treinta años. Expongo los peligros de la *homofobia reactiva,* que se opone no sólo a la homosexualidad en sí misma, sino a su aceptación social y jurídica. Este capítulo es el más extenso, como contrapeso indispensable a los avances descritos en los demás. No porque la homosexualidad sea cada vez más visible y aceptada ha desaparecido la homofobia; al contrario, puede llevar a su resurgimiento.

Una segunda parte de este libro recoge una gama de casos reales que muestran cómo se está viviendo a nivel individual la normalización de la homosexualidad en una sociedad tan conservadora como la mexicana. Los ejemplos presentados en los capítulos 6, 7 y 8 no pretenden ser representativos; antes bien, se trata de personas y parejas excepcionales cuya experiencia ilustra no lo típico, sino lo posible. Las entrevistas extensas con dos parejas de larga duración, una masculina y otra femenina, en los capítulos 6 y 7 respectivamente, demuestran que se puede mantener una relación homosexual estable y feliz a través de los años, a pesar de la homofobia tanto interna como externa.

Además, una de las mujeres entrevistadas presenta la particularidad de haber sido heterosexual y madre de dos hijos; su historia permite, por tanto, vislumbrar cómo puede darse un cambio de orientación sexual en la etapa adulta. Los dos capítulos incluyen algunas reflexiones sobre la larga y rica experiencia de estas parejas, sus fortalezas y debilidades, que pueden resultar de interés para lectores de cualquier orientación sexual. He intentado abstenerme de todo juicio moral en mis comentarios; cada lector decidirá si los ejemplos aquí presentados merecen su aprobación.

El capítulo 8 presenta algunas entrevistas cortas, que ilustran la aceptación de la homosexualidad en uno mismo y en personas cercanas. Se trata, primero, de una joven lesbiana que nos ofrece su testimonio personal. Le sigue el relato, lúcido y generoso, de un hombre cuya esposa le anunció que era lesbiana después de quince años de casados. Gracias a una apertura y comunicación excepcional, esta pareja logró, tras varios intentos por mantener su matrimonio, una separación respetuosa y enfocada al bienestar de los hijos. Finalmente, la madre de un joven homosexual nos cuenta su proceso de aceptación, con todo y sus temores, dudas y culpas, y cómo llegó a respetarlo y apoyarlo incondicionalmente.

En la conclusión hablo de las posibles direcciones de esta evolución en la mentalidad y las costumbres, preguntándome qué sigue después de los innegables avances de los últimos veinte años. Expongo algunos de los retos que enfrentan los homosexuales en su proceso de integración social: argumento que urge ir más allá de la victimización al exigir respeto, y ya no compasión, de la sociedad. Describo lo que podría ser la *dignidad gay* en esta época de transición. Asimismo, analizo la aceptación social que ha logrado la homosexualidad entre los jóvenes, cuestionando si refleja una tolerancia real o sólo una actitud de indiferencia hacia lo que hagan los demás "mientras no se metan conmigo". Después de todo, el relativismo no es lo mismo que el respeto a la diversidad; queda mucho trabajo por delante para alcanzar una plena integración y consolidarla frente al resurgimiento actual de la derecha reaccionaria.

En este libro no me detengo en el vastísimo tema de la representación cambiante de la homosexualidad en los medios masivos y el cine, que merecería otro ensayo de igual dimensión y que probablemente reflejaría las mismas luces y sombras que aquí describo. Tampoco me acerco al tema sumamente complejo de la bisexualidad, que está sin duda ligada a la nueva homosexualidad pero que ameritaría un examen más profundo del que podría presentar en este libro. Asimismo, en términos generales no toco los aspectos problemáticos de la homosexualidad hoy día, ni sus características psicológicas, ya examinadas con detalle en *La experiencia homosexual*. A los lectores que encuentren demasiado idealizada la visión de la homosexualidad que presento aquí, les recomiendo la lectura de ese y muchos otros libros que han descrito las dificultades inherentes a la homosexualidad tal y como se ha vivido hasta ahora.

Mantengo, sin embargo, una posición optimista: la tendencia positiva es innegable, y creo que pronto se volverá tan irreversible como los demás grandes cambios sociales del siglo XX. La homosexualidad actual no tiene nada que ver con la de 1985 o 1990, y será cada vez más normal, hasta que un día pase inadvertida: entonces, paradójicamente, desaparecerá. La homosexualidad histórica, llena de dolor y vergüenza, está llegando a su fin. Es hora de dar vuelta a la página.

Capítulo I

HISTORIA DE LA NUEVA HOMOSEXUALIDAD

La "normalización" de la homosexualidad que hoy observamos en gran parte del mundo occidental puede parecer repentina, sobre todo a ojos de la gente mayor, pero no sucedió de la noche a la mañana: tardó treinta años y requirió una serie de cambios sociales y culturales que constituyen su base histórica. En este capítulo reviso algunos de esos cambios y muestro cómo se conjugaron con la liberación gay para crear una nueva homosexualidad. Asimismo, analizo algunos de los dilemas que ha suscitado esta evolución, tanto para homosexuales como para heterosexuales.

EL PARTEAGUAS DE LA LIBERACIÓN GAY

Lo primero que salta a la vista es el parteaguas histórico que fue el movimiento de liberación gay: existen una homosexualidad antes y otra después de este fenómeno cultural y social. Las personas que nacieron antes de 1980, años más o menos dependiendo del país, asimilaron todavía las viejas concepciones médicas y psicoanalíticas de la homosexualidad. En aquel entonces los heterosexuales casi no conocían a gente abiertamente homosexual, y lo poco que sabían al respecto tenía más que ver con el prejuicio que con la realidad. Habían escuchado anécdotas o visto películas que representaban a los homosexuales como gente enferma y desdichada que casi siempre terminaba por suicidarse. Los pocos profesionales de la salud interesados en el tema seguían buscando la manera de curar tan terrible patología, sin contar con las herramientas de investigación necesarias para detectar, y menos aún estudiar, a homosexuales sanos.

Los mismos homosexuales vivían su orientación sexual como una patología sin poder informarse al respecto, sin entenderla, y prácticamente sin poder compartirla. La imagen que tenían de sí mismos, es decir, su autoimagen, así como sus relaciones familiares, sociales y de pareja, estaban teñidas de homofobia, vergüenza y temor al rechazo. Vivían casi siempre en la clandestinidad, con muy pocas posibilidades de conocerse entre ellos y, por ende, de tener una vida social normal y de formar parejas y amistades basadas en la afinidad, no sólo en la orientación sexual. De ahí la superficialidad y precariedad de dichas relaciones; de ahí la soledad, considerada durante tanto tiempo inherente a la homosexualidad.

Las cosas comenzaron a cambiar para las personas nacidas en las décadas de 1960 y 1970, cuya adolescencia coincidió por tanto con la liberación gay. Pero no sólo les tocó este último fenómeno, sino también la revolución sexual, las grandes protestas estudiantiles y el movimiento *hippy*, con su exploración del amor libre, los estados alterados y la filosofía oriental. Todo ello contribuyó a promover una gran apertura en las ideas y las costumbres. La creencia casi mística en la paz y la amistad, que hoy parece tan ingenua, por no decir simple, fue en realidad el comienzo de la tolerancia. Es así como la gente joven de esa generación de transición, aunque no entendiera muy bien a los homosexuales, por lo menos estaba dispuesta a dejarlos vivir en paz.

El gran cambio se dio en la generación nacida después del año 1980, aproximadamente, que ya creció con una visión radicalmente distinta de la homosexualidad. A los jóvenes urbanos y globalizados de hoy les parece no sólo normal, sino incluso atractiva la idea de la homosexualidad o la bisexualidad; tienen amigos homosexuales, van a antros gays, y no entienden cómo o por qué era tan problemático el asunto hace apenas veinte años. Por su parte, los jóvenes gays y lesbianas no sienten vergüenza alguna, no ven la necesidad de ocultarse, y hasta les aburre el tema. Es más, para algunos de ellos ni siquiera *es* tema.

Algunos estudiosos observan ya en el mundo gay una brecha generacional que está dificultando la comunicación entre adultos y jóvenes homosexuales para que estos últimos puedan aprovechar la experiencia de sus predecesores, y los mayores aprender a su vez de la nueva generación. Es interesante, por ejemplo, que algunas obras clásicas de la literatura o el cine gay, que fueron referencia obligada hace sólo veinte años, ya no les dicen nada a los jóvenes.

Asimismo, la epidemia del sida fue determinante para la generación anterior: muchos hombres gays no sólo vieron morir a sus amigos, sino que padecieron todo el estigma asociado con el VIH, así como la inmensa pérdida que éste significó para las artes y la cultura. Esa experiencia tan terrible, que se dio tan sólo hace veinte años, casi no ha dejado huella en los jóvenes de hoy, para quienes no es más que historia antigua —lo cual, por cierto, dificulta mucho la campaña por el sexo seguro entre ellos—.[1] En estos ejemplos observamos una brecha generacional cada vez más evidente, que refleja la amplitud del cambio en las últimas dos décadas.[2]

Cómo y por qué se dio este cambio tan radical y con tal rapidez será sin duda, en años venideros, una de las grandes preguntas de la historia cultural y social de nuestra era. Otros cambios de mentalidad, en torno a temas incluso menos tabú que la homosexualidad, tardaron mucho más. El divorcio, la anticoncepción, la equidad de género (en el sufragio y la educación, la igualdad de sueldos entre hombres y mujeres, etc.) necesitaron mucho más tiempo para lograr cierta aceptación social; en algunos lugares siguen siendo muy controversiales. En cambio, en muchos países ya, los homosexuales han conquistado derechos civiles plenos, protecciones contra la discriminación y una aceptación social ampliamente mayoritaria, revirtiendo una homofobia milenaria sólo treinta años después de que iniciara el movimiento de liberación gay.

Este cambio histórico ha transformado por completo el significado y la experiencia de la homosexualidad; difícilmente podríamos subestimar su importancia. Es por él que podemos hablar de una nueva homosexualidad; es por él que observamos todavía un conflicto entre los jóvenes gays de hoy y sus padres y maestros, que aún viven bajo el esquema anterior. Y es por esta normalización tan rápida que la homosexualidad se ha vuelto en Estados Unidos un tema político tan álgido que hasta llegó a influir en la elección presidencial de 2004: junto con el aborto, fue el asunto que más movilizó al llamado voto evangélico, es decir, a los electores de la derecha religiosa que inclinaron la balanza a favor de Bush. La controversia alrededor de la homosexualidad ha adquirido vastos alcances sociales, culturales y políticos. Vale la pena, por tanto, examinar cómo y por qué se dio esta transformación tan radical, en su muy peculiar contexto histórico.

ALGUNOS FACTORES DEL CAMBIO

El primer factor que ha impulsado la aceptación creciente de la homosexualidad ha sido la paulatina separación entre sexualidad y reproducción. No olvidemos que durante muchos siglos la sexualidad fue un asunto religioso: lo prohibido y lo aceptable eran determinados por la Iglesia. Así, la definición y la condena de la sodomía han incluido en distintas épocas la

[1] Para un análisis sumamente interesante de esta brecha generacional, véase Glenda M. Russell y Janis S. Bohan, "The Gay Generation Gap: Communicating Across the LGBT Generational Divide".

[2] Véase también al respecto Ritch C. Savin-Williams, *The New Gay Teenager*.

masturbación, el sexo oral, el bestialismo, el adulterio consentido y cualquier acercamiento físico entre dos hombres, además del sexo anal. O sea, la Iglesia rechazaba toda forma de sexualidad que no fuera sancionada por el matrimonio y que no tuviera como fin la reproducción. En consecuencia, no admitía las relaciones sexuales entre personas del mismo sexo.

En los últimos cuarenta años, gracias a la revolución sexual y a los nuevos métodos anticonceptivos, la sexualidad se ha ido desprendiendo de la procreación para volverse ante todo, en los países industrializados al menos, una forma de placer y de comunicación, y una manera de expresar amor entre las personas. Ha ido creciendo su importancia psicológica comparada con la biológica, y esto ha llevado a una mayor aceptación de una amplia gama de prácticas sexuales, incluyendo las homoeróticas.

Pero también ha cambiado en décadas recientes su función puramente psicológica: la sexualidad ya no es sólo una expresión de amor sino, para muchos, un elemento indispensable del bienestar personal e incluso del estatus social. En los países que pasaron por la revolución sexual, una sexualidad plena se ha vuelto un componente básico de la calidad de vida, al igual que el ejercicio y la buena alimentación. Asimismo, se ha integrado a la frenética búsqueda del placer característica del consumismo y de cierta concepción de la felicidad: mucha gente no se considera feliz ni realizada si no tiene una vida sexual satisfactoria.

La sexualidad también ha llegado a formar parte de la idea de éxito: sólo los fracasados carecen de ella. De ahí su presencia abrumadora en los medios masivos y en el campo de la autoayuda: el sexo es algo que todo el mundo debe tener, y si no lo tiene debe hacer algo al respecto. Lejos de ser, entonces, un asunto íntimo, vergonzoso o tabú, se ha vuelto un tema de la conversación diaria y de innumerables revistas y programas de radio y televisión. Cómo tener más encuentros sexuales y disfrutarlos más son temas casi obsesivos en cierta prensa. La sexualidad ha salido del clóset, y junto con ella la homosexualidad, vista ya como una expresión más del erotismo.

Por otra parte, el estatus de la homosexualidad ante la medicina y la psicología ha cambiado radicalmente en los últimos treinta años. Durante todo el siglo XX, la homosexualidad fue considerada un problema médico, y su investigación, lógicamente, se centró en buscar algún rasgo anatómico, químico u hormonal que explicara su etiología.[3] Nunca se halló una diferencia física entre heterosexuales y homosexuales; estos últimos resultaron no estar enfermos, y la medicina finalmente dejó escapar a su presa. Hoy la investigación ha desviado su rumbo hacia la genética, y aunque existan

---

[3] Véase Francis Mark Mondimore, *Una historia natural de la homosexualidad.*

indicios de que la homosexualidad pudiera tener algún componente genético, ya no se la supone patológica.

Lo mismo sucedió con la larga búsqueda, desde Freud, de características psicológicas que marcaran la orientación sexual. Docenas de investigaciones llegaron siempre a la misma conclusión: no existen diferencias significativas entre la salud mental, ni la estructura de la personalidad, ni las dinámicas de la familia de origen, ni las experiencias infantiles de las personas homosexuales y heterosexuales. Asimismo, las encuestas de Alfred Kinsey en los años cincuenta mostraron que un alto porcentaje de la población heterosexual adulta había tenido experiencias homosexuales, y que la mayoría de la gente no es ni exclusivamente heterosexual, ni exclusivamente homosexual. Investigaciones más recientes han arrojado que al menos una tercera parte de las personas heterosexuales han tenido deseos y fantasías homosexuales, mientras que la misma proporción de homosexuales han tenido deseos y fantasías con personas del otro sexo. Por todo ello está quedando cada vez más claro que la orientación sexual no se sitúa en los extremos, sino en un continuo matizado y cambiante.

Todas estas líneas de investigación convergieron para que las principales asociaciones psicológicas, psiquiátricas y médicas del mundo dejaran de clasificar a la homosexualidad como patología: la American Psychiatric Association en 1973, la American Psychological Association en 1975, la Organización Mundial de la Salud en 1992, así como los principales institutos psicoanalíticos. En el manual diagnóstico de la American Psychiatric Association, la homosexualidad en sí ya no se considera un problema psicológico, a menos que sea "egodistónica", es decir, no aceptada por la persona.

Estas conclusiones coinciden con lo que siempre habían planteado los defensores de los homosexuales al intentar demostrar el carácter "natural" de esta orientación. Los precursores de la liberación gay, por ejemplo el alemán Magnus Hirschfeld (1865-1935), siempre sostuvieron que la homosexualidad se observa tanto entre los animales como entre los humanos y que, por ende, no puede considerarse "antinatural". Este argumento sigue vigente, apoyado en años recientes por diversos estudios sobre conductas homosexuales en gaviotas, ovejas, delfines, pingüinos y algunos primates como los bonobos, entre los cuales las prácticas homosexuales son bastante comunes. La investigación etológica (es decir, el estudio de los animales en su hábitat natural) también ha contribuido, por tanto, a la normalización de la homosexualidad.

Otro "descubrimiento" del siglo XX fue la observación de que la homosexualidad no se limita a ninguna clase socioeconómica, ni tiene que ver con el nivel de estudios, ni la profesión, ni el entorno geográfico, ni la pertenencia étnica o religiosa; tampoco se da sólo en la fase "decadente" de una civilización, como llegó a pensarse en algún momento. Los estudios sociológicos de los últimos veinte años, basados en el análisis estadístico de grandes muestras; las investigaciones epidemiológicas sobre la transmisión del VIH, y, más recientemente, los censos poblacionales y los estudios de mercado en algunos países, han demostrado que los homosexuales no son típicamente pobres ni ricos, ni ignorantes, ni cultos, ni "artísticos", ni se dedican a ciertos tipos de trabajo; no viven sólo en las ciudades, ni son todos ateos. Antes bien, están en todas partes y en todas las épocas.

LAS FAMOSAS LISTAS

La idea de que "la homosexualidad está en todas partes" también se ha expresado en la elaboración de listas de homosexuales eminentes. Esta empresa, que tuvo su auge durante la era de la liberación gay, ha desempeñado un papel central en la normalización de la homosexualidad. Así, desde los años setenta del siglo pasado, muchos investigadores se han dedicado a "sacar del clóset" a un sinfín de personajes célebres, desde Alejandro Magno y el emperador Adriano hasta la actriz Jodie Foster y el diseñador de modas Gianni Versace, pasando por Shakespeare y Marcel Proust. Ya Freud había inaugurado este tipo de reflexión al escribirle a la madre de un joven homosexual en 1935 que algunos de los hombres más destacados de la historia habían sido homosexuales, como Sócrates, Miguel Ángel y Leonardo da Vinci.[4]

Las listas han incluido épocas históricas en las cuales la homosexualidad fue aceptada como parte de la vida normal e incluso como algo deseable, aunque fuera sólo entre hombres, o en las capas altas de la sociedad, o durante cierta fase de la vida. Por supuesto la antigüedad griega y romana, pero también el Renacimiento, la era isabelina en Inglaterra, la Bella Época antes de la Primera Guerra Mundial, y los años veinte y treinta del siglo XX en las grandes capitales de Europa, fueron periodos básicamente tolerantes de esta orientación.

No debemos subestimar la importancia de todas estas listas, que han sido objeto de numerosas especulaciones y publicaciones.[5] Son parte de un proyecto historiográfico más amplio que ha consistido en rescatar para la historia de las ideas la aportación de diversos grupos antes devaluados en Occidente: los negros, los árabes, las mujeres. El propósito de estas listas no es sólo aumentar el conocimiento; siempre han tenido además la clara

---

[4] Sigmund Freud, "Carta a una madre estadounidense" (1935).
[5] Véase, por ejemplo, A. L. Rowse, *Homosexuals in History*.

intención ideológica de promover la causa de esas poblaciones históricamente discriminadas.

El impacto de las listas en el camino a la normalización de la homosexualidad ha sido triple: por una parte, los homosexuales mismos se han
sentido menos aislados, y de alguna manera reivindicados, al darse cuenta
de que pertenecen a una comunidad de personajes notables con su propia
historia, valores, héroes y mártires. Por otra parte, las listas han contribuido enormemente a la aceptación social de la homosexualidad. Cada vez
que sale del closét alguna celebridad del deporte, las artes, la política o el
espectáculo, los heterosexuales se ven forzados a revisar su percepción de
los homosexuales como seres desdichados y condenados al fracaso. Esta
visión trágica se vuelve en efecto absurda cuando personalidades como los
alcaldes de Berlín y París, deportistas de la talla de Greg Louganis y Mar-
tina Navratilova, actores como Angelina Jolie, Ellen DeGeneres y Rupert
Everett, cantantes tan populares como Juan Gabriel, David Bowie y Sinead
O'Connor, resultan ser homosexuales o bisexuales.

Finalmente, no debemos subestimar el papel crucial de estas listas en
la paulatina desaparición de los estereotipos tradicionales. En parte gracias a figuras tan viriles como Rock Hudson y George Michael, se ha ido
desvaneciendo la visión caricaturesca del varón gay afeminado, histriónico
y extravagante. Por supuesto, todavía existen tales personajes, pero ya no
constituyen el único modelo de la homosexualidad masculina. Antes bien,
y precisamente en una reacción contra ese estereotipo, muchos hombres
gays han cultivado en los últimos veinte años una imagen hiperviril, con
bigote, musculatura de gimnasio, chamarra de cuero y botas típicas del *look*
robot o clon. Que los varones heterosexuales hayan también adoptado esta
moda ha hecho que sea ya prácticamente imposible distinguir a simple vista entre hombres homosexuales y heterosexuales. En años más recientes, el
estilo metrosexual (del cual hablo en el capítulo siguiente) ha borrado aún
más la línea divisoria entre ellos.

El caso de las mujeres es un tanto diferente. Como las lesbianas suelen
también ser feministas, difícilmente se las verá vestirse y maquillarse a la
Dolores del Río. Pero tampoco podemos hablar ya de la lesbiana camione-
ra, de ropa y modales burdamente masculinizados, como única imagen de
la homosexualidad femenina. Las *lipstick lesbians* (lesbianas de bilé) de los
años ochenta fueron las primeras en romper con ese estereotipo, y muchas
lesbianas de hoy comparten con las heterosexuales el mismo estilo casual
pero elegante, con pantalón y blusa de colores y telas suaves, y maquillaje
discreto. En el lesbianismo actual observamos, así, una gran variedad de
modelos.

Tanto en los hombres como en las mujeres, pues, se ha vuelto cada vez
más difícil distinguir a simple vista entre personas homosexuales y hetero-

sexuales (y esto no se ha dado porque los homosexuales intenten imitar a los heterosexuales; al contrario, en muchos casos han sido estos últimos los que han seguido las modas lanzadas primero por los diseñadores y artistas gays). Por ello, cuando se revela la homosexualidad de algún personaje célebre, el comentario cada vez más frecuente es: "¡Pero si no lo parece! ¡Nunca lo hubiera adivinado!" Estas exclamaciones tienen su importancia: el hecho de que ya cualquiera pueda resultar gay subvierte poderosamente todos los antiguos estereotipos. Las listas de homosexuales han contribuido, también de esta manera, a combatir la ignorancia y el prejuicio.

EL *OUTING* Y LA SOLIDARIDAD GAY

Las listas de homosexuales eminentes llevaron lógicamente al fenómeno del *outing* en los años ochenta y noventa del siglo pasado, como una forma más de luchar por el reconocimiento y los derechos civiles de la población gay. El *outing* (es decir, la revelación pública de la homosexualidad de una persona, con o sin su consentimiento) se volvió una arma estratégica que fue, y sigue siendo, muy controversial. Los activistas más radicales en este sentido, como Michelangelo Signorile en Estados Unidos, han sostenido que es indispensable que los homosexuales famosos salgan del clóset para impulsar la causa de los derechos gays, aunque no lo deseen.

Uno de sus argumentos principales es que los homosexuales célebres deben solidarizarse con la comunidad gay, lo cual presenta varias implicaciones interesantes. En primer lugar, supone que existe tal comunidad, lo cual es bastante nuevo. Por otra parte, hace cuarenta años mucha gente sostenía exactamente lo opuesto: antes de la liberación gay, incluso los defensores de los homosexuales pensaban que su deber moral y cívico era más bien ocultarse para no atraer la atención del público y del Estado sobre la existencia de una población que todos, tanto homosexuales como heterosexuales, preferían mantener invisible. Finalmente, el *outing* implica que *todos* los homosexuales pertenecen a una comunidad, estén fuera del clóset o no, y que deben asumir esa pertenencia cívica, lo quieran o no. Este giro de 180 grados supone por tanto no sólo la existencia de una comunidad gay, sino un afán de visibilidad y de inserción social impensable hace sólo una generación.

LA NUEVA INVESTIGACIÓN

Otro elemento central en la transformación de la homosexualidad ha sido el enorme corpus de investigación al respecto desde los años setenta. No sólo por su cantidad y su temática, en campos tan variados como la genética, la historia del arte y la crítica literaria, sino porque ha cambiado la forma de estudiarla y las herramientas disponibles para ello.

En primer lugar, el estudio de la homosexualidad ya no se basa en especulaciones teóricas ni en casos aislados, como antes, sino en importantes muestras de población. Es de veras notable, y me parece uno de los grandes misterios de la historia de la psicología, que Freud prácticamente no haya tenido pacientes homosexuales reales. Casi todos sus escritos sobre el tema se refieren a personas que él no conoció, ni podía conocer: Leonardo da Vinci, Miguel Ángel, una lesbiana estadounidense, el juez Schreber, el hijo de una madre preocupada que le escribió, etcétera. Esto significa que las opiniones de Freud sobre la homosexualidad se basaron más en consideraciones teóricas que en observaciones reales. Sin embargo, determinaron todo el pensamiento psicológico sobre el tema durante casi todo el siglo XX. Hoy, la investigación al respecto ya no se basa sólo en descripciones anecdóticas ni en casos clínicos aislados: está centrada en encuestas, estudios de mercado, censos, que manejan grandes muestras mucho más representativas de la población homosexual real.

Además, las personas estudiadas ya no son únicamente quienes acuden al consultorio y, por tanto, padecen problemas psicológicos, como ocurrió durante casi todo el siglo XX. No es casual que los psicólogos, psiquiatras y psicoanalistas hayan observado de manera tan consistente que los homosexuales sufrían de depresión, ansiedad, paranoia, etc.: sus pacientes no eran representativos de la población homosexual en general, sino de una población clínica. Es como si se estudiara a los niños o a las mujeres observando únicamente los casos que lleguen al consultorio. Por supuesto, ¡todos tendrían algún problema de salud! No fue sino hasta los trabajos de Alfred Kinsey, a mediados del siglo pasado, cuando se empezó a estudiar la sexualidad en gente común y corriente, aunque sus investigaciones hayan sido criticadas por sobrerrepresentar a las poblaciones universitaria y carcelaria.

Finalmente, desde los años setenta han proliferado las investigaciones longitudinales, que siguen la evolución de las personas a través de muchos años. Gracias a esta metodología hay ya docenas de estudios sobre la infancia y adolescencia de los que hoy son homosexuales adultos; sobre los niños criados por parejas homosexuales; sobre el ciclo de vida de los individuos y las parejas homosexuales; sobre las familias de origen de los homosexuales; sobre los posibles efectos del abuso sexual infantil en la orientación sexual; sobre las personas que han cambiado de orientación, etcétera.

Todos estos enfoques nuevos han contribuido a la normalización de la homosexualidad al ir disipando los viejos mitos que tanto contribuían a la homofobia. Pero no cabe duda de que el factor más importante ha sido la visibilidad cada vez mayor de los homosexuales en la sociedad y en los medios masivos.

UNA VISIBILIDAD CRECIENTE: PARA MAL...

La visibilidad creciente de los homosexuales ha tenido consecuencias muy diversas, contradictorias, y en muchos casos inesperadas. Veamos primero las negativas. La impresión de que hay un número creciente de homosexuales (aunque en realidad no sean más, sino tan sólo más visibles) ha tenido como efecto alimentar la homofobia entre los conservadores del mundo entero. Incluso en un país tan liberal como Suecia, en tiempos recientes un pastor protestante ha logrado atraer a numerosos seguidores por su condenación fulminante de la homosexualidad. Para estas personas, la visibilidad creciente de los homosexuales no es sino una prueba más de la decadencia moral de la era actual: suelen hablar sobre la homosexualidad en términos metafóricos como un cáncer que no sólo se propaga a una velocidad alarmante, sino que infecta también a las partes sanas del cuerpo social. Esta idea se inscribe en una larga tradición homofóbica que ve en la homosexualidad una enfermedad contagiosa que mina las instituciones básicas de la sociedad, como el matrimonio y la familia.

Ahora bien, los conservadores tienen cierta razón en subrayar los aspectos "subversivos" de la homosexualidad, porque ésta es en efecto emblemática de la sexualidad sin fines reproductivos; porque los homosexuales forman parejas basadas sólo en el amor y el deseo; porque establecen familias de elección independientes de los lazos biológicos; y porque rompen con todos los estereotipos tradicionales de la masculinidad y la feminidad.

Por todo ello, los partidos y gobiernos más conservadores han adoptado como parte de su plataforma política una homofobia que en ocasiones va mucho más allá de la opinión pública, tal y como ha sucedido con otros temas centrales de la agenda conservadora: el rechazo a la anticoncepción o al aborto, entre otros. Las opiniones extremas de la derecha no le impiden tener un peso político importante: en Estados Unidos, por ejemplo, logran dominar el debate público. También los medios masivos, en su eterna búsqueda de temas escabrosos, alimentan la homofobia entre los sectores menos educados de la sociedad, perpetuando la ignorancia y el prejuicio.

Vemos así cómo, al volverse más visibles, los homosexuales pueden tornarse un blanco sumamente vulnerable frente a los grupos más retrógrados de la sociedad, en un círculo vicioso sin fin. Paradójicamente, mientras la homosexualidad deja de ser un problema para gran parte de la sociedad, crece el rechazo hacia ella entre sus sectores más tradicionalistas. No es coincidencia que los crímenes homofóbicos hayan aumentado en Estados

Unidos justo cuando los homosexuales comenzaban a sentirse más seguros. El horrendo asesinato de Matthew Shepard en 1998, en Wyoming, se dio, en gran parte, porque el joven universitario era abiertamente gay.

Dos hombres, que después alegaron que Shepard había intentado seducirlos en un bar, lo amarraron a un poste en el campo, lo torturaron y lo abandonaron ahí, en pleno invierno; el joven, hallado el día siguiente, murió en el hospital cinco días después sin haber recuperado la conciencia. El caso ilustró perfectamente dos visiones encontradas de la homosexualidad: en el proceso de los asesinos salieron a relucir todas las defensas posibles (entre otras, que los inculpados sólo se defendieron ante un intento de seducción homosexual), así como argumentos a favor de que los estados adoptaran una nueva figura legal: el crimen de odio por orientación sexual. Los dos culpables fueron sentenciados a cadena perpetua. La historia ha sido objeto de diversos documentales, películas y obras de teatro que se presentan en muchas escuelas estadounidenses precisamente para combatir la homofobia.

...Y PARA BIEN

La homosexualidad abierta del joven Shepard hizo de él una presa fácil de la violencia homofóbica. Pero la visibilidad creciente de los homosexuales también ha tenido consecuencias positivas, algunas de ellas inesperadas. En primer lugar, los números sí cuentan, y mucho. Cada vez que un homosexual sale del clóset, cambia la opinión que puedan tener de la homosexualidad sus familiares, amistades y compañeros de trabajo. En lugar de ideas abstractas, éstos de repente se topan con una persona de carne y hueso que los obliga a confrontar sus prejuicios y a reflexionar sobre sus propias actitudes y reacciones.

Podríamos calcular que cada homosexual visible cambia la manera de pensar de al menos cuarenta personas, y probablemente muchas más: se estima que hoy la gente tiene en cualquier momento alrededor de treinta amigos, más sus familiares. En el transcurso de una vida, cada quien habrá tenido en promedio unas cuatrocientas amistades. En consecuencia, cada salida del clóset tiene un efecto multiplicador inmenso.

Recordemos además que el clóset nunca termina: todo homosexual tiene que repetir el proceso (o decidir no hacerlo) cada vez que cambia de trabajo o de lugar, o bien cuando conoce a gente nueva. Y cada persona nueva que conoce a un homosexual probablemente lo va a comentar con sus propias amistades, lo cual nos da una curva exponencial que rápidamente lleva a números muy elevados. Salir del clóset repetidamente tiene así una función educativa que puede abarcar a miles de personas a lo largo de toda una vida. Esta educación continua por parte de los homosexuales ha sido de suma importancia para la paulatina normalización de la homosexualidad. Uso la palabra *educación* deliberadamente: todos los homosexuales que conozco han tenido que darles clases a sus amigos, parientes y terapeutas heterosexuales sobre lo que significa ser gay.

La investigación sobre el prejuicio —ya tenga como objeto minorías sexuales, étnicas o religiosas— ha demostrado que la mejor arma para combatirlo no es la información científica ni la legislación, sino el hecho de conocer personalmente a miembros de esas minorías. Lo que finalmente erradica el prejuicio no es escuchar un curso, ni leer un libro, ni ver una película, sino tener un vecino, un primo, un hijo o un amigo perteneciente a esa minoría. Y sabemos que cada vez más gente conoce por lo menos a algún homosexual: si bien hace dos generaciones la gente "decente" decía no conocer a nadie que fuera homosexual, y hace una generación sólo conocía a dos o tres, ahora ya casi todo el mundo conoce a varios. En una encuesta hecha en Estados Unidos en 2001, 73% dijeron conocer a algún homosexual o bisexual, comparado con 24% en 1983, 43% en 1993, 55% en 1998, y 62% en 2000. La misma encuesta nacional observa que la gente que conoce a alguien gay es mucho menos propensa a creer que la homosexualidad es inmoral (47%), comparada con la que no conoce a ningún homosexual (68%).[6] La tendencia es clara. Por ella podemos hablar de un *círculo virtuoso* en el cual la visibilidad alimenta la aceptación, y ésta a su vez facilita que más homosexuales salgan del clóset, lo cual cambia la percepción de aún más gente, lo que promueve una mayor aceptación, y así sucesivamente.

Para ilustrar: Pablo sale del clóset. Tiene miedo, porque es la primera vez, pero también sabe que sus amigos son fanáticos de Elton John, músico abiertamente homosexual. La mayoría de sus amigos lo toman bien, porque conocen a Pablo desde siempre y lo quieren mucho. Pedro observa estas reacciones favorables, y también decide decirles a sus amigos que es gay. Pero para ellos ya no va a ser la primera vez, porque saben de Pablo y lo aceptaron. El proceso va a ser por tanto mucho más fácil ahora, porque ya todos saben a qué atenerse: los amigos saben que no pasa nada cuando alguien es gay, y Pedro sabe que no pasa nada cuando uno se declara gay.

[6] "National Surveys on Experiences of Lesbians, Gays, and Bisexuals and the Public's Views Related to Sexual Orientation", encuesta publicada por The Henry J. Kaiser Foundation, noviembre de 2001 (www.kff.org/kaiserpolls/3193-index.cfm).

¿UNA MAYOR ACEPTACIÓN?

Algunos lectores dudarán de que se pueda generalizar de esta manera. Les recordaré que todas estas reflexiones tienen como objeto a homosexuales jóvenes y urbanos, de clase media y alta, básicamente en los países occidentales industrializados. En naciones como México podemos observar algunos de los cambios que describo, otros no. La meta en este libro no es mostrar lo representativo, sino lo posible: no el mundo homofóbico que ya conocemos, sino cómo se puede vivir y percibir la homosexualidad cuando ha disminuido la homofobia, tal y como ha sucedido en algunas partes.

Podemos citar en este sentido el ejemplo francés: a finales de 1999 se legalizó una forma de unión civil, el Pacto Civil de Solidaridad (PACS), que, sin otorgar a los homosexuales todos los derechos del matrimonio, permitió que se unieran las parejas homosexuales que así lo decidieran. Cuando fue aprobada la ley del PACS, 49% de la opinión pública estuvo de acuerdo con la medida. En los dos primeros años se unieron formalmente alrededor de 50 mil parejas en las alcaldías de todo el país, en ceremonias que fueron, al menos en un principio, extensamente cubiertas por los medios. Podemos hablar por tanto de una indudable "visibilización" de la homosexualidad.

Lo que nos interesa saber en este caso es si bajó o subió el índice de aprobación del PACS por parte de la opinión pública francesa. Resulta que la proporción de personas a favor del PACS subió veinte puntos, a 70%, en esos dos años.[7] Esto demuestra dos cosas: que en una sociedad relativamente educada la visibilidad lleva a la aceptación, y que la legislación, cuando está bien hecha (lo cual quiere decir, entre otras cosas, ampliamente difundida y debatida como lo fue en Francia), puede ser un importante impulsor de cambio social y cultural.

Por otra parte, puedo citar mi propia experiencia como psicoterapeuta a lo largo de los últimos quince años. He podido observar cómo ha ido creciendo la aceptación de la homosexualidad, no sólo entre los mismos homosexuales, sino entre sus amistades y familiares. Por ejemplo, entre los cientos de homosexuales y familiares de homosexuales con quienes he trabajado, sólo he conocido dos o tres casos en los cuales la familia nunca aceptó a su hijo o hija homosexual.

Ahora bien, es posible que esto se deba no a una auténtica aceptación por parte de las personas allegadas, sino porque los mismos homosexuales ya no se dejan amedrentar ni están dispuestos a llevar una vida de mentiras. Es mucho más fácil para ellos salir del clóset hoy que hace veinte años,

[7] "Un rapport parlementaire dresse un bilan très positif des deux ans d'existence du PACS", *Le Monde,* 15 de noviembre de 2001.

porque se sienten más fuertes, porque tienen el apoyo de sus amistades, y porque ya no les da vergüenza hacerlo. Su actitud al salir del clóset ya no es, por ende, tan lastimosa ni suplicante; antes bien, están convencidos de su derecho a ser aceptados, y no están dispuestos a aceptar un trato despectivo o agresivo.

Por todo ello, las familias ya no tienen mucho que decir cuando un joven sale del clóset: o sus padres y hermanos lo aceptan, o lo perderán. Cuando se piensa en estos términos, la inmensa mayoría de las familias acaban por aceptar la homosexualidad de sus hijos. Lo mismo sucede con las amistades: si rechazan al joven gay, lo perderán como amigo.

La aceptación no ha sido fácil ni espontánea; ha sido en buena medida impuesta por los mismos homosexuales. Tampoco se trata de una aceptación jubilosa, ni tiene por qué serlo. No es necesario que todo el mundo entienda a fondo la homosexualidad, ni que esté de acuerdo con ella, ni que la celebre. Lo único requerido, y el homosexual está en derecho de exigirlo, es que familia y amigos le sigan dando el mismo trato que antes, y que acojan a su eventual pareja igual que si se tratara de una relación heterosexual.

La normalización de la homosexualidad no significa que todo el mundo tenga que volverse activista gay. La meta es mucho más sencilla: lo que el teórico y escritor francés Jean-Louis Bory llamó "el derecho a la indiferencia", es decir, a ser tratado como cualquier gente. Para que esto suceda, sin embargo, no basta el respeto de familia y amigos: tiene que cambiar la imagen social de la homosexualidad, que perciben tanto la familia y los amigos como los mismos homosexuales.

Por ello es tan importante la transformación que observamos hoy en el cine y los medios masivos. Vemos a cada vez más personajes homosexuales "normales", es decir, con vidas muy parecidas a las de los heterosexuales. Liberados al fin de la vergüenza, la desdicha y la soledad, en ya muchas películas y series televisivas los gays presentan una inserción familiar, profesional y social similar a la de sus pares heterosexuales. Trabajan, se enamoran, forman parejas y tienen problemas como cualquier persona.

Todo esto ha tenido repercusiones profundas en la vida y autoimagen de los homosexuales, y les ha dado un nuevo estatus frente a la sociedad. Lejos de aceptar el estigma y el rechazo, reclaman ahora su lugar en la familia, el trabajo y la vida pública. Pero cuál deba ser este lugar sigue siendo un tema controversial: ¿qué tanta integración es necesaria o deseable, desde el punto de vista de los mismos homosexuales? ¿Hasta qué punto quieren realmente formar parte de la sociedad heterosexual, con sus roles de género y tradiciones? Llegamos así al dilema que históricamente han enfrentado todas las minorías perseguidas: el de la identidad *versus* la asimilación. Básicamente, para los homosexuales esto significa o bien vivir en comunidades aisladas del resto de la sociedad (no por nada se ha hablado de un "gueto" homosexual), con sus propias normas, estilo de vida y redes de apoyo, o bien adoptar las normas y costumbres de la mayoría heterosexual.

ASIMILACIÓN *VERSUS* IDENTIDAD

En la historia de la homosexualidad encontramos las dos corrientes. Durante mucho tiempo, los impulsores de los derechos homosexuales plantearon como meta la asimilación completa, de manera que no se distinguiera ni importara ya la orientación sexual de las personas. Esto era lo que finalmente implicaba la "naturalidad" de la homosexualidad. El "derecho a la indiferencia" de Jean-Louis Bory significaba que la orientación sexual no debía importar más que el color de los ojos, y que los homosexuales debían poder vivir exactamente como los heterosexuales.

Una premisa central de esta corriente asimilacionista siempre ha sido que los homosexuales, si bien constituyen una minoría, no son esencialmente diferentes del resto de la gente. No son como las otras minorías históricamente discriminadas, porque no se distinguen del resto de la sociedad por el color de su piel, ni por su pertenencia étnica o religiosa, ni por su profesión, ni por su clase socioeconómica o ubicación geográfica. En efecto, los homosexuales siempre han estado en todas partes: en todos los países, en ciudades grandes y pequeñas, en todas las clases y profesiones, en todas las etnias y religiones. En la óptica asimilacionista, lo único que distingue a los homosexuales de los heterosexuales es la vida íntima, el hecho de que se enamoren y relacionen con personas del mismo sexo. En las demás áreas de la vida son idénticos.

Esta posición —que puede parecer un poco simple si observamos de cerca el estilo de vida, las relaciones íntimas y familiares, el ciclo vital, las diferentes formas de concebir el amor, el sexo, la amistad y la familia de los homosexuales— ha tenido un papel importante en el camino a la normalización de la homosexualidad. La idea de que somos todos iguales, de que compartimos los mismos problemas de la vida, fue durante más de treinta años un argumento poderoso para ver y tratar a los homosexuales como a cualquier gente.

Ha sido importante no sólo en la percepción social de la homosexualidad, sino, por ejemplo, en el trato que otorgan a los homosexuales los profesionales de la salud mental. Durante dos o tres décadas, los psicólogos, psiquiatras, médicos y (más tarde) psicoanalistas adoptaron este enfoque "liberal" al tratar a sus pacientes homosexuales: la idea era tratarlos *como si fueran heterosexuales.* Esta postura, errónea y muchas veces dañina, aunque sin duda bien intencionada (como lo expliqué en *La experiencia homosexual*), debe entenderse históricamente dentro de la visión asimilacionista de la homosexualidad.

Con todo y sus incuestionables beneficios para la población gay, esta corriente está lejos de ser universalmente aceptada entre los teóricos y activistas actuales de la homosexualidad. Muchos de ellos consideran que la meta no es ser aceptados en la medida en que se parezcan a los heterosexuales, sino ser respetados *en su diferencia*.[8] Muchos gays y lesbianas no quieren asimilarse porque sencillamente no les interesa el estilo de vida heterosexual: no les atraen sus tradiciones familiares y sociales, no tienen deseo alguno de casarse (aun cuando sea legal), ni de tener hijos, ni de participar en los rituales y costumbres de la vida heterosexual. Al contrario, prefieren mantener su distancia.

Por todo ello, desde la década de los setenta ha existido una corriente opuesta a la asimilación, que distingue a la liberación gay de todos los esfuerzos anteriores por defender a los homosexuales. En esta perspectiva relativamente reciente, la discriminación y la clandestinidad que hasta ahora han caracterizado la experiencia homosexual han creado una identidad y un estilo de vida propiamente gays, que deben preservarse precisamente por ser diferentes del *modus vivendi* heterosexual. Una serie de códigos verbales y no verbales, estilos de vestir y de hablar, formas de relación, una sensibilidad, una visión del mundo y un sentido del humor muy particulares conforman lo que podría considerarse, a grandes rasgos, una cultura gay. Esta cultura ha subsistido, desde hace por lo menos un siglo y medio, en las principales capitales del mundo, y ha tenido un papel importante en los grandes movimientos intelectuales, literarios, musicales y artísticos de ciudades como Londres, París, Berlín y Nueva York, por no hablar de San Francisco en décadas recientes.

¿UNA CULTURA GAY?

Es difícil entender lo que hoy día significa una cultura gay si uno no ha visitado lugares como San Francisco. En esta ciudad, y especialmente en su barrio Castro, capital mundial de la homosexualidad, puede observarse una cultura gay y lésbica prácticamente autónoma, con su propia prensa y literatura, estaciones de radio, cines y librerías, eventos cívicos y artísticos, personajes y monumentos públicos, con su propia historia, héroes y mártires, en una comunidad perfectamente circunscrita y orgullosa de sí misma. Es posible, hoy, vivir y trabajar en San Francisco sin tener mayor contacto

[8] Véase, por ejemplo, Urvashi Vaid, *Virtual Equality*.

con la población heterosexual: existen directorios gays en los cuales uno puede encontrar todas las profesiones, desde plomeros y electricistas hasta médicos, abogados y psicólogos gays. Dentro de estos circuitos, los homosexuales ya no son minoría, sino mayoría.

Un ejemplo culminante de la importancia de esta cultura gay puede observarse en la Semana del Orgullo Gay que tiene lugar, como en el resto del mundo occidental, cada año durante el mes de junio, en conmemoración del primer levantamiento gay, que ocurrió en la calle Christopher de Greenwich Village, en Nueva York, el 27 y 28 de junio de 1969, cuando una incipiente comunidad gay se rebeló ante el allanamiento policiaco de un bar llamado Stonewall.

En San Francisco, la semana del *Gay Pride* consiste en eventos culturales y cívicos que culminan en la gran marcha gay, que en 2004 llevó a las calles a casi medio millón de personas, entre ellas familiares, personajes públicos y asistentes del mundo entero. La marcha de San Francisco, además de muy impactante, es de sumo interés sociológico porque ilustra la historia moderna de la homosexualidad, desde la extravagancia de los travestis y de los centenares de lesbianas en moto que abren la marcha (las famosas *Dykes on Bikes*), hasta los contingentes siempre muy aplaudidos de los policías y bomberos gays de San Francisco, y de los padres y parientes de homosexuales que marchan para mostrar no sólo su aceptación sino su orgullo de tener a un familiar gay. Cualquier persona que haya asistido al desfile del *Gay Pride* en San Francisco puede percibir, de una manera clara y contundente, la existencia de una comunidad y una cultura extraordinariamente vitales.

En la última década, esta cultura gay se ha extendido a lo largo y ancho del planeta. Existen en todo el mundo, desde Tokio hasta Buenos Aires, una sensibilidad y una serie de códigos culturales gracias a los cuales dos hombres o mujeres gays que se conozcan en un avión inmediatamente encontrarán experiencias, estilos de vida e intereses compartidos, sea cual sea su nacionalidad. Estas afinidades no se dan meramente por la orientación sexual, sino porque existe una cultura gay globalizada, que no está delimitada geográficamente, ni deriva de una religión o nacionalidad particular. Se trata de una cultura universal, aunque minoritaria, muy similar en su funcionamiento a las comunidades virtuales que proliferan en internet.

Es importante recordar que el surgimiento de una comunidad gay no fue, en su origen, algo que los homosexuales hayan deseado o decidido en un momento dado. La división social y cultural entre población homosexual y heterosexual se debió en gran parte al rechazo homofóbico por parte de esta última. Fue sobre todo la crisis del sida en los años ochenta lo que trazó con toda claridad una línea divisoria entre la incipiente comunidad gay y el resto de la sociedad, cuando los hombres gays infectados entendieron que su aparente integración social no era real, y que no podían contar con sus familias, ni con sus patrones, ni con hospitales o servicios sociales, ni con las autoridades, para hacer frente a la epidemia. Durante los primeros años, la enfermedad fue incluso etiquetada como una "plaga gay" que afectaba únicamente a los homosexuales. Frente al abandono familiar y social, comenzaron a formarse grupos de apoyo, redes de información, órganos de comunicación, agrupamientos políticos, cooperativas y clínicas que sentaron las bases de la actual comunidad gay en muchos países. Este proceso histórico nos muestra que la postura antiasimilacionista no surgió, ni ha prosperado, porque así lo hayan decidido los homosexuales, sino por el rechazo y la discriminación que han sufrido por parte de la sociedad.

DOS VISIONES DE LA HOMOSEXUALIDAD

Vemos así cómo han surgido dos objetivos opuestos en la vivencia actual de la homosexualidad: por una parte la asimilación, basada en una inserción creciente en el modo de vida y las instituciones de la sociedad heterosexual, y por otra la conservación de una identidad propia, basada en la creación de una comunidad y una cultura que deliberadamente se mantienen al margen de la sociedad mayoritaria. Las dos posturas han sido legítimas y necesarias en diferentes momentos de la historia. La supervivencia ha requerido a veces una estrategia, a veces la otra, y quizá no exista una respuesta universalmente válida acerca de cuál deba ser el grado de inserción social de la población homosexual. Antes bien, la solución óptima sería que la gente gay pudiera escoger libremente la forma de vivir su orientación sexual. La movilidad geográfica y social del mundo actual permitirá, cada vez más, que así sea: habrá personas que prefieran vivir al margen, y otras que quieran integrarse a la sociedad heterosexual, y si no lo pueden hacer en un lugar lo harán en otro.

Pero en todos los casos, el solo hecho de poder elegir forma parte del proceso de normalización: la gente que decida integrarse lo hará en los lugares donde es posible, y la que decida no hacerlo vivirá en una comunidad gay (real o virtual) en la cual tendrá una inserción social, profesional y familiar equivalente, aunque sea en un contexto diferente. O sea, de una forma u otra, gays y lesbianas pertenecerán, cada vez más, a un entorno social que los acepta, ya sea mayoritariamente heterosexual u homosexual. Y esta posibilidad, que nunca antes se había visto, está cambiando no sólo la forma de vida de los homosexuales mismos, sino también la de los heterosexuales, porque la normalización de la homosexualidad está transformando paralelamente los valores culturales de la sociedad en su conjunto.

LAS COMUNIDADES GAYS ESTÁN
TRANSFORMANDO LA HOMOSEXUALIDAD

La existencia de comunidades gays, en lugares reales o en el ciberespacio, ha transformado radicalmente la vida de los homosexuales, ya sea que éstos participen activamente en ellas o no. Uno de los principales problemas que siempre han padecido los homosexuales, aparte de la discriminación, ha sido el aislamiento. En el ámbito personal, familiar y social, éste ha tenido implicaciones profundas. Por ejemplo, muchos homosexuales hoy adultos se quejan de que cuando estaban creciendo no había información sobre la homosexualidad, o sólo existía la información distorsionada y errónea derivada de los modelos médico y psicoanalítico que dominaron el siglo XX. Esto significa que la gran mayoría de los homosexuales hoy adultos crecieron sin entender su propia condición, y habiendo asimilado todos los prejuicios y la homofobia que antes imperaban.

Esto ya no es así. Los jóvenes que hoy están descubriendo su orientación sexual —sea bisexual, homosexual o heterosexual— tienen acceso a una enorme cantidad de información científica y actualizada, en libros, radio y televisión, y por supuesto en internet. Aunque vivan en pueblos apartados o en sociedades homofóbicas, pueden tener acceso a una visión distinta de la homosexualidad. Ya no están solos, ya no son los únicos.

Otro gran problema de los homosexuales siempre ha sido la falta de modelos, sea individuales o de pareja, que les enseñen cómo vivir la homosexualidad de una manera sana, plena y feliz. Después de todo, hasta el día de hoy los homosexuales, en su inmensa mayoría, han sido criados por padres heterosexuales, en familias heterosexuales, en una sociedad heterosexual. Sus proyectos de vida, sus aspiraciones y expectativas han sido dictados por las concepciones heterosexuales del amor, la pareja, el matrimonio y la familia. Todo ello tiene poco que ver con las necesidades, muy diferentes, de la gente homosexual, con sus experiencias muy distintas de todo ello y sus formas de relación, también muy específicas. Las parejas homosexuales, sobre todo, nunca han tenido modelos que emular, ni han tenido forma de saber si lo que están viviendo en su relación es "normal" o no.

No es casualidad que cada individuo y cada pareja homosexual hayan tenido que empezar desde cero. Cada uno ha tenido que aprender, con mucha dificultad, cómo vivir la homosexualidad: cómo formar una pareja y una familia de elección, cómo relacionarse con su familia de origen y la de su pareja, y hasta dónde integrarse (o no) en la sociedad heterosexual. Ha tenido que lidiar con los grandes dilemas de la vida gay: salir o no del clóset y de qué manera, decidir cómo ubicarse frente a la homofobia y cómo vivir con dignidad su orientación. Los homosexuales han tenido que enfrentar estos problemas de manera aislada, cada quien partiendo de su propia historia, porque no había una transmisión de experiencias y conocimientos de generación en generación.

En la sociedad heterosexual, los valores y los ejemplos, las reglas de la convivencia, las lecciones de la vida, se transmiten de una generación a la siguiente gracias a los hijos, que sirven de puente entre el pasado y el futuro. Pero los homosexuales, que en su mayoría no tienen hijos, han carecido de esta acumulación de experiencia histórica y social, y han tenido que inventarla desde su vivencia personal. Cada joven o pareja gay se ha visto obligado a empezar desde cero.

Lo que ahora suple esa carencia es precisamente la existencia de una comunidad gay, que funge como una correa de transmisión entre las generaciones. Los jóvenes ya no tienen por qué pasar años tratando de averiguar, o de inventar, cómo vivir bien la homosexualidad. Valores, vivencias, ejemplos y experiencia están a su alcance. En esta nueva fase, los homosexuales ya no son huérfanos de la historia: tienen la suya propia.

CAPÍTULO 2

LA HOMOSEXUALIDAD Y EL MERCADO

Cada día aparecen más productos y servicios para la población gay. Una búsqueda rápida en internet permite detectar innumerables publicaciones (ya hasta en Nepal existe una revista gay), estaciones de radio y de televisión, guías, directorios, agencias de viaje, negocios gays o *gay-friendly*.[1] Esta tendencia ha desempeñado un papel central en la construcción de la nueva homosexualidad.

Para empezar, le otorga a la población homosexual, dondequiera que esté, una sensación de pertenencia. El viajero gay puede llegar a casi cualquier ciudad importante del mundo y encontrar compañía, lugares de reunión, asociaciones y actividades culturales gays. Puede ir a hoteles, restaurantes, librerías y bares gays. Si necesita apoyo psicológico o legal, existen *hotlines* (servicios de apoyo telefónico) que atienden específicamente a personas gays. Todo ello constituye una comunidad global y de fácil acceso.

Ahora bien, esta enorme proliferación de bienes y servicios expresamente dirigidos a la población gay no surgió sólo porque la gente gay los buscara, ni es consecuencia directa de la liberación homosexual. Se ha dado, antes que nada, porque son un buen negocio. Comenzó en los años ochenta, cuando medios y empresas se dieron cuenta de que existía un nicho de mercado que no había sido explotado. Fue entonces cuando se detectó el importante ingreso de los homosexuales, superior en promedio al de los heterosexuales por el hecho de (en su mayoría) no tener hijos, y su

---

[1] Se usa este término (que significa "amigable para la gente gay") para denotar o bien servicios y compañías que, sin ser necesariamente dirigidos por gays, atienden de manera especial a esta población, o bien empresas e instituciones que hacen un esfuerzo por reclutar a personas gays y que les otorgan los mismos beneficios que a sus empleados heterosexuales (por ejemplo, créditos o seguros de salud para sus parejas).

mayor tiempo libre por la misma razón. Se identificó a las parejas homosexuales como DINKS (*double income, no kids:* dos ingresos, sin hijos), blanco
predilecto de los proveedores de bienes y servicios de lujo (por ejemplo, la
joyería y el turismo).

Desde entonces, muchos estudios han encontrado que, en comparación con sus pares heterosexuales, los homosexuales, sobre todo los hombres, tienen en promedio un nivel de estudios superior; tienden más a ser
profesionistas o ejecutivos; viajan más al extranjero; acuden a más eventos
culturales (teatro, conciertos, cine); comen más en restaurantes; están más
pendientes de la moda y gastan más en ropa y productos de belleza.[2]

Para aprovechar todas estas características, las empresas y las agencias
de mercadotecnia tuvieron que hacer varias cosas: ubicar a la población
gay, identificar sus patrones de consumo (gustos, estilos), atender sus necesidades, y dirigirle campañas publicitarias sin enajenar a la población heterosexual. Una manera de hacerlo fue elaborar un registro de consumidores
gays, por ejemplo, a través de las listas de suscriptores a revistas gays. Otra
fue la venta por catálogo (en papel o a través del internet), medio idóneo
para alcanzar a una población dispersa y, todavía en muchos lugares, clandestina.

En Estados Unidos, la venta por catálogo empezó hace más de un siglo
con los famosos catálogos de Sears Roebuck, que durante la primera mitad
del siglo XX demostraron ser sumamente eficaces para alcanzar a una población geográficamente dispersa. Este método ha resultado asimismo muy
útil para captar a los consumidores homosexuales, que muchas veces no están dispuestos a acudir en persona a comercios gays en los cuales pudieran
ser vistos, y que prefieren hacer y recibir sus compras en la intimidad de
su domicilio. Las ventas por catálogo a través del correo, teléfono e internet han permitido poco a poco identificar a la población gay en términos
de su ubicación geográfica, edad y sexo, patrones de consumo, niveles de
educación e ingreso, intereses y pasatiempos. Vemos así el auge de una empresa como Shocking Gray en Estados Unidos durante los años noventa,
o la actual ZebraZ.com, que se anuncia como la tienda gay más grande de
internet. Esta última vende todo lo que pudiera imaginar una persona gay
deseosa de exhibirse como tal, desde toallas y sábanas, floreros y paraguas,
hasta lámparas, joyería y ropa con diseños arco iris, pasando por cuadros,
esculturas, productos de belleza y accesorios sexuales.

---

[2] Para un importante estudio de mercado de la población gay en Estados Unidos, con-
súltense el Gay and Lesbian Market Study publicado en octubre de 2005 por el Simmons
Market Research Bureau (www.smrb.com) y las encuestas del Gay/Lesbian Consumer Online
Census, realizadas cada año por OpusComm Group, Inc. junto con la S. I. Newhouse School
of Public Communications de la Universidad de Syracuse (www.glcensus.org).

MERCADOTECNIA E INFORMACIÓN

Un buen ejemplo de cómo las empresas pueden identificar a los consumidores gays y ponerlos en una lista es Amazon.com. Los clientes de esta librería virtual son de alguna manera clasificados a través de sus compras; si uno ha comprado ya varios libros o películas con temática gay, recibe automáticamente sugerencias de otros títulos gays que también pudieran interesarle, e incluso un descuento al pedir varios a la vez. Podemos suponer que Amazon.com posee una lista muy completa de su clientela gay, rastreando a través de sus compras su información de crédito, datos personales, direcciones y hábitos de consumo, y todo ello sin ser siquiera una empresa específicamente orientada a la población gay.

Por otra parte, hay cada vez más empresas (de consultoría, mercadotecnia, publicidad, etc.) especializadas en detectar los patrones de consumo, niveles de ingreso, gustos y pasatiempos, y hasta las preferencias electorales, de la población gay. Por ejemplo, el OpusComm Group, Inc. se ha unido con la Universidad de Syracuse para realizar encuestas periódicas sobre una muestra de miles de consumidores gays. Dichos estudios investigan su perfil demográfico y socioeconómico, estructura familiar, pertenencia étnica, distribución geográfica y vivienda, así como sus opiniones políticas y religiosas, utilización de medios (impresos, radio, televisión, internet), hábitos de consumo y el impacto de la publicidad en ellos. Asimismo, examinan sus preferencias en bienes automotrices, de computación y electrónica, alimentación y bebidas, casa y jardín, deportes, salud y productos de belleza, pasatiempos y viajes, seguros, servicios financieros y médicos, etcétera.[3]

También han surgido un sinfín de asociaciones profesionales orientadas al mercado gay de psicólogos, abogados, médicos y profesionistas de todo tipo, que no sólo recolectan información sobre sus clientes, sino que les ofrecen orientación sobre otros productos y servicios diseñados especialmente para ellos, en un ciclo de promoción comercial y profesional de singular eficacia.

No es ninguna casualidad que Nielsen, la empresa que sigue diariamente los *ratings* de los programas de televisión en Estados Unidos, haya decidido en fechas recientes monitorear las preferencias y los hábitos televisivos de la población homosexual. Es decir, a todas las personas estudiadas se les preguntará su orientación sexual, además de lo consabido: edad, género, ingreso, educación y pertenencia étnica. Esta iniciativa, acordada con GLAAD (Alianza Gay y Lésbica contra la Difamación), tiene como pro-

---

[3] *Ibídem.*

pósito no sólo recolectar información para Nielsen, sino también combatir los estereotipos sobre la homosexualidad al promover la producción de más programas con personajes y temas gays. Asimismo, pondrá a la disposición de publicistas, empresarios y productores de cine y televisión estadísticas sobre los hábitos de consumo de los más de diez millones de adultos homosexuales en Estados Unidos.

Toda esta información derivada de la investigación de mercado complementa los (pocos) datos que se tenían sobre la población gay a través de las encuestas y los censos, que hasta ahora han presentado serios problemas metodológicos. Las encuestas, por ejemplo, siempre se han visto limitadas por la disposición de la gente a reconocerse como gay y a responder a las preguntas con veracidad. Los censos oficiales han padecido la misma restricción; además, carecen de categorías que pudieran incluir a la población gay al proponer a las personas censadas sólo las opciones de "casado", "soltero" o "divorciado", ninguna de las cuales es aplicable a un homosexual o lesbiana que tenga pareja.

Este panorama está cambiando muy rápidamente. Ya el censo poblacional del año 2000 en San Francisco intentó identificar a la población gay al incluir en sus categorías a personas que convivieran con alguien del mismo sexo que no fuera pariente. Los resultados del censo fueron verificados, cuadra por cuadra, por las asociaciones gays de la ciudad y arrojaron datos muy interesantes, que nunca antes se habían obtenido. Resultó, por ejemplo, que sólo quince por ciento de la población de esa ciudad es gay. Este dato desacreditó, de una vez por todas, las viejas estimaciones (derivadas de los estudios de Kinsey, cincuenta años antes, y retomadas por los activistas gays desde entonces) de que el diez por ciento de la población es homosexual: si en San Francisco, que es sin duda la capital homosexual del planeta, sólo hay un quince por ciento de homosexuales, no puede haber diez por ciento como promedio en la población general.[4]

Poco a poco irá saliendo más información de este tipo. En Canadá, cuyo gobierno federal legalizó el matrimonio gay en todo el país en julio de 2005, los próximos censos ya incluirán preguntas y categorías dirigidas específicamente a la población gay. Los datos que podremos recopilar a través de todos estos medios serán una referencia importante para la nueva homosexualidad. Asimismo, el registro civil en los países que hayan legalizado el matrimonio gay nos está dando una vasta gama de datos sobre las parejas homosexuales, que nunca antes habían podido conocerse. Por primera vez tenemos acceso a información estadística fidedigna basada en

---

[4] Volveremos a hablar de las nuevas cifras de la homosexualidad en el capítulo 4, dedicado al matrimonio gay.

grandes muestras, que está transformando por completo la investigación y toda nuestra percepción de la homosexualidad. El hecho de que se incluya a los homosexuales en las cifras contables de la sociedad representa, simbólica y numéricamente, el fin de su marginación.

PUBLICIDAD Y "NORMALIZACIÓN"

Los efectos serán no sólo cuantitativos, sino cualitativos. La gran cantidad de información nueva y el crecimiento de un mercado gay están cambiando el estatus de la homosexualidad, no sólo para los homosexuales sino también para los heterosexuales.

Por ejemplo, las empresas que dirigen su publicidad a la población gay han transformado poco a poco (y seguramente sin proponérselo) la percepción social de la homosexualidad. En efecto, al utilizar modelos atractivos y juveniles y al reclutar para sus campañas publicitarias a personajes célebres, han dado al traste con las antiguas imágenes de los hombres gays como seres afeminados, solitarios y patéticos, y de las lesbianas como marimachas o solteronas frustradas. En años recientes, los homosexuales han aparecido bajo una óptica enteramente distinta: como gente exitosa y próspera, creativa y perfectamente integrada a una cultura cosmopolita, a la vanguardia de la moda. La publicidad dirigida a la gente gay ha transformado la imagen que tenía de ellos la sociedad heterosexual, pero también les ha devuelto a los homosexuales un nuevo concepto de sí mismos. Veamos ahora algunos elementos de esta nueva imagen.

Puede parecer insignificante, pero el simple hecho de representar en un anuncio a una pareja homosexual, por ejemplo, ha tenido un gran impacto. Que la publicidad mostrara a parejas gays en contextos "normales", paseando a su perro, comprando muebles, cocinando la cena o caminando en la playa, fue una gran innovación en los años noventa. Por primera vez, sugirió que los homosexuales tienen una vida cotidiana como la de cualquier persona y que, lejos de pasar su tiempo libre en bares u orgías, comparten con los heterosexuales pasatiempos e intereses. Esto ayudó a romper el estereotipo hipersexuado de la gente gay, obsesionada con el sexo y siempre al acecho de nuevas conquistas. También sirvió para mostrar que las parejas gays no sólo existen y tienen actividades normales, sino que son lo suficientemente estables como para tener una casa, una cocina, un perro y una rutina diaria. Todo ello supuso cierta "heterosexualización" de la homosexualidad, que sin duda contribuyó a su aceptación social.

Ahora bien, muchos de los productos anunciados en la publicidad dirigida a gente gay no tienen nada que ver con la orientación sexual: vodkas exóticos, ropa de marca, relojes finos... Pero, aunque no tengan nada específicamente gay, se aprovecha la percepción bastante generalizada de que los homosexuales saben de esas cosas y se encuentran en la punta de la moda, el diseño y la decoración; una percepción bien fundada, hasta cierto punto, dados el interés y la aceptación tradicional de los homosexuales en esas profesiones. Estudios recientes han confirmado que los hombres gays suelen estar más pendientes de la moda, y más prontos a gastar en ella, que los heterosexuales. La imagen del gay sofisticado ha sido hábilmente retomada por la publicidad para vender sus productos no sólo al mercado gay, sino también a hombres y mujeres heterosexuales "de gustos refinados".

LOS GAYS COMO MERCADO PILOTO

Diversas industrias (como la moda, el diseño interior, los alcoholes selectos y la joyería fina) han usado el nicho gay como un mercado piloto, gracias al cual pueden experimentar con nuevos conceptos. Saben, por la experiencia de los últimos veinte años, que los productos, el diseño y la publicidad que "pegan", o funcionan, con los hombres gays pronto atraerán también a los heterosexuales, tanto hombres como mujeres. Esto se debe no sólo al papel de vanguardia que han conquistado los homosexuales, sino al hecho de que muchos diseñadores y publicistas son gays.

Un buen ejemplo, descrito por Daniel Harris,[5] es la historia reciente del calzoncillo. Durante siglos fue concebido como una prenda estrictamente utilitaria. Como va oculto, el calzoncillo no requería ningún elemento estético: bastaba con que fuera cómodo, resistente, higiénico y económico. A partir de los años sesenta aparecieron varias empresas especializadas en ropa interior "exótica", generalmente accesible sólo por catálogo, diseñada para los hombres gays. Su publicidad mencionaba, por ejemplo, un acojinamiento "protector" para las nalgas y los genitales (para los hombres que practicaran deportes "de contacto"), en un truco muy transparente para agrandar y exhibir esas áreas vitales... En el otro extremo surgió la moda minimalista, que consiste en ocultar lo menos posible, dejando al descubierto las nalgas y casi todo lo demás. Apareció asimismo la ropa íntima (piyamas, batas, calzoncillos, trusas, tangas) de seda, satín o malla fina, de colores vivos, con adornos extravagantes (plumas, lentejuelas, cuentas, aplicaciones diversas), cuya publicidad subrayaba su potencial excitante, tanto para el portador como para sus seres queridos.

A partir de los años setenta, estos diseños novedosos y totalmente gays comenzaron a atraer la atención de los hombres heterosexuales (y de sus

---

[5] En *The Rise and Fall of Gay Culture.*

mujeres, que ya llevaban siglos luciendo ropa íntima seductora y erótica). Fue el comienzo de las grandes campañas publicitarias de diseñadores como Calvin Klein, ya dirigidas al público masculino en su conjunto, que tuvieron un éxito enorme y que transformaron por completo la concepción de la ropa interior para hombres. Hoy día, cualquier varón más o menos consciente de la moda cuida tanto el diseño de sus calzoncillos como el de su saco o corbata. La ropa interior está ahora tan sujeta a la moda como la exterior, trátese de hombres o mujeres, heterosexuales u homosexuales. Este inmenso mercado surgió y se extendió gracias a lo que en su origen fue un nicho de mercado gay, sabiamente aprovechado.

Curiosamente, en años recientes se ha dado una reacción en contra del diseño demasiado extravagante, demasiado gay, en esta versátil prenda: se ha regresado a un estilo más "masculino" y tradicional, como los boxers cuadrados sin mayor chiste, pero que aun así preservan algunos elementos de la fase anterior, como los colores, el énfasis en la comodidad y, por supuesto, la marca. Es de notar asimismo que la publicidad actual para ropa interior se cuida mucho de parecer demasiado gay: a menudo presenta a modelos femeninos junto a los masculinos, y casi nunca veremos a un hombre de espaldas (ángulo que a las mujeres sí se les permite). Las nalgas del hombre siguen siendo un área tabú en el imaginario masculino, por su asociación con el homoerotismo.

Vemos así cómo la mercadotecnia ha retomado ciertos elementos de la sensibilidad gay para lanzar nuevos productos y abrir nuevos mercados, pero también cómo ha tenido cuidado de no ir demasiado lejos para no enajenar al consumidor heterosexual. El ejemplo de la ropa interior para hombres podría aplicarse igualmente a la joyería (incluyendo los aretes, que se han puesto de moda entre los jóvenes heterosexuales, a condición de no parecer demasiado "femeninos"), el cuidado del cabello, la cirugía plástica, los productos de belleza. Existen ya, no sólo lociones, sino perfumes para hombres, si bien se presentan en envases debidamente masculinos y en muchos casos abiertamente fálicos.

Otro ejemplo interesante de la convergencia entre los mercados gay y heterosexual ha sido el *look leather* (también llamado *robot* o *clon*) que, con sus pantalones, chamarras, cachuchas, botas y cinturones de cuero negro, se volvió casi de rigor para cierta población gay en los años ochenta. Este atuendo, que tuvo su origen en las pandillas de motociclistas de los años cincuenta y sesenta, y que fue inmortalizado por Marlon Brando en la película *The Wild Ones* (1953), fue inicialmente un símbolo de rebelión contra la sociedad convencional y clasemediera de la época. Fue adoptado casi inmediatamente por algunas agrupaciones de motociclistas gays y luego, a partir de los sesenta, por hombres gays que buscaban alejarse del estereotipo del homosexual afeminado. Poco a poco, el *look* de cuero se fue conformando como un estándar "macho" y contestatario para los homosexuales que buscaban recuperar, o inventarse, una imagen viril a ultranza.

Aquí podemos observar, dicho sea de paso, el origen histórico de cierta misoginia entre los varones gays. El problema no es que odien intrínsecamente —o sea, por razones psicológicas— a las mujeres (como han creído muchos psicólogos), sino que llevan mucho tiempo combatiendo la imagen de "afeminados" que se ha tenido de ellos, sobre todo en los países machistas. Muchos de ellos intentan proyectar una imagen hiperviril que supone distanciarse de todo lo femenino.

Las lesbianas han tenido un problema similar pero en sentido inverso, en cuanto a que han tenido que luchar contra la idea de que intentan emular a los hombres. Algunos de los conflictos históricos entre lesbianas y hombres gays se deben a este esfuerzo por revertir los viejos estereotipos: ellos han tenido que demostrar que no son afeminados, y ellas, que no son mujeres "hombrunas". La confusión generalizada entre sexo biológico y roles de género, que sigue vigente en muchos lugares, ha sido responsable de conductas sexistas y excluyentes de ambas partes. Por supuesto, este conflicto ya añejo tiene muchas otras causas, pero no podemos negar que ésta haya sido una de ellas.[6]

PORNOGRAFÍA Y HOMOSEXUALIDAD

En las últimas décadas también se ha dado una revolución en la imagen corporal, así como en el cuerpo real, de los hombres gays. Esto se puede observar no sólo en la moda y la publicidad, sino también en la historia de la pornografía gay, producida en su gran mayoría en Estados Unidos (sobre todo a partir de 1966, cuando la Suprema Corte legalizó la representación gráfica de órganos y actos sexuales). Como lo señala Daniel Harris, hace cuarenta años el ideal estético de los hombres gays no eran los demás homosexuales, sino los hombres "verdaderos", es decir, heterosexuales. En efecto, durante mucho tiempo el objeto de deseo para la sensibilidad gay fue el hombre viril, puro y duro, ejemplificado por marineros, obreros, policías, militares y bomberos... heterosexuales. Ésos eran los verdaderos hombres, a los que soñaban con seducir los gays flacos y neurasténicos que no solían percibirse como auténticos machos, y que antes bien cultivaban una imagen "sensible" y "artística". En la pornografía gay antes de los años

---

[6] Es importante recordar, en este contexto, la extraordinaria labor de apoyo a los hombres gays que realizaron muchas lesbianas durante la crisis del sida en los años ochenta. Se movilizaron, se organizaron, marcharon y cuidaron de innumerables enfermos de sida con una dedicación y solidaridad que hoy pocos hombres gays recuerdan.

ochenta estaba implícita una devaluación del cuerpo gay "afeminado", que apenas si merecía aparecer en las películas pornográficas. Esto se reflejaba en el *casting:* las estrellas del porno gay solían ser heterosexuales.

Todo cambió a partir de los años ochenta cuando, gracias al consumismo y a la publicidad gays ya descritos, así como al orgullo gay, los hombres homosexuales se dieron a la tarea de cultivar una imagen diferente. Poco a poco se fueron apropiando de la imagen viril y musculosa del cine y el gimnasio, y comenzaron a moldear su cuerpo como un objeto auténticamente "masculino"de deseo y de belleza. Empezaron a esculpir sus cuerpos con ejercicio y dietas, actividades que antes estaban limitadas a los fisicoculturistas y que paulatinamente se volvieron parte de la estética gay. Fueron tan lejos en la búsqueda del cuerpo perfecto, que podemos observar desde los noventa el surgimiento de un cuerpo gay muy particular, que reúne a la vez la musculatura y las actitudes del "macho" tradicional, y el uso "femenino" de la cirugía plástica, los productos de belleza, el peinado, el bronceado artificial... y, por supuesto, el último grito de la moda.

Toda esta transformación se registró puntualmente en la pornografía gay, que hoy día recluta a actores gays (y ya no heterosexuales) en toda su perfección juvenil, que se presentan además como vencedores en el juego de la seducción. Ya no se trata de hombres gays avergonzados y tímidos que, si bien les va, logran seducir a un "verdadero macho" heterosexual que los va a maltratar y abandonar, sino de modelos irresistiblemente bellos por los cuales se pelearía cualquier persona, hombre o mujer. Hoy día, el paradigma del cuerpo viril, esculpido y trabajado, ya no es el del varón heterosexual sino el del hombre gay, perfectamente condicionado y a la vanguardia de la moda.

Tan es así que ha surgido en años recientes un nuevo modelo de masculinidad, el hombre metrosexual, que se ha apropiado de la imagen del hombre gay, sin serlo. Estrellas como David Beckham, Tom Cruise, Ben Affleck y Brad Pitt se maquillan, usan cosméticos y aretes, se peinan, se cuidan y se visten con el mismo esmero que cualquier gay, sin perder su aura varonil. Han sabido aprovechar la moda y la sensibilidad estética antes asociadas con la homosexualidad para volverse irresistibles, tanto para las mujeres como para los hombres. El metrosexual representa así una revalorización del cuerpo gay, visto ya como un modelo de masculinidad.

Pero la imagen del cuerpo perfecto también ha tenido efectos nocivos en la autoestima de los hombres, heterosexuales u homosexuales. Por buen cuerpo que tenga, casi ningún varón alcanza el ideal de masculinidad representado en el cine y la publicidad. Asimismo, casi nadie puede rivalizar con los órganos y el desempeño sexuales mostrados en las películas porno, cuyas estrellas se seleccionan con cuidado, y que son además hábilmente editadas para dar la impresión de erecciones no sólo eternas, sino repetidas a voluntad. Por ello, al final de todo este proceso, muchos hombres gays (y heterosexuales) han vuelto a sentirse inseguros, e incluso avergonzados, por tener un cuerpo común y corriente. Éste es el resultado lamentable del largo esfuerzo por "masculinizar" el cuerpo gay.

Otra consecuencia de la pornografía gay es la sobrevaloración de la juventud, muy generalizada entre los hombres homosexuales. Diversas encuestas muestran que estos últimos se consideran viejos mucho antes que los heterosexuales. Esto ha tenido repercusiones serias para los homosexuales sin pareja: muchos de ellos, después de cierta edad, se ven orillados a recurrir al sexo pagado porque ya no resultan, ni se consideran, deseables para una población gay anonadada por la publicidad, el consumismo y la pornografía. Paradójicamente, el cambio cultural que primero enalteció la imagen del hombre gay como objeto de deseo y de belleza ahora se ha revertido en su contra.

ENTRE LO MASCULINO Y LO FEMENINO

La moda ha reflejado las fluctuaciones en la imagen y autoimagen de los homosexuales. En particular, ha mostrado una oscilación periódica entre los polos masculino y femenino, en la cual los hombres gays han incorporado en diferentes momentos elementos "machos" como el *look* de cuero, el bigote o el fisicoculturismo, y elementos "femeninos" como el uso de productos de belleza y cierta extravagancia en su vestimenta. Las lesbianas también, aunque en menor grado, han presentado a través de la historia cierta fluctuación entre rasgos masculinos y femeninos tradicionales, como puede observarse en la ropa, el uso de maquillaje o no, etc. Es posible que esta oscilación refleje el cuestionamiento continuo de los roles de género por parte de los homosexuales, que han adoptado los atributos más "deseables" de hombres y mujeres y rechazado otros, según los gustos y valores de cada época. También es cierto que la moda gay ha tenido alguna dimensión lúdica, consistente en burlarse de los estereotipos heterosexuales, y a veces de los mismos estereotipos gays.

Por otra parte, en la vida cotidiana es lógico que los homosexuales adopten ciertos atributos supuestamente característicos del otro género: cuando no hay hombres en la casa, las lesbianas tienen que saber cambiar fusibles, colgar cuadros, ocuparse del coche y de las finanzas... Y cuando los hombres gays viven sin mujeres tienen que aprender a cocinar, lavar trastes y planchar. Esto no es necesariamente por gusto, ni por "indefinición" sexual alguna, sino por las exigencias prácticas de la vida. Lo que pudiera parecer, y así ha sido interpretado, una ambigüedad o una confusión de género, en realidad no lo es; antes bien, es un asunto meramente pragmático.

A fin de cuentas, los roles de género cambiantes que observamos en la historia reciente de la homosexualidad no hacen más que reflejar lo que está ocurriendo en la sociedad en su conjunto. También los heterosexuales están oscilando entre los polos masculino y femenino, tomando unos elementos y descartando otros, o bien haciendo combinaciones nuevas, como lo podemos ver en la moda andrógina de los últimos años.

No debe sorprendernos, entonces, que los homosexuales se encuentren exactamente en la intersección de todas estas vertientes. Reflejan las contradicciones y ambigüedades de la sociedad en general, pero de una manera exacerbada porque están menos atados que los heterosexuales a los roles y convenciones tradicionales. En muchos aspectos, son el campo de batalla en el cual se enfrentan las diversas corrientes culturales de nuestra era: los roles de género, la libertad sexual, la naturaleza cambiante del matrimonio y la familia. No por nada se han convertido, como lo veremos en el capítulo 5, en el chivo expiatorio favorito de los sectores más conservadores de la sociedad.

EL "BUEN" HOMOSEXUAL

El consumismo ha desempeñado un papel central en la aceptación de la homosexualidad, pero también ha tenido consecuencias muy desafortunadas. Una de ellas es la trivialización de lo que durante mucho tiempo fue un movimiento contestatario, con una larga historia de lucha y sacrificio. Tal como le ocurre al feminismo, cuyos logros tan fácilmente se dan por sentados, muchos jóvenes de hoy han olvidado que la aceptación actual de la homosexualidad fue precedida por siglos de persecución y sufrimiento que no se borran con tan sólo comprar una playera con los colores del arco iris. Además, el consumismo gay ha generado una imagen distorsionada de los homosexuales, al representarlos como gente privilegiada, blanca y casi siempre hombres. Los homosexuales negros, los de bajos recursos y las lesbianas por lo general han quedado fuera de esta visión idealizada.

El consumismo gay ha impuesto así un modelo del "buen" homosexual: joven, guapo, rico, sensible y sofisticado. En sociedades regidas por el consumismo, como Estados Unidos, incluso ha creado una figura paradójica, por no decir aberrante: la del *homosexual heterosexualizado,* conformista irreflexivo cuya única aspiración es adoptar el estilo de vida mayoritario. Han quedado atrás los cuestionamientos radicales sobre la estructura patriarcal de la sociedad y la familia, las relaciones de poder en la pareja, los roles de género, la cooptación de las minorías, y todos esos temas que fueron objeto de debates interminables durante los años sesenta y setenta de ese lejano siglo XX.

LAS EMPRESAS *GAY-FRIENDLY*

Las empresas gays y *gay-friendly* promueven así tanto la aceptación como la cooptación de la homosexualidad. Combaten la homofobia al tiempo que cultivan una clientela fiel, atrayendo tanto a consumidores como a personal gay. Por ejemplo, hacen un esfuerzo por reclutar a homosexuales, a quienes dan el mismo trato que a los heterosexuales, otorgando a las parejas gays los mismos derechos y beneficios. Aplican políticas no discriminatorias en su trato con empleados y clientes. Además, muchas de ellas donan una parte de sus ganancias a "causas gays", por ejemplo a asociaciones que luchan contra la discriminación.

Esto les permite anunciar que al comprar sus productos el consumidor gay está apoyando a su comunidad. De ahí el concepto cada vez más generalizado del "gay dollar", el "mercado rosa" o la "pink pound" de Gran Bretaña, según el cual el dinero gastado por la comunidad gay, en bienes y servicios gays, comprados a compañías gays, tiene inherentemente una función social progresista.

Muchas corporaciones multinacionales se han sumado a esta campaña al darse cuenta de que la población gay no sólo constituye una clientela atractiva, sino que en muchos casos rige sus compras según criterios políticos: a precios y productos iguales, dará su preferencia a las compañías que apliquen políticas no discriminatorias. Un estudio reciente apunta, en efecto, que las dos terceras partes de los homosexuales estadounidenses no sólo prefieren comprar bienes y servicios a compañías *gay-friendly,* sino que les son fieles, y tienden más a hacer caso de la publicidad con temas gays. Asimismo, casi la mitad de ellos suelen averiguar si una empresa es *gay-friendly* o no antes de comprar sus productos.[7]

Tales empresas se jactan no sólo de dar a su personal gay un trato no discriminatorio, sino también de proporcionar a sus empleados heterosexuales cursos sobre la diversidad y la discriminación, así como una formación suplementaria acerca de las necesidades especiales de la población gay, de las cuales hablaremos más adelante. Asimismo, para ser calificadas como *gay-friendly,* deben proveer espacio y recursos para un grupo gay si así lo solicitan los empleados, y apoyar o patrocinar actos gays. No subestimemos la importancia de todas estas políticas empresariales, que son monitoreadas de cerca por las asociaciones y publicaciones gays. Por ejemplo, una de las mayores revistas gays estadounidenses, *The Advocate,* publica periódicamente listas de las mejores y peores empresas en este sen-

---

[7] Véase la encuesta Gay/Lesbian Consumer Online Census de 2004-2005, en www.gl-census.com/results/index.cfm.

tido, para que sus lectores tomen una decisión informada al comprar, o no, sus productos.

Enormes cantidades de dinero están en juego: después de todo, no estamos hablando de la tienda de la esquina, sino de grandes corporaciones multinacionales cuyas políticas en este sentido son vigiladas por consumidores gays en el mundo entero. Tampoco se trata sólo de fabricantes de vodka o casas de modas: entre las empresas *gay-friendly* mejor calificadas se encuentran gigantes como Apple, Eastman Kodak, Hewlett-Packard, IBM, JP Morgan Chase, Levi Strauss, Nike, Prudential y Xerox.

Asimismo, una búsqueda rápida en internet revelará que ha surgido una enorme variedad de sitios que recomiendan empresas *gay-friendly,* aunque sus productos no tengan nada que ver con la orientación sexual. Como ilustración: ¿es posible que los automóviles sean más o menos *gay-friendly*? Pues resulta que sí, y ésa es justamente la razón de ser de gaywheels. com, sitio que califica a las compañías automotrices dependiendo de si ofrecen beneficios de pareja a sus empleados gays. Muchos consumidores gays, sobre todo en Estados Unidos, siguen este tipo de recomendaciones, precisamente porque el consumismo ha reemplazado de alguna manera el activismo: en lugar de marchar, la población gay se va de compras.

SERVICIOS GAYS

El mercado gay está basado no sólo en productos, sino cada vez más en servicios. A muchos heterosexuales les cuesta trabajo entender que los gays puedan necesitar servicios especializados. No se trata meramente de proporcionarles espacios libres de homofobia, como cruceros en donde puedan tomarse de la mano, hoteles en los cuales puedan compartir camas *king size* o cines y teatros donde puedan ver obras con temática gay.

Tampoco se trata sólo de los bares, aunque éstos hayan ocupado un lugar central en la historia reciente de la homosexualidad. Como hemos visto, durante décadas los bares fueron el único lugar seguro de reunión para la población homosexual, pero también han servido como centros de información y apoyo. Para muchos homosexuales hoy adultos, fueron un refugio y casi un segundo hogar durante su adolescencia y juventud. En muchos sentidos los bares fueron el corazón de la comunidad gay, y en varios países siguen siéndolo. En los países industrializados, sin embargo, los homosexuales de hoy pueden acudir a otra clase de sitios para socializar, y existen ya innumerables instituciones y empresas que ofrecen todos los apoyos y servicios que puedan necesitar.

Veamos algunos ejemplos. Casi en todas partes, las parejas gays requieren una asesoría legal especializada que les ayude a enfrentar los numerosos obstáculos que presenta la legislación actual respecto a derechos de herencia y tutela; cuentas bancarias mancomunadas; poderes de firma y derechos de propiedad; el derecho de intervenir y participar en decisiones médicas cuando la pareja sufre alguna enfermedad o emergencia; poder nombrar a la pareja como beneficiaria en testamentos y seguros de vida; pensiones de incapacitación, jubilación o viudez; problemas de patria potestad y adopción, etcétera.

En países como México, asuntos tan sencillos como la herencia siguen siendo problemáticos: aun cuando un homosexual haya formalizado un testamento a favor de su pareja, su familia puede impugnarlo y ganar un eventual juicio; la familia de un homosexual enfermo puede impedir a su pareja visitarlo en el hospital; las madres lesbianas pueden perder a sus hijos; y tanto hombres como mujeres homosexuales pueden perder su empleo, posibilidades de promoción, o incluso su vivienda. Esto sin hablar de la discriminación sistemática que padecen las personas seropositivas, que también requieren asesoría legal especializada.

Lo mismo podría decirse de los servicios médicos. Es un hecho cada vez más estudiado que las lesbianas y los homosexuales presentan problemas de salud específicos. Los hombres gays en muchos casos están en riesgo de enfermedades de transmisión sexual relacionadas con sus prácticas específicas; las lesbianas que no han tenido hijos presentan un riesgo mayor de cáncer de mama. Asimismo, los homosexuales solicitarán, cada vez más, servicios sociales para la tercera edad: muchos de ellos no tienen hijos y, a falta de parientes que quieran ocuparse de ellos en su vejez, necesitarán apoyos especiales.

En el estado actual de las cosas, los homosexuales también requieren apoyos psicológicos especializados. Como lo expliqué en *La experiencia homosexual,* la homofobia internalizada, las vicisitudes del clóset, la compartimentalización de la vida para la mayoría de la gente gay (a consecuencia de tener que representar papeles diferentes en el trabajo, con la familia y las amistades), ciertos hábitos de comunicación (como la costumbre de ocultar sus sentimientos y deseos), son problemas específicos que la inmensa mayoría de los terapeutas heterosexuales no están capacitados para detectar ni entender, y menos aún tratar. Asimismo, las parejas homosexuales tienen dinámicas muy diferentes que las heterosexuales, y además distintas en sus versiones masculina y femenina. Por su parte, las personas bisexuales representan difíciles retos para el psicólogo; si éste no tiene experiencia y una información actualizada al respecto, no podrá brindarles una ayuda eficaz. Al igual que otras poblaciones especiales, como los niños, los adolescentes o las personas de la tercera edad, la población LGBT[8] requiere una atención psicológica especializada.

Algunos gobiernos han empezado a ofrecer servicios psicológicos dirigidos específicamente a la población homosexual, sobre todo en un esfuerzo por apoyar a los jóvenes. En efecto, se han detectado problemas especiales en los adolescentes gays, que van desde el aislamiento familiar y social hasta un mayor riesgo de suicidio y adicciones. El gobierno francés, por ejemplo, ha promovido a lo largo y ancho del país servicios de asesoría, *hotlines* y asociaciones locales que ofrecen al joven homosexual una mayor inserción social, así como información y apoyo legal y psicológico.

Hay cada vez más consultorías dedicadas a la asesoría financiera: cómo planear el futuro, prepararse para la tercera edad, proteger a la pareja, disponer de la propiedad, contabilizar los impuestos, hacer donativos exentos de impuestos a causas gays, apoyar a la comunidad gay, y recomendaciones específicas acerca de lugares y empresas *gay-friendly*. La demanda por este tipo de servicio es tan grande que incluso hay organizaciones especializadas, como el Gay Financial Network (Red Financiera Gay), que da consejos fiscales, legales y de inversión a la población gay. También es de notar, como ejemplo, la Gay and Lesbian Student Association de la Harvard Business School (la asociación de alumnos gays de la escuela de administración de empresas de Harvard), que informa sobre discriminación y oportunidades de empleo, y ofrece asesoría general para los estudiantes y egresados de ese bastión del conservadurismo empresarial.

En los últimos veinte años ha surgido una amplia gama de asociaciones religiosas e iglesias, sobre todo de derivación protestante o ecuménica, como la Metropolitan Community Church (Iglesia Comunitaria Metropolitana), que se ha difundido en veintidós países y que, como detalle curioso, cuenta con el patrocinio de American Airlines, o la Iglesia Unitaria Universalista en Estados Unidos. Estas iglesias no sólo dan la bienvenida a la población gay excluida de otras denominaciones, sino que también celebran uniones homosexuales.

Además de estos servicios básicos, existen otros relacionados con el estilo de vida homosexual. Por ejemplo, la mayoría de las personas gays no tienen hijos y prefieren pasar sus vacaciones en espacios libres de niños: este hecho, por sí solo, apunta hacia toda una red de hoteles, cruceros, restaurantes y spas. También existen orquestas y coros, asociaciones artísticas, clubes de alpinismo, librerías y cines para la población gay.

Vale la pena preguntarse cuál es la función de todos estos servicios y asociaciones gays en lugares como San Francisco, donde los homosexuales

---

[8] Es decir, lesbiana, gay, bisexual y transgénero.

no tienen por qué esconderse ni aislarse. Es probable que la respuesta tenga
más que ver con las dinámicas del capitalismo tardío que con la persistencia
de la homofobia. Después de todo, estos servicios han proliferado, no en
las sociedades todavía homofóbicas, sino en las que presentan mayores derechos, garantías y aceptación social. No se trata, por tanto, de encerrar en
un gueto a la población gay, sino de una *segmentación del mercado,* que busca
crear nuevos nichos de consumo basados en una identidad minoritaria.

En efecto, en esta etapa los homosexuales se han vuelto una minoría
como otras, que mantiene su identidad a través de estilos de vida, actividades y asociaciones propias. Observamos, por ejemplo en Estados Unidos
y algunos países europeos, la aparición de coros gays, al igual que coros de
negros, judíos, mujeres o gente discapacitada. Lo mismo podría decirse de
una inmensa gama de clubes, equipos deportivos, estaciones de radio y televisión, revistas, etcétera. Todo ello puede parecer superfluo e incluso frívolo,
pero esta segmentación ha demostrado ser, hasta ahora, la única manera de
preservar una identidad y una cultura diferentes de las dominantes.

Podemos encontrar una analogía en la historia de la prensa étnica. En
Estados Unidos, durante mucho tiempo (hasta mediados del siglo XX) exis-
tieron publicaciones en lengua extranjera para las comunidades inmigrantes. La paulatina desaparición de periódicos y revistas en yiddish, polaco,
alemán, ruso, etc., reflejó la gradual integración de estas poblaciones a la
cultura norteamericana. En contraste, el auge actual de medios dirigidos
a la población latina (periódicos, revistas, estaciones de radio, canales de
televisión) refleja a la vez su falta de integración real y su voluntad de preservar una identidad comunitaria propia. Conforme avance la asimilación
social y cultural, estos medios, o bien desaparecerán, o se parecerán cada
vez más a los medios masivos norteamericanos.

Algo similar está ocurriendo con la prensa gay en Estados Unidos. Las
primeras publicaciones gays fueron locales, no nacionales: vivían de una
publicidad local (de bares y librerías, ante todo), y su principal función era
informar acerca de eventos culturales, servicios religiosos y noticias de la
región. El mejor ejemplo de ello fue el *Gay Community News* de Boston, o
las diversas publicaciones universitarias. En contraste, hoy los principales
medios gays son nacionales, cubren noticias nacionales e internacionales,
están cada vez más centrados en la moda y el espectáculo, se difunden a
través de internet y son patrocinados por empresas trasnacionales. En una
palabra, se parecen cada vez más a los medios masivos heterosexuales. Lo
que han preservado de la identidad homosexual ya no es su aspecto contestatario ni marginal, sino un estilo de vida basado en el consumismo.
La prensa gay ya no es tan gay como antes; junto a la bandera arco iris se
observa, cada vez más, un signo de dólar.

LAS MARCHAS DEL ORGULLO GAY[9]

Un excelente ejemplo de este nexo es la evolución de las marchas del orgullo gay. En los años setenta surgieron como manifestaciones casi espontáneas, sin mayor estructura organizacional, cuyo propósito principal era salir de la invisibilidad. Extravagantes y teatrales, su mensaje era: "Somos muchos, somos diferentes, y nos rehusamos a seguir viviendo en el clóset". Significaban también, desde luego, una protesta contra la represión. Después de todo, tuvieron su origen en el levantamiento provocado por una redada policiaca en el Greenwich Village de Nueva York.

Este enfoque cambió en los ochenta, en gran parte por la crisis del sida. Las marchas gays se volvieron ante todo manifestaciones de protesta contra la discriminación y en favor de atención y servicios para las víctimas. Se unieron a ellas cada vez más instituciones comunitarias, desde asociaciones profesionales hasta grupos deportivos y religiosos, y el mensaje se volvió: "Somos iguales que los heterosexuales y merecemos el mismo trato". El énfasis pasó paulatinamente de la confrontación a la asimilación.

Los años noventa vieron la comercialización del orgullo gay. Cada vez más grandes y publicitadas, las marchas se volvieron parte del calendario cívico de las principales ciudades norteamericanas y europeas, con una gran afluencia de turistas y ventas masivas de chucherías y *souvenirs*. Comenzaron a desarrollarse en un ambiente ya no de protesta, sino de carnaval, y sin mayor contenido ideológico. No es ninguna casualidad que hayan encontrado cada vez más apoyo, patrocinio y financiamiento por parte de bancos, aerolíneas y diversas corporaciones, que aprovecharon la enorme concurrencia para exhibir sus logos y productos. Tampoco es de sorprenderse que se haya unido a ellas un número creciente de personajes públicos, candidatos en campaña y figuras del espectáculo. Conforme las marchas del orgullo gay se fueron "normalizando", tendieron a disminuir sus expresiones más extravagantes y provocadoras, al grado de incluir a familias heterosexuales con todo y niños.

Pasaron de ser manifestaciones a desfiles; en lugar de protestas, festejos. Ya no son actos políticos que pugnen por la liberación gay, sino encuentros culturales y cívicos que celebran la asimilación. Por su tamaño y por las cantidades de dinero que ahí se mueven, hoy en día toman años de planeación y organización, con una estructura administrativa propia, *lobbies* y páginas web que van mucho más allá de los pequeños grupos locales, formados por activistas y voluntarios, que iniciaron el orgullo gay hace ya casi cuarenta años.

[9] La información de esta sección fue tomada de Alexandra Chasin, *Selling Out*.

Asimismo, las empresas que cultivan el mercado gay han logrado capitalizar la evolución del último cuarto de siglo vendiendo una infinidad de productos que incorporan la bandera arco iris:[10] desde portarretratos y portaplacas hasta calcetines y cobijas, manteles y lámparas. Muchos de estos productos aluden a la historia de la homosexualidad: *mousepads* con obras de Leonardo da Vinci, reproducciones de antigüedades griegas o del *David* de Miguel Ángel... Todo ello ha servido para difundir entre la población gay una sensación de pertenencia y orgullo hábilmente explotada por la publicidad.

ASIMILACIÓN Y DIFERENCIA

En suma, desde los años noventa los homosexuales han llegado a integrarse, si no a la sociedad en su conjunto, sí a la sociedad de consumo. Ésta ha resultado ser la llave milagrosa: el consumismo gay ha logrado lo que no habían podido ni las marchas ni las leyes, a saber, volver la homosexualidad no sólo aceptable, sino atractiva. Vemos así el auge de un estilo de vida y una sensibilidad gay *rentables,* y eso es determinante hoy día para la supervivencia de cualquier minoría.

La paradoja no tiene por qué sorprendernos: algo parecido sucedió con el feminismo. Durante mucho tiempo (al menos desde los años sesenta del siglo pasado, si no desde las reflexiones de Virginia Woolf) se debatió sobre la existencia o no de una sensibilidad femenina diferente de la masculina. El debate se centró en consideraciones abstractas (basadas en la biología e incluso el psicoanálisis), hasta que la producción literaria, artística y cinematográfica de las mujeres alcanzó una masa crítica. Cuando ya hubo muchas novelas, muchas obras de arte, muchas películas y programas de televisión hechos por mujeres, que además resultaron ser rentables, fue ganando terreno la idea de que sí existe una visión específicamente femenina del arte y la realidad. Mientras sólo hubiera dos o tres grandes creadoras por siglo, no se podía apreciar esta diferencia; pero ahora, en muchos casos, ya podemos distinguir entre películas, obras de arte o libros hechos por mujeres o por hombres.

Algo así ha ocurrido con la producción cultural gay. No se trata sólo de obras dirigidas a la población gay; esta sensibilidad también está logrando

---

[10] La bandera gay, diseñada en 1978 por Gilbert Baker, no fue el primer símbolo del movimiento. Le antecedieron el arlequín (cuatro diamantes que juntos forman uno más grande) que fue el símbolo de la Mattachine Society a partir de 1955, el triángulo rosa impuesto por los nazis para identificar a los homosexuales y luego recuperado como emblema del orgullo gay, y la letra *lambda* del alfabeto griego.

influir en la cultura mayoritaria. Con su enorme éxito artístico y comercial, una película como *Las horas,* basada en la obra de Virgina Woolf, escrita y dirigida por homosexuales; la miniserie televisiva *Angels in America,* o la película *Brokeback Mountain (Secreto en la montaña),* con su temática específicamente gay, son grandes ejemplos de una percepción diferente de las relaciones humanas y de lo que significan el amor, la pareja, la familia y la amistad. Presentan una idea radicalmente nueva de lo que implica pertenecer, o no, a la sociedad con todas sus instituciones, sus normas y sus esquemas de género y de poder. En este sentido van mucho más allá de una simple temática gay: plantean preguntas, dudas y reflexiones sobre la sociedad en su conjunto, pero desde una sensibilidad muy particular.

COSTOS DE LA INTEGRACIÓN CONSUMISTA

El principal dilema de esta etapa de transición es: ¿cuál será el precio de la integración social, económica, política y cultural de los homosexuales? El consumismo gay nos permite vislumbrar beneficios indudablemente importantes, como una mayor aceptación social. Pero también tiende a borrar algo quizá menos tangible, que ha sido desde siempre la base misma de la cultura gay: la diferencia. El consumismo, en términos generales, tiende a promover la homogeneidad porque hace que todo el mundo quiera lo mismo y quiera vivir de la misma manera. Nos ofrece *la ilusión de ser todos iguales;* nos hace olvidar las distinciones raciales, étnicas, de clase y de género que persisten bajo la superficie deslumbrante de los anuncios comerciales. Pero en realidad exacerba estas diferencias: cuando el dinero se vuelve central en la vida, cuando la publicidad rige los valores de la sociedad, es mucho mejor ser rico, joven y guapo que cualquier otra cosa. El consumismo gay opera dentro de los mismos parámetros: no debe sorprendernos que se aprecie y se acepte mucho más al homosexual blanco, rico y de sexo masculino que a cualquier otro.

A fin de cuentas, debemos preguntarnos qué tan real es una aceptación en gran parte basada en la publicidad y la rentabilidad. Como veremos en el capítulo 5, la nueva imagen de la homosexualidad no ha sido suficiente para erradicar la homofobia, que se ha vuelto más extremosa y virulenta precisamente en un país como Estados Unidos, cuna histórica tanto de la liberación gay como del más desenfrenado consumismo.

CAPÍTULO 3

HOMOSEXUALIDAD E INTERNET

Internet ha modificado radicalmente la vivencia de la homosexualidad para millones de personas en el planeta entero. Como espacio de comunicación e información, ha mitigado algunos de los principales problemas que históricamente ha padecido la población homosexual, como el aislamiento, la ignorancia, la homofobia (tanto la social como la internalizada), la dispersión geográfica y la falta de apoyos psicológicos, médicos y legales. Aunque sus alcances sean ya mucho mayores, podría decirse que ha reemplazado el bar gay que durante la segunda mitad del siglo XX fungió no sólo como un lugar de encuentro, sino también como centro de información y base para la creación de una comunidad gay.

No es ninguna casualidad que el movimiento de la liberación gay conmemore como un episodio fundacional la sublevación de los homosexuales en Nueva York después de una redada policiaca en un antro gay, el Stonewall. Bares como ése fueron para muchísima gente un segundo hogar en la era de la clandestinidad. Para muchos jóvenes de hoy es difícil concebir la importancia que tuvo antaño el simple hecho de poder reunirse y mostrarse sin vergüenza ni temor en un lugar amigable, lejos de la mirada condenatoria de la sociedad. Hoy, ese espacio ha sido inmensamente ampliado por internet, que cumple algunas de las mismas funciones.

En este capítulo examino algunos de los usos de internet para la población gay: para conocer a otros homosexuales, ya sea para buscar sexo, amistad o pareja; para informarse de la homosexualidad y de asuntos médicos, legales, financieros y psicológicos específicamente gays; para tener acceso a redes de apoyo; para difundir y participar en actividades culturales gays; para ubicar a personas y lugares gays en otros países; para promover objetivos políticos como el matrimonio gay; para apoyar a los familiares de la gente gay, y, en fin, para la construcción de una comunidad gay globalizada.

En éste, como en otros capítulos, citaré fuentes y ejemplos principal-
mente de Estados Unidos, por ser ése el país con más actividad en internet
y más investigación al respecto. Asimismo, es importante anotar desde un
principio que estas reflexiones se refieren más a los hombres homosexuales
que a las lesbianas: en primer lugar, porque la navegación por internet sigue siendo, en muchos países, una actividad predominantemente masculina
por el trabajo de los hombres, por su más fácil acceso a una computadora,
su mayor experiencia con la computación, y por la posibilidad de pasar su
tiempo libre como quieran, en contraste con la mayoría de las mujeres.
Además, muchas mujeres ven con desconfianza o desaprobación el uso de
internet para conocer a otras personas dada su asociación con la pornografía, aunque ya existan muchas otras opciones para relacionarse en el ciberespacio.

GAYS BUSCANDO A GAYS

Antes que nada, internet les ha servido a los homosexuales para conectarse
entre ellos: una función crucial, dada la dispersión geográfica y la clandestinidad que han caracterizado a esa población. En efecto, internet ha mostrado ser el medio de comunicación idóneo para todas las comunidades
minoritarias o con intereses especiales, trátese de egiptólogos, familiares
de niños con síndrome de Down o fanáticos de la música medieval. Era
natural que se volviera un vehículo privilegiado para el contacto entre la
gente gay del mundo entero.

Pero además presenta varias ventajas específicas para los homosexuales.
En primer lugar, da mucha seguridad saber que los visitantes a un sitio gay
probablemente también lo sean, tal y como sucedería en un bar gay. Esto
evita los malentendidos y los riesgos normalmente vinculados al hecho de
"ligarse" a alguien en un café o en la calle y previene, en alguna medida, las
reacciones homofóbicas que pudiera uno enfrentar.

En segundo lugar, internet permite el anonimato. La mayoría de los
usuarios de los *chats* gays no registran sus datos personales reales, sino
seudónimos y perfiles más o menos verídicos, lo cual tiene algunas implicaciones interesantes. Por ejemplo, quien esté en el clóset puede permanecer
ahí. Muchísima gente aprovecha esta particularidad del ciberespacio, que
permite un acercamiento a la vez íntimo y anónimo, para ocultar su género
o su verdadera orientación sexual. Incluso muchos heterosexuales se hacen
pasar como homosexuales en los *chatrooms* gays, por curiosidad, por simple
morbo o para poder experimentar sensaciones prohibidas.

El anonimato puede también dar pie a situaciones chuscas. He conocido a parejas heterosexuales que usan los *chats* gays de común acuerdo para

"conocerse" y seducirse como si fueran dos hombres o dos mujeres, en un juego erótico a la vez excitante y seguro. A algunas parejas masculinas les ha sucedido "ligarse" en un *chat* y luego descubrir por casualidad quiénes eran en realidad. Los *chats* permiten así realizar ciertas fantasías sexuales, aunque sólo sea de manera virtual. Este lado fantasioso y lúdico del ciber-espacio no se limita, por supuesto, a los *chats* homosexuales: también se ha vuelto parte de la vivencia heterosexual hoy día. Una película basada en la confusión de identidades cibernéticas es la divertida *You've Got Mail (Tienes un e-mail).*

El anonimato también presenta riesgos: después de todo, uno no puede saber con quién se está relacionando. Por ello, en muchas publicaciones y sitios gays aparecen consejos para evitar situaciones peligrosas: por ejem-plo, nunca dar datos personales como dirección o número de teléfono; no concertar una cita antes de haber chateado durante algún tiempo por inter-net; cuando decidan verse en persona, hacerlo en un lugar público seguro. Todos estos consejos son aplicables, por supuesto, a cualquier encuentro por internet, pero son especialmente importantes para la población gay, expuesta siempre a agresiones homofóbicas.

Otra ventaja de los *chatrooms* para quienes buscan relaciones sexuales es que permite ser muy explícito acerca de lo que uno desea. Muchos hombres gays tienen prácticas sexuales y gustos muy específicos: prefieren un papel pasivo o activo, les atrae cierta forma o dimensión de pene o de ano, color de piel, tipo de cuerpo, rango de edad, etc. En este sentido, los *chats* ofrecen un menú muy detallado y sin compromiso. En comparación con conocer a alguien en un lugar físico, como un bar, el "ligue" por internet es mucho más fácil, rápido y, por supuesto, más económico.

Sin embargo, internet es un medio virtual que, paradójicamente, tiende a limitarse a lo físico: permite conocer con exactitud los atributos físicos de las personas, pero no su personalidad. Claro, esos atributos pueden ser falsos: mentir acerca de uno mismo es muy común, y sirve no sólo para en-gañar a los demás sino también para darse el lujo de experimentar lo que sig-nificaría poseer un físico ideal. Sería interesante investigar estadísticamente cuáles son los atributos más codiciados en este libre mercado sexual: podría servir para estudiar la evolución de la estética gay en la era de internet.

También es revelador observar las diferencias entre los *chatrooms* mascu-linos y femeninos. Para empezar, participan muchos más hombres que mu-jeres; un vistazo rápido a un sitio gay internacional muestra que en este mo-mento están conectados en México 1 021 hombres, por una sola mujer. En Francia hay 11 hombres y 3 mujeres (a las dos de la mañana, hora local); en el Reino Unido, 450 hombres por 11 mujeres. El mismo sitio, que aparte de áreas geográficas ofrece *chatrooms* por tema de interés, revela otra diferencia importante entre hombres y mujeres. Las categorías temáticas para hombres incluyen más rúbricas de orden sexual, como "músculos", "penes pequeños", "cuero", "transgénero", "sexo por teléfono", "sexo en grupo", "pies", "disciplina", mientras que las femeninas no incluyen descripciones de genitales y son más de orden afectivo, como "buscando amigas", "buscando amor", "mujeres con cáncer", "mujeres saliendo del clóset".

Esta diferencia se refleja asimismo en otra modalidad importante para los homosexuales: los anuncios personales por internet. Éstos constituyen un espacio más apto para buscar parejas o amistades, y no sólo encuentros sexuales, porque el perfil del usuario, con el cual uno se registra, suele incluir datos mucho más amplios, como pertenencia étnica y religiosa, profesión, pasatiempos, intereses especiales, idiomas, hábitos, convicciones políticas, si uno está fuera del clóset o no, si está en una relación de pareja, etc. Permiten buscar personas afines no sólo para un posible encuentro erótico, sino para viajar, compartir vivienda o simplemente hacer amistad.

Aquí también podemos observar una diferencia entre lo que buscan hombres y mujeres: éstas tienden a describirse más en términos afectivos que sexuales, y dan más detalles sobre su personalidad, pasatiempos y estilo de vida; suelen ser más hogareñas y mencionan con más frecuencia su interés por conversar y formar amistades o pareja, que por el solo sexo. Los hombres dan más detalles gráficos y presentan mucho más seguido fotografías de su cuerpo y genitales, cosa rara en las mujeres.

Más allá de estas diferencias, los anuncios personales y los *chats* han sido la salvación para muchísimas personas gays que viven en lugares aislados u homofóbicos, que de otra manera estarían condenadas a la más absoluta soledad. Para ellas, internet no necesariamente sirve para buscar encuentros sexuales, sino para formar amistades y compartir experiencias, a la usanza de los *pen-pals* de antaño.

LOS RIESGOS DEL SEXO POR INTERNET

En el área puramente sexual —según encuestas, alrededor de 80% de los hombres gays sexualmente activos de San Francisco usan internet para buscar relaciones—, internet presenta varios riesgos. En primer lugar, la facilidad, la rapidez y el anonimato del *chatroom* permiten a sus usuarios tener muchos más encuentros sexuales que si se limitaran a los tradicionales bares y baños. En San Francisco, por ejemplo, ciudad pequeña con una gran cantidad de hombres gays, es posible conectarse a internet, establecer contacto con alguien y estar teniendo relaciones sexuales con él en menos de una hora. Por otra parte, muchos hombres que hoy buscan sexo a través de internet, antes no solían ir a los bares, por estar en el clóset o bien por temor, disgusto, falta de dinero o de tiempo, etc. Esto quiere decir que la red no se ha limitado a reemplazar los espacios de ligue tradicionales, sino que se ha sumado a ellos, alcanzando así a una población que antes tenía menos actividad sexual. Ha dado pie a un número mucho mayor de encuentros eróticos, y esto tiene serias consecuencias para la proliferación de enfermedades de transmisión sexual. Se sabe, por ejemplo, que una epidemia de sífilis en San Francisco en 1999 tuvo su origen en un *chatroom* gay.

Se ha descubierto que los usuarios de los *chats* tienden, por diversas razones, a tener prácticas sexuales menos seguras, como la penetración anal desprotegida. Puede ser porque el diálogo del *chat* genera la ilusión de conocer a la otra persona, propiciando una falsa sensación de seguridad, o porque el mismo medio impide a los participantes profundizar, por ejemplo, sobre lo que significa el sexo seguro, término del que muchos hombres tienen definiciones diferentes. El engaño, siempre posible, tampoco ayuda. Por todo ello, lógicamente, se ha encontrado en esta población un índice mayor de enfermedades transmitidas sexualmente. Estudios recientes en California muestran que la incidencia de sífilis está aumentando entre los hombres que establecen contacto a través de internet, mientras que está disminuyendo entre los que se conocen en los bares, baños, etcétera.

No es casualidad que las asociaciones dedicadas a la lucha contra el sida estén buscando formas de insertar sus mensajes a favor del sexo seguro en los sitios web orientados al sexo, bajo la forma de vínculos, anuncios o incluso cupones de descuento para análisis clínicos. En esta tarea se han topado con dos grandes obstáculos: uno, que muchos sitios no quieren enajenar a sus usuarios al incluir en sus páginas recordatorios ominosos; después de todo, son empresas que no quieren poner en riesgo sus ganancias. Y dos, los hombres que buscan sexo en internet no quieren ser distraídos ni interrumpidos por mensajes de sexo seguro, de la misma forma en que las personas que van a un bar no desean que se les alerte sobre las probabilidades de contraer cirrosis. Por ello, las asociaciones mencionadas están ensayando diversas maneras de transmitir su mensaje de forma constante pero amigable, como una invitación a cuidarse, ofreciendo información y consejos más que una advertencia.

Otro riesgo del sexo por internet es que parece promover cierta compulsión sexual. Investigaciones recientes indican que los hombres que usan internet para fines sexuales constituyen una población distinta de la que acude regularmente a los bares y baños; hay cierto traslape, pero también poblaciones, normas y costumbres diferentes (por ejemplo, los usuarios de internet suelen ser jóvenes o, si son mayores, estar en el clóset). Muchos hombres que jamás pasarían ocho horas en un bar sí las pasan conectados a internet, porque éste siempre está abierto, siempre está a la mano, siempre ofrece posibilidades nuevas y variadas, y no cuesta nada. Internet ofrece así un espacio de consumismo sexual ilimitado, en tiempo real, las veinticuatro horas: en él se pueden ver catálogos, buscar novedades, seleccionar o rechazar sin costo ni compromiso las diversas opciones disponibles, afinar la búsqueda, comparar precios e ir cambiando de persona o de sitio si el último encuentro no dio entera satisfacción.

INTERNET, PORNOGRAFÍA Y HOMOSEXUALIDAD

Por todo ello, es perfectamente lógico que internet se haya vuelto el mayor proveedor de pornografía en el mundo. Mucho más que los medios de antaño como fotos, películas, libros y revistas, internet permite el acceso inmediato y prácticamente gratuito a una variedad infinita de imágenes y videos pornográficos que puede uno examinar con toda calma en el trabajo o en la intimidad del hogar, a cualquier hora del día o la noche.

Para mucha gente, especialmente para aquellos grupos cuya sexualidad siempre ha sido reprimida, como las mujeres y los homosexuales, esto ha tenido cierto valor educativo e incluso liberador. Pero este acceso fácil, gratuito, inmediato, anónimo y privado también presenta un enorme riesgo: crea las condiciones perfectas para la adicción, mucho más que la pornografía de antes. Además, la variedad en la ciberpornografía hace posible la escalada, elemento importante de cualquier adicción: por más que haya uno visto, siempre hay algo todavía más estimulante, más explícito, más extremo, más perverso. Poco a poco, como con cualquier adicción, el gusto se va volviendo compulsión.[1]

No es casualidad que esté aumentando el número de adictos a la pornografía por internet, empleada esencialmente como estímulo para la masturbación. Se trata sobre todo de hombres: se estima que 72 % de la gente que visita sitios pornográficos es del sexo masculino, y se trata de una población en rápido crecimiento: según cálculos recientes, cada día se añaden 200 sitios a los 4.2 millones ya existentes y a los más de 372 millones de páginas pornográficas que pueden consultarse en la web; cada año, 72 millones de personas en el mundo visitan sitios pornográficos en internet, y 25 % de las búsquedas en internet están relacionadas con la pornografía.[2]

No he visto estimaciones de la proporción de sitios o usuarios gays, pero podemos considerar que la población gay es especialmente vulnerable a la adicción a la pornografía en línea por varias razones. Uno, mucha gen-

---

[1] Marianne Szegedy-Maszak, "Ensnared: Internet Creates New Group of Sex Addicts," *Los Angeles Times*, 26 de diciembre de 2005, p. F1.

[2] http://internet-filter-review.toptenreviews.com.

te gay recurre a la pornografía por no tener otras opciones sexuales. Dos, la pornografía por internet es sumamente atractiva para quienes están en el clóset o sencillamente no se identifican como homosexuales y jamás se atreverían a comprar revistas o visitar bares. Tres, los gays suelen tener más tiempo libre que los heterosexuales por sus menores compromisos familiares. Además, la exploración de la pornografía en línea es una actividad socialmente aceptada entre la población gay masculina, e incluso entre muchas parejas de hombres. Por todo ello, es posible que los hombres gays sean especialmente susceptibles a la adicción sexual por internet.

Aquí hay que distinguir entre dos problemas: la adicción misma, o sea la necesidad creciente de una estimulación sexual cada vez mayor, y los obstáculos que esto puede representar en una eventual relación de pareja. Como dicen tantos hombres gays y mujeres heterosexuales al referirse a sus compañeros aficionados a la pornografía, es imposible competir con el vasto catálogo sexual, siempre renovado y variado, que ofrece internet. La persona acostumbrada a los estímulos de la pornografía en línea difícilmente podrá contentarse con una relación real al lado de una persona de carne y hueso, con todas sus exigencias y dificultades. Sus deseos y necesidades sexuales irán cambiando, y acaso requiera una actividad sexual más frecuente, variada, novedosa y exótica que la que suele darse en una relación de pareja común y corriente.[3]

En conclusión, internet como forma de conexión entre personas homosexuales tiene sus grandes ventajas, pero también sus peligros. Está surgiendo todo un campo nuevo de investigación al respecto que examina el cómo, el porqué, el dónde y cuándo de esta vasta red de relaciones y fantasías virtuales.

INTERNET COMO HERRAMIENTA DE INVESTIGACIÓN

Cada vez más estudiosos de la homosexualidad, y de la sexualidad en general, están usando internet para investigar los hábitos, gustos e intereses de grandes muestras de población. Las ventajas son múltiples: los cuestionarios publicados o enviados por internet alcanzan a muchísima gente, garantizan el anonimato, son fáciles y rápidos de aplicar, y sus resultados se compilan y analizan directamente, sin necesidad de transcriptores ni entrevistadores. Asimismo, se eliminan los riesgos de la subjetividad en estos últimos, tales como simpatías o antipatías, identificación o ideas preconcebidas.

---

[3] Véase Marianne Szegedy-Maszak, *op. cit.*

Además, al menos en Estados Unidos, se estima que la población que utiliza internet es bastante representativa de la población en su conjunto, en términos demográficos, geográficos, étnicos, de nivel socioeconómico y de género; es mucho más representativa, en todo caso, que la población universitaria que se ha usado tradicionalmente para encuestas sobre la sexualidad. Por otra parte, los grandes números que alcanzan las encuestas en línea permiten corregir variantes o anomalías estadísticamente insignificantes. Finalmente, internet es una herramienta idónea para alcanzar a las minorías difíciles de ubicar en persona, como pueden ser los homosexuales.

La encuesta por internet también presenta riesgos: sabotaje, mentira, duplicación (cuando una misma persona responde varias veces el cuestionario) y la imposibilidad de controlar el contexto. No hay manera de saber si el sujeto está diciendo la verdad sobre sus datos personales, si está en sus cinco sentidos, si está cansado o tiene prisa, si llenó el cuestionario en una o varias sesiones, de día o de noche, si lo hizo en su hogar, su oficina o en un cibercafé, qué preguntas le causaron problema, etc. Los investigadores están elaborando formas de detectar y en su caso compensar estas distorsiones. Por otra parte, es difícil pedirle a la gente que regale su tiempo para una encuesta, y por ello en muchos casos los investigadores ofrecen alguna remuneración monetaria, por ejemplo veinte o treinta dólares, con todos los riesgos de distorsión que esto siempre ha representado en la aplicación de encuestas.

A pesar de estas dificultades, los cuestionarios por internet están resultando sumamente útiles para el estudio de la homosexualidad y lo serán cada vez más, porque pueden ubicar a la población gay de manera muy precisa a través de sitios web, publicaciones en línea y grupos de noticias específicamente dirigidos a ella. De esta forma se han logrado averiguar patrones de conducta sexual, tanto en heterosexuales como en homosexuales, que podrían resultar muy útiles para la investigación epidemiológica, por ejemplo. Tales patrones incluyen número de encuentros y hábitos sexuales, formas de establecer contacto, si la gente usa sexo seguro o no y la definición que da de éste, si se hace análisis clínicos y con qué frecuencia, si es seropositiva, si tiene pareja fija y de qué tipo, etc. A la larga, la utilización de micrófonos para medir características vocales y ritmo cardiaco, y de cámaras web para verificar atributos físicos, podrá extender y afinar el campo de datos disponible, tanto en el área sexual como en muchas otras (en la medicina, por ejemplo). En el campo de la homosexualidad, toda esta investigación vendrá a complementar la información obtenida por la mercadotecnia y los censos, ya descrita en el capítulo 2, y ampliará significativamente nuestro conocimiento del tema.

INTERNET COMO FUENTE DE INFORMACIÓN

También como medio de información, internet ha ocupado un lugar central en la construcción de la nueva homosexualidad. Donde antes era difícil conseguir una revista o un libro gay, saber adónde ir para conocer a gente gay, suscribirse a una publicación gay o ver películas gays, hoy puede uno conseguir y consultar todo a través de internet. Desde sitios académicos con la investigación más reciente, hasta consejos prácticos sobre el sexo seguro, pasando por datos sobre la discriminación y las leyes en cada país, y una cantidad infinita de libros, revistas, películas y programas de radio: todo está en la red.

Esto tiene varias implicaciones importantes. En primer lugar, asegura una información actualizada, cosa que no existía antes. Uno compraba un libro, y resultaba que entre su publicación y su traducción y distribución ya habían pasado varios años. De hecho, durante mucho tiempo el activismo gay se basó en publicaciones obsoletas: los estudios de Havelock Ellis y Alfred Kinsey (a principios y mediados del siglo XX, respectivamente), el libro de Alan Bell y Martin Weinberg *Homosexualities* (1978), sin hablar de los textos de Freud escritos hace un siglo, fueron durante décadas los textos básicos acerca de la homosexualidad, aunque hubieran sido rebasados tiempo atrás por investigaciones más recientes.

En algunos países sigue siendo así: muchos médicos, psicólogos y psicoanalistas en países como México o Francia siguen basando sus "conocimientos" acerca de la homosexualidad en textos que tienen ya medio siglo o más. No repetiré aquí los daños que pueden causar, y que describí en *La experiencia homosexual*. También en el campo de la ficción, ciertos libros clave como la novela de Radcliff Hall *El pozo de la soledad*, y los textos de Gide y Genet, influyeron durante muchos años en la percepción que los mismos homosexuales tenían de la homosexualidad, aunque representaran un universo social caduco.

Este atraso en la representación de la homosexualidad fue durante mucho tiempo una barrera al conocimiento científico del tema. Los viejos textos, las viejas novelas y películas, aun en manos de los propios homosexuales, seguían alimentando la ignorancia y la homofobia. Hoy en día internet ha cambiado todo esto, al ofrecer datos, publicaciones y consejos actualizados para la población gay, sus familias y los profesionales de la salud. Esta información, constantemente ampliada, va desde los *blogs*[4] y

---

[4] Este neologismo en inglés es una abreviación de *weblog*, que significa literalmente "bitácora en la web", y denota una página de noticias o reflexiones personales, actualizada con cierta regularidad, que una persona sube a la red para ser leída por sus amistades, algún grupo interesado en el tema, o el público en general. Para personas con intereses especializados ha resultado una manera fácil y rápida de mantenerse informadas.

listservs[5] informales hasta sitios académicos y de investigación como la American Psychological Association, los Centers for Disease Control y, por supuesto, los numerosos sitios dedicados a los derechos humanos, revistas y demás publicaciones en la red. Todo ello ha contribuido a la gran rapidez del cambio en la percepción de la homosexualidad: hoy día, los libros publicados hace sólo diez años son ya obsoletos, cosa poco común en las ciencias sociales.

INTERNET Y LOS DERECHOS CIVILES

Como toda población discriminada, los homosexuales han sufrido por su clandestinidad, aislamiento y dispersión geográfica. El no conocerse entre ellos, el no vincularse como grupo, permitió durante siglos su persecución. Internet, así como el surgimiento de asociaciones dedicadas a los derechos humanos, ha cambiado radicalmente esta situación. Lo que decíamos antes sobre la importancia de internet para conectar a los individuos gays también se aplica a los grupos a nivel local, nacional e internacional.

Cuando el gobierno egipcio arresta a docenas de hombres gays, cuando en Estados Unidos ocurren asesinatos de homosexuales, cuando en Gran Bretaña se revela una ola de discriminación laboral en contra de los gays, la alerta suena en el planeta entero. Cuando dos jóvenes gays son ejecutados en Irán, grupos gays salen a la calle en Irlanda, Francia, el Reino Unido, Austria, los Países Bajos y Suecia, y las autoridades migratorias de estas dos últimas naciones suspenden la deportación de homosexuales que han pedido asilo por su orientación sexual. Cuando se legaliza el matrimonio gay en Canadá, o por el contrario se deroga ese derecho en San Francisco, asociaciones gays en todo el mundo se ponen a analizar los textos, los votos, las campañas y las estrategias del caso, prácticamente en tiempo real. Y todo ello en gran medida gracias a internet, porque la prensa general da poca cobertura a estos temas.

Asimismo, todo lo que suceda puede servir como precedente: el efecto bola de nieve es casi instantáneo. El gobierno español cambia la definición de *matrimonio* ("entre dos personas", ya no "entre un hombre y una mujer") para permitir el matrimonio gay, y meses después aparece una iniciativa idéntica en el estado mexicano de Morelos. Las alianzas, el intercambio de

---

[5] Un *listserv* es un programa en la web que consiste en reenviar a todos los miembros suscritos a una lista todo correo mandado por algunos de ellos. Es una manera de enterarse de la participación de todos los demás. Hay *listservs* para intercambiar información y opiniones entre miembros de asociaciones profesionales, clubes deportivos y muchos otros grupos con intereses especiales.

información, el análisis comparativo de instituciones y leyes, el apoyo técnico, legal e incluso económico que permite internet, están promoviendo una enorme aceleración del cambio en el campo de los derechos homosexuales.

Un vistazo al sitio web de la ILGA (International Gay and Lesbian Association) nos da acceso en este momento a noticias y análisis sobre los derechos gays y sus quebrantamientos en Irán, Turquía, China, Francia, Estados Unidos, Argentina, Rusia y los Países Bajos, en cuatro idiomas. Los artículos de Rex Wochner, periodista que cubre las noticias gays en el mundo entero, son leídos diariamente por millones de personas, tanto en la red como en periódicos impresos. La asociación GLAAD (Gay and Lesbian Alliance Against Defamation) monitorea constantemente la representación de los homosexuales en los medios estadounidenses: analiza telenovelas, noticieros, prensa escrita, publicidad, etc., y organiza protestas y boicots con un enorme alcance y eficacia, gracias en gran medida a internet.

LA CONSTRUCCIÓN DE UNA CULTURA GAY GLOBALIZADA

Una visita al sitio www.glbtq.com nos da una idea de cómo se está construyendo una cultura gay con su propia historia, personajes y temas de interés. Esta vasta enciclopedia en línea abarca las artes, la literatura, las ciencias sociales, la televisión y el cine en todos los países; da información sobre creadores, intérpretes, obras, géneros y temas. A diferencia de las listas de personajes gays, tan comunes en los ochenta, que incluían a personas y obras de la cultura general como Marcel Proust o Miguel Ángel, ahora podemos encontrar ahí un sinfín de creadores que se identifican como gays y producen obras con una temática gay para un público ante todo gay. Ya no se trata meramente de contribuciones al mundo de las artes, sino de una cultura propia, con sus propios criterios y parámetros.

No está claro aún si se mantendrá la división que se observa hoy día entre la cultura gay y la general. En la actualidad, a pocos heterosexuales les interesa leer o ver obras con temática homoerótica, aunque cierta sensibilidad gay ha logrado un gran éxito comercial en películas como *Las horas* y *Brokeback Mountain (Secreto en la montaña),* o en series televisivas como *Will and Grace.* Tampoco podemos adivinar si permanecerá el sentido de identidad y de comunidad que se ha forjado en las últimas décadas, y que ha sido la base de la llamada cultura gay. Si continúa el proceso de integración que observamos en la actualidad, junto con el proceso globalizador en el cual toda particularidad tiende a desaparecer, es posible que en unos lustros ya no exista una cultura específicamente gay. Entonces veremos si nos toca lamentar o festejar su desaparición.

CAPÍTULO 4

MATRIMONIO GAY Y HOMOPARENTALIDAD*

*Es verdad que son tan sólo una minoría, pero su triunfo
es el triunfo de todos.*

JOSÉ LUIS RODRÍGUEZ ZAPATERO, al legalizar
el matrimonio gay en España

¿POR QUÉ ES TEMA EL MATRIMONIO GAY?

Bien podríamos preguntarnos por qué el matrimonio gay se ha vuelto un tema tan crítico, debatido en los medios masivos en países tan dispares como el Reino Unido, España y Estados Unidos. De hecho en este último país, que está en guerra y enfrenta tantos problemas de toda índole, en la pasada elección presidencial este tema fue uno de los factores que inclinaron la balanza hacia George W. Bush.

Por otra parte, el matrimonio gay atañe a poquísima gente: si los homosexuales suman aproximadamente el 4 o 5% de la población general, y si más o menos la tercera parte tienen pareja fija (según encuestas en Estados Unidos), y sólo la mitad de ellos tienen interés en casarse y menos aún cumplen con los requisitos para hacerlo, resulta que estamos hablando, acaso, de algunas centésimas de la población. De nuevo, entonces, ¿por qué tanto interés?

---

* Los datos presentados en este capítulo sólo llegan hasta mediados de 2006. A los lectores que quieran conocer el estatus actualizado de las leyes en el mundo les recomiendo visitar el sitio de la International Gay and Lesbian Association, en www.ilga.org; para Estados Unidos, véase el sitio de la Human Rights Campaign, en www.hrc.org.

Una respuesta posible es que el matrimonio gay se ha convertido en uno de esos temas clave que definen hacia dónde va una sociedad y dónde están sus líneas de fractura. Un ejemplo clásico en la historia fue el Caso Dreyfus, que en los últimos años del siglo XIX dividió a la sociedad francesa en dos bandos antagónicos. El capitán Dreyfus, injustamente acusado de traición por el Estado mayor francés, causó enfrentamientos apasionados entre sus partidarios (entre ellos el escritor Émile Zola), que lo veían como una inocente víctima del antisemitismo, y sus enemigos, que rechazaban cualquier crítica al ejército o al Estado. El conflicto duró varios años, durante los cuales la gente llegaba a los golpes y las familias y amistades dejaban de hablarse. Todo el mundo opinaba al respecto, era imposible no tomar partido. Pero lo que estaba en juego no eran sólo la culpabilidad o inocencia del capitán Dreyfus o el antisemitismo, sino concepciones diametralmente opuestas del Estado, los derechos individuales, la autoridad y la evolución futura de la sociedad.

Hoy día, en varios países pero sobre todo en Estados Unidos, el tema del matrimonio gay ocupa un lugar similar en lo que los norteamericanos han llamado "the culture wars" ("las guerras culturales"). Iniciadas durante la guerra de Vietnam, éstas han enfrentado una y otra vez dos visiones de la vida: una progresista y respetuosa de las libertades individuales, y otra conservadora y religiosa, que milita activamente contra todo lo que pudiera contravenir las enseñanzas de la Biblia, como el sexo fuera del matrimonio, el aborto, el divorcio y, por supuesto, la homosexualidad. Como veremos más adelante, en años recientes la oposición al matrimonio gay se ha vuelto uno de los estandartes preferidos de la reacción en Estados Unidos y otras naciones, no sólo por su carácter subversivo de los valores tradicionales, sino porque los homosexuales, una pequeña minoría marginada, constituyen un blanco fácil.

¿POR QUÉ AHORA?

Probablemente era necesario que la creciente aceptación de la homosexualidad y la homofobia de siempre alcanzaran un punto de equilibrio, un peso similar en la cultura occidental, para que se diera este conflicto. Antes, el rechazo de la homosexualidad —por parte de la Iglesia, la ley, la medicina, la psicología, la moralidad dominante— era demasiado fuerte para que se concibiera siquiera el reconocimiento jurídico de las parejas gays. Por otro lado, como vimos en el capítulo 2, la fuerza económica, cultural y electoral de la comunidad gay en varios países ha adquirido un peso tal que no puede seguir siendo ignorada por las empresas ni por los gobiernos democráticamente electos. La liberación gay habrá dado voz a los homosexuales, pero su presencia económica y social les dio fuerza. A fin de cuentas, la homosexualidad, como todos los temas sexuales, se presta a la polarización de las opiniones; no es casual que la línea de fractura cultural se haya dado a lo largo de toda la temática sexual (anticoncepción, aborto), ni que, en casi todos los países industrializados, la opinión pública al respecto esté dividida más o menos a la mitad.

El tema del matrimonio gay interesa a todo el mundo porque en él convergen una serie de valores que han sido centrales en las sociedades occidentales desde el Siglo de las Luces: la libertad individual, el papel del Estado en la vida privada, la separación entre Iglesia y Estado, y varias preocupaciones más recientes, como la composición de la familia, la equidad de género, los derechos de las minorías y la participación de la sociedad civil en la elaboración de las leyes.

ANTECEDENTES Y VARIANTES

Si bien el matrimonio gay y sus variantes parecen haber surgido repentinamente en varios países al mismo tiempo (sólo en 2004 y 2005 en Nueva Zelanda, Luxemburgo, España, Canadá y Reino Unido), en realidad es un proceso que ya lleva casi veinte años y que ha pasado por una serie de aproximaciones desde que en 1989 se legalizó la unión civil en Dinamarca. Siguieron Noruega, Suecia e Islandia en 1996. En 2001, Holanda fue el primer país en instituir el matrimonio gay, seguido por Bélgica en 2003 y España y Canadá en 2005; el estado de Massachusetts instituyó el matrimonio entre personas del mismo sexo en 2004.

Mientras tanto, en otros países fueron aprobadas diversas variaciones sobre el tema, por ejemplo la "sociedad de vida", establecida en Alemania en 2001, o el PACS (Pacto Civil de Solidaridad), adoptado por el gobierno francés en 1999. Todas las variantes son más fáciles de disolver, comportan menos derechos, beneficios y protecciones que el matrimonio heterosexual —sobre todo en materia de adopción y derechos parentales—, y son estrictamente locales, es decir, no son válidas en otras partes.

Es importante recordar, sin embargo, que los países que han reconocido el matrimonio gay primero pasaron por alguna forma de unión civil. Esta última puede ser un paso de transición, o bien resultar suficiente: los países escandinavos, por ejemplo, aunque sean muy liberales en esta área, no han visto la necesidad de ir más allá de la unión civil. También hay que recordar que esta opción es mucho más aceptable para la opinión pública que el matrimonio gay en todos los países donde existen encuestas al respecto. Hoy por hoy, la gente está dispuesta a apoyar los derechos civiles de los homosexuales mientras no se casen, especialmente por la Iglesia, y sobre todo mientras no tengan hijos. De esta mezcla de opiniones encontradas, que está evolucionando casi día con día, ha ido surgiendo toda una gama de variaciones sobre el tema.

LA SOCIEDAD DOMÉSTICA

En Estados Unidos, ante la ausencia de leyes federales que protejan a las parejas homosexuales, la lucha por el matrimonio gay se está dando en los estados y municipios, muchos de los cuales buscan fórmulas que concedan algunos derechos y garantías a las parejas homosexuales sin enajenar a su electorado heterosexual. Una fórmula cada vez más extendida es la del *domestic partnership* o sociedad doméstica, que puede ser reconocida, sea por las autoridades locales, sea por el patrón, público o privado, de una de las dos personas. En el primer caso, la pareja se registra como sociedad doméstica ante las autoridades locales que reconozcan tal modalidad. Esto supone algunos beneficios, pero no todos los que otorga el matrimonio, y sólo en ese municipio o estado. Por ejemplo, California reconoce una forma de sociedad doméstica que ofrece prácticamente todos los beneficios del matrimonio, pero sólo es válida en ese estado.

Existe una segunda modalidad para registrar una sociedad doméstica, ya no ante las autoridades sino ante la empresa en la cual se trabaja. Muchas compañías reconocen en efecto esta fórmula; en esta área, como en tantas otras que han sido descuidadas o abandonadas por el gobierno estadounidense, el sector privado ha tomado el relevo. ¿Por qué? Porque le conviene. Como vimos en el capítulo 2, en los últimos quince años las grandes empresas norteamericanas y multinacionales se han dado cuenta de que les conviene cultivar a la población gay, no sólo como clientes sino también como inversionistas y empleados. El interés de reclutar a más personal gay es multifacético: los homosexuales tienen en promedio un nivel educativo más alto, así como una mayor disponibilidad para trabajar horas extra o mudarse de ciudad. Por su parte, los consumidores gays, con sus niveles de ingreso más elevados, suelen ser leales a las empresas *gay-friendly.*

Por todo ello, cada vez más empresas reconocen a las parejas gays y les ofrecen algunos beneficios que, en un mundo ideal, deberían recibir por ley. Muchas compañías, universidades e instituciones públicas han decidido adoptar esta modalidad con sus empleados, pero de una manera estrictamente voluntaria: nadie las puede obligar a ello. Y no todos los programas de sociedad doméstica son iguales: algunos reconocen sólo a parejas que no sean homosexuales, otros sólo a parejas gays, otros a todo tipo. Los beneficios son determinados por la empresa y pueden incluir seguros de vida y médicos para la pareja, pensiones, primas vacacionales, etc. También dependen de la legislación local al respecto: si existe un marco legal local, la empresa se adapta a él, y si no, diseña su propia fórmula. Hoy día, miles de empresas y universidades, así como docenas de ciudades estadounidenses, reconocen la sociedad doméstica entre personas del mismo sexo. Algunas de las compañías más generosas en este sentido son, para dar algunos ejemplos, American Airlines, American Express, IBM, Ford, Xerox, y Citigroup.[1] Ya para julio de 2006, una mayoría de las compañías de Fortune 500 extendían el seguro médico a las parejas de sus empleados homosexuales, y 86% de ellas prohibían a su personal la discriminación por orientación sexual.[2]

El ejemplo de IBM es emblemático por la extensión de sus operaciones: está presente en 174 países, en los cuales aplica políticas de diversidad tanto para captar talentos como para asegurar un lugar de trabajo libre de discriminación, y que refleje a la vez la diversidad de su clientela. Así, desde 1996 en Estados Unidos y desde 2004 en México, IBM reconoce a las parejas de sus empleados homosexuales bajo el esquema de Domestic Partners Benefits: se trata de un programa corporativo que extiende los planes de gastos médicos, seguros de vida en caso de accidente y jubilación a las parejas del mismo sexo de sus empleados no casados.[3] Lo interesante del caso es que IBM reconoce a las parejas gays aun en los países donde no existe la unión civil ni el matrimonio entre personas del mismo sexo, otorgándoles así algunos de los derechos que no les dan sus propios gobiernos.

LA UNIÓN CIVIL

La unión civil (también denominada "sociedad registrada", "sociedad civil", "sociedad para la vida", "pacto civil de solidaridad", "sociedad de convivencia", "ley de parejas de hecho", etc., según el país) denota un estado civil similar al matrimonio que generalmente ha sido creado para que las parejas homosexuales puedan tener acceso a algunos de los beneficios que disfrutan las heterosexuales. También hay países, como Francia y Nueva Zelanda, donde la unión puede ser entre heterosexuales. Sin embargo, en la mayoría de los casos la unión civil y sus variantes se han diseñado especí-

---

[1] Cada año, la Human Rights Campaign evalúa en su Corporate Equality Index el desempeño de las compañías Fortune 500 y de la lista de Forbes según sus políticas hacia sus empleados, inversionistas y clientes gays, así como su patrocinio de eventos y causas gays. Véase www.hrc.org/Content/ContentGroups/Publications1/Corporate_Equality_Index2/2004CEIReport.pdf.

[2] Reuters, 29 de junio de 2006.

[3] Información proporcionada por voceros de Diversidad, IBM Latinoamérica, 3 de julio de 2006.

ficamente para las parejas homosexuales; en algunos lugares (Países Bajos, España, Bélgica, Canadá) la unión civil fue el paso previo a la legalización del matrimonio gay.

Existen diferencias importantes entre el matrimonio y la unión civil. Por ejemplo, en Estados Unidos la unión civil (que existe en los estados de Vermont y Connecticut) otorga a la pareja cerca de 350 beneficios y protecciones, mientras que las parejas heterosexuales casadas gozan de más de mil beneficios del orden federal, además de los estatales; cubren más áreas (impuestos federales, derechos laborales) y son válidos en cualquier parte del país.

Por ejemplo, en Vermont, que desde 2000 reconoce la unión civil entre dos personas del mismo sexo, la pareja recibe muchos de los beneficios y protecciones otorgados a las parejas casadas: la tutela de la pareja incapacitada, el derecho a heredar automáticamente, el derecho a ausentarse del trabajo para cuidar a un cónyuge enfermo, derechos de visita en el hospital, el derecho de presentar declaraciones fiscales conjuntas (aunque sólo a nivel estatal), un mayor acceso a pólizas de seguro familiares y a créditos conjuntos, derechos parentales para el cónyuge, y la codificación del divorcio, incluyendo división de la propiedad y derechos de tutela sobre los hijos, entre otros. La ley no sólo rige la relación de la pareja frente al Estado, sino también frente a entidades privadas, como bancos y compañías de seguros.

Sin embargo, subsisten algunas diferencias importantes entre la unión civil y el matrimonio. Por ejemplo, las personas casadas pueden efectuar transferencias de bienes y donaciones libremente; en unión civil, para hacerlo tienen que pagar impuestos. En casos de emergencia médica, el cónyuge tiene poder de decisión en cualquier parte del país o del mundo; en unión civil, sólo lo tiene en ese estado. En el matrimonio, un cónyuge extranjero puede solicitar la residencia y a la larga la ciudadanía estadounidense; en unión civil no. Finalmente, todos los derechos y beneficios de la unión civil se limitan sólo al estado de Vermont: no son reconocidos en ningún otro lugar.

A la fecha (2006), los siguientes países han instaurado la unión civil o su equivalente entre personas del mismo sexo: Dinamarca (1989), Noruega (1993), Israel (1994), Suecia (1995), Groenlandia (1996), Hungría (1996), Islandia (1996), Francia (1999), Sudáfrica (1999), Alemania (2001), Portugal (2001), Finlandia (2002), Croacia (2003), Luxemburgo (2004), Nueva Zelanda (2005), Reino Unido (2005), Andorra (2005), Eslovenia (2006), la República Checa (2006) y Suiza (donde regirá a partir de 2007).

También se reconoce en algunos estados o regiones de Argentina (Buenos Aires, Río Negro, 2003), Australia (Tasmania, Nueva Gales del Sur,

Queensland, Australia Occidental, Territorio de la Capital Australiana, 2004), Italia (diez regiones, 2004), Brasil (Rio Grande do Sul, 2004).

En Estados Unidos se reconoce la unión civil en los estados de Vermont (2000) y Connecticut (2005), y la sociedad doméstica en Hawai (1997), California (1999), Distrito de Columbia (2002), Maine (2004) y Nueva Jersey (2004).

Los países que han aprobado el matrimonio gay también reconocieron la unión civil durante los años anteriores, ya sea en todo su territorio o solamente en algunas provincias: Países Bajos (1998), España (1998), Bélgica (2000) y Canadá (2000).

Finalmente, la unión civil está siendo debatida actualmente (2006) en Austria, Estonia, Grecia, Irlanda, Israel, Polonia, Lichtenstein, Lituania, Honduras y Rumania, a los cuales se están sumando otros países prácticamente mes con mes.

EL MATRIMONIO GAY

En la actualidad, sólo algunos países reconocen el matrimonio, con derechos plenos, entre personas del mismo sexo: los Países Bajos (desde 2001), Bélgica (2003), España (2005) y Canadá (2005). En Sudáfrica la ley entrará en vigor en diciembre de 2006. En todos ellos ya había alguna forma de unión civil, o bien (como en Canadá) ya se había legalizado el matrimonio gay en algunas de sus provincias. ¿Por qué, y cómo, evolucionaron hacia el matrimonio gay como tal, y a escala nacional?

El proceso fue esencialmente judicial, y casi siempre tomó la forma de demandas interpuestas por parejas homosexuales por discriminación, al principio en un ámbito local (municipal, provincial, estatal). El argumento era que el hecho de no poder casarse transgredía el principio de igualdad ante la ley y era por tanto discriminatorio. Una vez ganado el caso en el plano local, los municipios (o provincias o estados) que permitían alguna forma de unión homosexual se veían confrontados a una discrepancia, ya fuera con otras entidades del mismo nivel, o con la instancia judicial o legislativa superior. Esto a su vez daba lugar a demandas interpuestas en el nivel superior por individuos, parejas o incluso organismos no gubernamentales.

Los ejemplos abundan en todos los países donde alguna autoridad local haya aprobado la unión civil o el matrimonio entre personas del mismo sexo: podría decirse que el debate ha sido empujado hacia arriba, paso a paso, hasta llegar al ámbito nacional e incluso constitucional. En algunos casos, el proceso ha llevado al reconocimiento de derechos adquiridos localmente; en otros, a su derogación. Así sucedió en California, por ejemplo:

en febrero de 2004, el alcalde de San Francisco empezó a emitir licencias de matrimonio a parejas homosexuales, contraviniendo las leyes estatales; en agosto del mismo año, la Suprema Corte del estado de California le prohibió seguirlo haciendo y anuló las licencias otorgadas. En septiembre de 2005, una iniciativa de ley que hubiera legalizado el matrimonio gay en ese estado fue vetada por el gobernador Arnold Schwarzenegger. Sin embargo, la controversia judicial no ha llegado a su fin: sigue vigente entre las diversas instancias municipales y estatales.

El debate sobre el matrimonio gay también puede plantear problemas en un nivel supranacional. Por ejemplo, históricamente los gobiernos de Canadá y de Estados Unidos han respetado sus respectivas leyes sobre el matrimonio. Ahora que se ha legalizado el matrimonio gay en Canadá, existe una discrepancia con su vecino que tendrá que ser resuelta, tarde o temprano, de alguna manera. En otro ejemplo, el Parlamento de la Unión Europea ha emitido un llamado a todos sus países miembros para que reconozcan el matrimonio o bien la unión civil entre personas del mismo sexo; y en algún momento tendrán que hacerlo, en cumplimiento del artículo 13 del Tratado de Amsterdam, que prohíbe la discriminación por orientación sexual.

EL CASO DE ESTADOS UNIDOS

La situación en Estados Unidos es de especial interés porque la lucha por el derecho al matrimonio gay se está jugando simultáneamente en dos tableros: por un lado los municipios y estados, que dictan las leyes referentes al matrimonio civil, y por el otro el debate en el nivel federal, que probablemente llegará algún día a la Suprema Corte de Justicia. Al mismo tiempo, se observa un conflicto entre la rama judicial, es decir, las cortes, que suelen defender los derechos de los homosexuales contra la discriminación, y la rama legislativa, que tiende a reflejar los valores de la opinión pública y del partido en el poder.

Es así como la mayoría republicana impulsó un mecanismo para bloquear cualquier posibilidad de aprobación del matrimonio gay en el ámbito federal: se trata del Defense of Marriage Act (DOMA), una ley federal aprobada por el Congreso y firmada por el presidente William Clinton en 1996 "para definir y proteger la institución del matrimonio". El DOMA consta de dos partes: estipula que cada estado podrá reconocer, o no, las uniones civiles o matrimonios gays realizados en otro estado (o sea que tal reconocimiento no será obligatorio), y define el matrimonio como la unión legal entre un hombre y una mujer (o sea que cancela la posibilidad del matrimonio homosexual). De los cincuenta estados norteamericanos, más de cuarenta han adoptado leyes en este sentido.

Es importante recordar que el matrimonio civil en Estados Unidos, con todas sus condiciones y consecuencias, es regido por las leyes estatales. Cada estado tiene la libertad de reconocer, o no, los matrimonios realizados en otro estado; esto ha tenido cierta relevancia cuando se ha tratado de matrimonios polígamos, incestuosos, interraciales, entre menores de edad (cuando la mayoría de edad varía de estado a estado), y ahora entre personas del mismo sexo. El Congreso de cada estado puede adoptar enmiendas a la Constitución estatal a este respecto; hasta junio de 2006, 19 de ellos han votado por prohibir el reconocimiento del matrimonio entre personas del mismo sexo, y 43 han adoptado resoluciones que definen el matrimonio como la unión de hombre y mujer exclusivamente. Sin embargo, el Congreso federal puede, en algunos casos, legislar por encima de los estados; así sucedió cuando se prohibió la poligamia (1862), y cuando se legalizó el matrimonio interracial (1967).

Ahora bien, los oponentes del DOMA han planteado que éste va en contra de la Constitución federal, y por ello los conservadores (como el Partido Republicano y el presidente George W. Bush) han impulsado desde 2002 una enmienda constitucional, la Enmienda Federal del Matrimonio (Federal Marriage Amendment o FMA). Esta enmienda sentaría en la Constitución de Estados Unidos la definición del matrimonio como la unión entre un hombre y una mujer, y prohibiría el reconocimiento de cualquier otro tipo de matrimonio por parte de los estados, lo cual cancelaría, por ejemplo, los matrimonios gays celebrados en el estado de Massachusetts desde 2004, y posiblemente también (si se adoptara su versión más estricta) las uniones civiles. Ahora bien, para volverse una enmienda a la Constitución federal, el FMA requeriría el voto de una mayoría de las dos terceras partes de la Cámara de Representantes y del Senado de Estados Unidos; luego tendría que ser ratificado por tres cuartos de los congresos estatales, o sea, por 38 estados. Hasta ahora, aunque más de 40 congresos estatales hayan aprobado leyes en el sentido del FMA, en el Congreso federal éste no ha logrado los dos tercios de votos necesarios, a pesar de varios intentos por parte de los republicanos.

El conflicto que se observa en Estados Unidos es interesante porque refleja una pregunta básica acerca del matrimonio gay: ¿debe éste debatirse en una esfera puramente local, municipio por municipio, estado por estado, provincia por provincia, o en el ámbito nacional e incluso internacional? Esta última posición, por extrema que pueda parecer, es la del parlamento de la Unión Europea, que ha recomendado el reconocimiento del matrimonio gay o su equivalente en todos sus países miembros. Por otra parte, y sea cual sea el nivel de jurisdicción, ¿es un asunto para los legisladores, que son democráticamente electos, o para los jueces, que no lo son, pero a quienes corresponde la correcta interpretación de las leyes? Cabe recordar que casi todos los gobiernos, locales o nacionales, que han legalizado el matrimonio gay o la unión civil lo han hecho obligados por las cortes tras juicios traídos por discriminación, con la honrosa excepción de España.

Una solución elegante y sencilla, propuesta por Alan Dershowitz,[4] es la siguiente. El célebre profesor de Derecho de Harvard argumenta que el problema central planteado por este tema reside en la confusión entre matrimonio civil y religioso. La oposición más fuerte al matrimonio gay proviene de los conservadores creyentes, a causa de la condena eclesiástica de la homosexualidad. Por lo tanto, convendría separar por completo el matrimonio civil del religioso, al reemplazar el matrimonio civil con la unión civil, aplicable a todo el mundo, y reservar el término *matrimonio* exclusivamente para la ceremonia religiosa. Así, todos los que quisieran unirse sólo por lo civil, tanto homosexuales como heterosexuales, lo harían a través de la unión civil y en términos estrictamente iguales, y los que desearan obtener el sacramento religioso lo harían a través del matrimonio. De hecho, esta distinción ya existe para las parejas heterosexuales en muchos países: los que quieran casarse sólo por lo civil pueden hacerlo, y los que además quieran hacerlo por la religión acuden a su iglesia, templo o sinagoga. Así, sólo realizarían matrimonios gays las iglesias que estuvieran de acuerdo con ello. En suma, si el Estado dejara el matrimonio a la Iglesia, y ésta dejara la unión civil al Estado, gran parte del problema quedaría resuelto.

Sin embargo, no debemos descartar, tampoco, la posibilidad del matrimonio gay como tal, incluso en países conservadores. Así lo demuestra el caso de España.

EL EJEMPLO DE ESPAÑA

La aprobación del matrimonio homosexual en España el 2 de julio de 2005, por 187 votos contra 147 en el Parlamento, fue un acontecimiento de enorme importancia en la evolución del debate y el avance de los derechos gays. Para empezar, en ese momento fue la ley más liberal del mundo, pues permitió la adopción sin restricciones y estableció una igualdad completa ante la ley para parejas homosexuales y heterosexuales. En contraste, las parejas homosexuales casadas hasta entonces en Holanda y Bélgica no gozaban de todos los derechos conferidos en el matrimonio heterosexual.

Pero lo que sucedió en España fue sorprendente sobre todo porque

---

[4] En "To Fix Gay Dilemma, Government Should Quit the Marriage Business", *Los Angeles Times*, 3 de diciembre de 2003.

se trata de un país abrumadoramente católico, regido por un gobierno de ultraderecha, sumamente represivo, hasta la muerte de Franco en 1975. De hecho, la homosexualidad fue punible con cárcel bajo la Ley de Vagos y Maleantes y luego por la Ley de Peligrosidad y Rehabilitación Social, hasta 1979. Desde entonces, y sin entrar demasiado en el tema, dos condiciones tuvieron que cumplirse para que se aceptara el matrimonio gay en España, y las dos se dieron con una rapidez asombrosa, en el espacio de veinticinco años: la laicización de la sociedad y su democratización.

Año con año, la Iglesia católica ha ido perdiendo creyentes, practicantes, seminaristas y curas en todo el mundo industrializado, pero sobre todo en Europa y Estados Unidos. España es uno de los países más afectados en este sentido, como lo muestran algunas cifras recientes. Si bien en 2005 el 80% de la población española todavía se describía como católica, sólo era así para 45% de los estudiantes universitarios; y asistía a misa regularmente sólo 18% de la población.[5] En el mismo año, 61% de los españoles dijeron nunca seguir la doctrina de la Iglesia sobre relaciones de pareja, y lo mismo declararon 65.5% en materia de sexualidad.[6]

Por otra parte, la democratización de España después de cuarenta años de dictadura fascista ha tenido repercusiones sociales y culturales inmensas. En ese contexto han conquistado su voz no sólo las minorías, sino los jóvenes, las mujeres, las regiones. Como consecuencia de todo ello, hoy es posible someter a debate toda una serie de temas que antes eran tabú, tanto por la influencia católica como por la dictadura. Vale la pena recordar que los gays y otras minorías vulnerables no suelen manifestarse en países donde van a ser encarcelados o ejecutados por ello; tenía que respirarse ya cierta tolerancia para que pudiera abrirse siquiera el tema del matrimonio gay.

Dada toda esta evolución social y cultural, no es tan sorprendente que 79% de la población española considere la homosexualidad una alternativa tan respetable como la heterosexualidad, ni que una gran mayoría no vería como problema que un hijo o una hija tuviera relaciones homosexuales. Por otra parte, cuando se legalizó el matrimonio gay, dos de cada tres españoles aprobaban la idea, y 56.9% estaban a favor de que el gobierno promoviera una ley en ese sentido, contra 32.2% que no apoyaban la iniciativa.[7]

El mecanismo adoptado por el gobierno español fue muy sencillo: mandó al Parlamento una enmienda al artículo del Código Civil que rige

---

[5] "Transition in the Vatican: Crisis in the Faith", *The New York Times*, 19 de abril de 2005.

[6] "Dos de cada tres españoles apoyan el matrimonio homosexual", *El País*, 19 de junio de 2005.

[7] *Ibídem.*

el matrimonio, para que a la frase "El hombre y la mujer tienen derecho a contraer matrimonio conforme a las disposiciones de este Código" se añadiera la siguiente: "El matrimonio tendrá los mismos requisitos y efectos cuando ambos contrayentes sean del mismo o de diferente sexo". Otras modificaciones adoptadas en consecuencia consistieron en reemplazar las referencias a "marido", "mujer", "padre" o "madre" por "cónyuges" o "progenitores". Es de notar que al establecer el mismo lenguaje para matrimonios homosexuales y heterosexuales, también quedó igual todo lo referente a la adopción, los derechos parentales, el divorcio, etc. No hizo falta ya introducir más cambios para darles a los homosexuales exactamente los mismos derechos y obligaciones que a los heterosexuales, como ha resultado necesario en los países que sólo han adoptado leyes de unión civil. En suma, como dijo el primer ministro José Luis Rodríguez Zapatero al enviar la propuesta de enmienda al Parlamento, se trató de "un pequeño cambio en la letra que acarrea un cambio inmenso en las vidas de miles de compatriotas".[8]

Zapatero subrayó el alcance social de la nueva ley al explicar que no se trataba sólo de un derecho para los homosexuales, sino de fortalecer la convivencia social para todos: "No estamos legislando, señorías, para gentes remotas y extrañas. Estamos ampliando las oportunidades de felicidad para nuestros vecinos, para nuestros compañeros de trabajo, para nuestros amigos y para nuestros familiares, y a la vez estamos construyendo un país más decente, porque una sociedad decente es aquella que no humilla a sus miembros. [...] Su victoria nos hace mejores a todos, hace mejor a nuestra sociedad".

LA SITUACIÓN EN MÉXICO

En México, solamente en la capital se ha debatido alguna forma de unión civil. Entre 2001 y 2004 hubo tres intentos por presentar y votar ante la Asamblea Legislativa del Distrito Federal una iniciativa de ley para crear "sociedades de convivencia" entre personas del mismo o de diferente sexo. En esta fórmula, bastante parecida al Pacto de Solidaridad Civil aprobado en Francia en 1999, dos o más personas hubieran podido registrarse ante las autoridades locales para propósitos de sucesión, tutela, manutención y arrendamiento. Al igual que el PACS francés, la sociedad de convivencia no equivalía al matrimonio ni posibilitaba la adopción a las parejas homosexuales, pero sí les otorgaba algunos derechos; asimismo, obligaba a

---

[8] *El País,* 1 de julio de 2005.

sus miembros a apoyarse mutuamente al generar entre ellos un vínculo familiar.

Por otra parte, la sociedad de convivencia no estaba diseñada sólo para parejas homosexuales: la idea era abarcar a todas aquellas personas que no entraran en las categorías jurídicas del matrimonio ni del concubinato, y que quisieran "establecer relaciones de convivencia en un hogar común, con voluntad de permanencia y ayuda mutua". Se pretendía así cubrir los muy diversos arreglos domésticos que hoy existen en México, donde sólo la mitad de los hogares están constituidos por familias nucleares tradicionales. La otra mitad la constituyen hogares monoparentales o parejas sin hijos, familias extendidas o compuestas de padres con hijos de uniones anteriores, así como hogares formados por personas sin parentesco alguno. En esta última categoría, que representa 7% de los hogares mexicanos, hubiesen entrado las parejas homosexuales.

La iniciativa para las sociedades de convivencia fue presentada por una diputada lesbiana ante la Comisión de Derechos Humanos de la Asamblea Legislativa del Distrito Federal en 2001, con el apoyo inicial de los partidos de izquierda (PRD) y del centro (PRI), así como organizaciones civiles, asociaciones gays, lésbicas y transexuales, y gran número de intelectuales, artistas y juristas. No era difícil pensar que sería aprobada, pues tanto el poder ejecutivo como el legislativo de la ciudad de México eran de izquierda.

Sin embargo, no se aprobó. Durante tres años la iniciativa de ley fue llevada y traída entre comisiones, mociones y faltas de quórum por personajes que querían o adjudicársela o repudiarla; en ocasiones fue respaldada, y en otras rechazada, por un partido de izquierda más interesado en sus ambiciones electorales que en el progreso cívico de la ciudad. Fue enterrada bajo el peso de protagonismos personales, rivalidades electorales, divisiones internas en los partidos de centro e izquierda, y por supuesto una feroz campaña en contra de la "Ley Gay", conducida no sólo por el partido de derecha (PAN), sino también por la Iglesia católica, la asociación Pro-Vida y otras organizaciones conservadoras. Después de varios intentos fallidos y cambios de rumbo, como la idea de último momento del alcalde Andrés Manuel López Obrador de realizar una consulta pública al respecto, la iniciativa fue congelada, en todo caso hasta después de las elecciones presidencial y legislativas de 2006.

Los obstáculos que encontró la iniciativa de Ley de Sociedades de Convivencia tuvieron que ver más con las intrigas de la rivalidad partidista que con el contenido de la ley. El PRD en especial, por su vocación de izquierda, sus compromisos adquiridos y su fuerza en la Asamblea, debía haber luchado por ella. Pero, a fin de cuentas, ningún partido quiso asumir el costo político de lo que hubiera representado un avance social importante para la ciudad, y que además habría sentado un precedente positivo para las legislaturas estatales y federal.[9]

¿QUIÉNES SE ESTÁN CASANDO?

En los países donde se ha legalizado la unión civil o el matrimonio gay hay pocos datos todavía acerca de quiénes se están casando, por lo reciente del tema. Además, algunas naciones (Francia, Canadá) no separan a las parejas homosexuales de las heterosexuales en sus registros de unión civil (Francia) o de matrimonio (Canadá), precisamente porque la ley no hace ya ninguna distinción. Asimismo, los números pueden engañar: las grandes cantidades de parejas que se casan en cuanto se reconoce el matrimonio gay reflejan en gran parte una acumulación del pasado. Por ejemplo, cuando se legalizó el matrimonio gay en el estado de Massachusetts, en el primer mes hubo casi tantos matrimonios gays como heterosexuales, no porque existan igual número de parejas homosexuales que heterosexuales, sino por las reservas de parejas gays que llevaban años esperando poder casarse. En todos los países donde se ha instituido la unión civil o el matrimonio gay, las cifras han sido elevadas en un principio y luego han ido decayendo. Así, en las dos semanas que siguieron a la legalización en mayo de 2004, se celebraron en Massachusetts 1 635 matrimonios gay; en todo el primer año, casi 6 200, y en los dos primeros meses de 2005, sólo 148.[10]

A pesar de la poca información disponible, han surgido algunos datos y tendencias interesantes. Por ejemplo, durante el mes que duró el matrimonio gay en San Francisco, en 2004, se casaron alrededor de 4 000 parejas, 57% de las cuales eran parejas de mujeres y 74% mayores de 35 años. Asimismo, cuando entró en vigor el matrimonio gay en Massachusetts, el periódico *The Boston Globe* encuestó a 752 parejas gay y encontró lo siguiente:

- Las mujeres se casaron dos veces más que los hombres: 66% de las parejas eran femeninas, 34% masculinas.
- Pocas personas jóvenes se casaron: sólo 9% tenían menos de 29 años, 26% entre 30 y 39 años, 39% entre 40 y 49, 21% entre 50 y 59, y 4% eran mayores de 60 años.

[9] Para un recuento detallado de este proceso, véase Alejandro Brito, "Del derecho de convivencia a la conveniencia de no reconocerlo: la izquierda y el movimiento por las sociedades de convivencia en México", en *Debate Feminista*, año XVI, vol. 32, octubre de 2005.

[10] "In Massachusetts, Gay Weddings are now Routine", artículo de Anna Badkhen en *The San Francisco Chronicle*, 17 de mayo de 2005.

- La gran mayoría eran parejas de larga duración: 29% llevaban entre 5 y 10 años, 19% entre 10 y 15 años, 12% entre 15 y 20 años, 9% entre 20 y 25 años, y 6% más de 25 años. Sólo 26% llevaban menos de 5 años.
- 26% de todas las personas que se casaron habían estado casadas anteriormente con una persona del otro sexo.
- 30% de las parejas tenían hijos viviendo con ellos.[11]

En cambio, en Gran Bretaña las primeras cifras publicadas desde que se legalizaron las sociedades civiles en diciembre de 2005 muestran que durante las primeras seis semanas hubo 3 648 uniones entre personas del mismo sexo, con dos veces más hombres que mujeres. Asimismo, en los tres países escandinavos, en los primeros años se dieron tres veces más uniones civiles entre hombres que entre mujeres. Y en Holanda, durante los primeros seis meses tras la legalización del matrimonio gay se casaron 2 100 hombres y 1 700 mujeres.

La comparación es interesante porque revela diferencias culturales y socioeconómicas de género que todavía no se han estudiado a fondo. ¿Por qué en Massachusetts (y en San Francisco, durante el mes que fue legal) ha habido muchos más matrimonios entre mujeres que entre hombres, y menos en Europa? ¿Será porque la situación económica de las mujeres es comparativamente más precaria en Estados Unidos, y casarse les conviene más? Sin embargo, en Boston ha habido más matrimonios entre hombres, a diferencia del resto del estado. Entonces, ¿será porque las parejas lésbicas norteamericanas, la tercera parte de las cuales viven con hijos, buscan asegurar su situación legal más que en Europa, donde tanto las mujeres como sus hijos reciben más apoyos por parte del Estado? ¿O será una cuestión cultural, por la cual a las estadounidenses les interesa más el valor simbólico del matrimonio que a las europeas? ¿Será porque en Europa hay más hombres gays que lesbianas (aunque también es así en Estados Unidos)? ¿O porque los hombres europeos tienden más a estar fuera del clóset? Es imposible por ahora dar una explicación de esta tendencia, pero no dudo que en años venideros será un tema de investigación para la sociología de la homosexualidad.

Los números tampoco nos permiten por ahora sacar conclusiones acerca del impacto futuro del matrimonio gay. El gobierno británico considera que para 2010 habrá entre 11000 y 22 000 parejas gays en unión civil.[12] En Bélgica, donde se legalizó el matrimonio gay en 2003, durante el primer

[11] *Ibídem.*
[12] Véase www.womenandequalityunit.gov.uk/lgbt/faq.htm.

año hubo en promedio un matrimonio al día. Según el gobierno holandés, en ese país hubo 2 500 matrimonios en 2001, 1 800 en 2002, 1 200 en 2004, 1 100 en 2005, y para 2006 estima que habrá unos 1 200.[13] En España, durante los primeros seis meses, hubo alrededor de 500 matrimonios gays.[14] Pero en realidad nadie sabe cuál será la tendencia a largo plazo, si el matrimonio gay seguirá la curva descendiente del heterosexual, o si al contrario, seguirá la curva ascendente del número de individuos y parejas gays que salen del clóset.

Lo que sí se puede decir es que hay muchas más parejas gays y lésbicas de lo que dejaban suponer los juicios homofóbicos de mucha gente, incluso de muchos profesionales de la salud, según los cuales los homosexuales no forman parejas estables ni son capaces de un compromiso a largo plazo. Las estadísticas nos están dando, día tras día, una nueva visión al respecto. En Estados Unidos, el censo de 2000 estimó que existen en ese país casi 600 000 hogares constituidos por parejas homosexuales.[15] Por otra parte, según una encuesta publicada en 2005 por la Universidad de Syracuse y OpusComm Group, 46% de los hombres gays y 58% de las lesbianas declaran tener una pareja fija; 11% de ellos y 21% de ellas indican que su relación actual tiene entre 4 y 7 años. Finalmente, 6% de ellos y 9% de ellas reportan estar registrados en una unión civil, registro civil o matrimonio gay, y 8% de ellos y 19% de ellas declaran haberse unido en algún tipo de ceremonia, aunque ésta no tuviera validez legal.[16] Cifras como éstas, y las estadísticas que ya existen acerca del matrimonio gay, revelan que se trata de una población no sólo numerosa, sino deseosa de formalizar relaciones de pareja "de por vida".

ARGUMENTOS A FAVOR DEL MATRIMONIO GAY

El principal argumento para legalizar el matrimonio entre personas del mismo sexo es que los homosexuales deben tener los mismos derechos que los heterosexuales. Es fácil olvidar, porque parecen evidentes, los beneficios del contrato que dos personas firman cuando se casan, y que entran en vigor inmediatamente, aunque la pareja tenga apenas una semana de conocerse.

---

[13] "Netherlands' Gay Marriages Level Off", artículo de Malcolm Thornberry publicado en 365Gay.com, 20 de marzo de 2006.

[14] *El País*, 1 de enero, 2006.

[15] Véase www.census.gov.

[16] Encuesta 2004-2005 publicada por GL Census Partners, realizada por la Universidad de Syracuse y OpusComm Group, en www.glcensus.com/results/index.cfm.

A todo el mundo le parece natural que un hombre pueda estar presente en la unidad de cuidados intensivos si su esposa está gravemente enferma; parece lógico que una mujer herede lo que haya dejado su marido, con o sin testamento; es normal que después de una muerte, el cónyuge tome unos días de descanso laboral y reciba luego una pensión.

Ninguna de estas cosas es así para las parejas homosexuales. Aunque lleven veinte años de relación, el compañero de un homosexual puede ser excluido del hospital; la familia del difunto puede impedir a su pareja heredar, aunque exista un testamento a su favor; la compañera de una mujer puede quedarse sin nada, sin tener derecho siquiera a unos días de descanso por duelo, y ni hablar de una pensión.

En Estados Unidos, al casarse una pareja heterosexual automáticamente empieza a gozar, por ley, de 1138 derechos, protecciones y responsabilidades que sencillamente no existen para las parejas gays. Aparte de los ejemplos ya mencionados, estos beneficios incluyen tres meses de vacaciones sin goce de sueldo para cuidar a un cónyuge enfermo; el derecho de heredar de un cónyuge que muere intestado; el derecho de inmigración para el cónyuge de otra nacionalidad; los derechos y responsabilidades asociados a la patria potestad cuando uno de los cónyuges tiene hijos, así como derechos de tutela y visitación en caso de separación; la distribución equitativa de propiedades y deudas en caso de disolución de la pareja; exenciones y deducciones fiscales; la posibilidad de solicitar créditos conjuntos; la opción de incluir a la pareja en el seguro médico otorgado por el gobierno o por un empleador privado; el derecho a no dar testimonio en contra de la pareja si ésta es sometida a un proceso judicial; pensiones militares; membresías y descuentos familiares en toda clase de clubes, tiendas, etc. Todo esto se traduce, para los homosexuales, en costos mucho más elevados en seguros, impuestos y toda clase de bienes y servicios.

Esto en cuanto al contenido. Pero aunque el matrimonio sólo consistiera en un papel simbólico, sin más significado que el de declararse casados, los homosexuales deberían tener acceso a él, sencillamente porque deben tener exactamente los mismos derechos que cualquier gente.

OPINIONES EN CONTRA DEL MATRIMONIO GAY

Ahora bien, muchísima gente —alrededor de la mitad en Estados Unidos—, por diversas razones, piensa que el derecho de casarse no debe extenderse a las parejas del mismo sexo. En primer lugar, por consideraciones de índole religiosa, es decir, por la condena eclesiástica —que no bíblica, dado que existen diversas interpretaciones de los textos bíblicos al respecto— de la homosexualidad.[17] Es importante recordar aquí dos cosas. La mayoría de las iglesias, pero sobre todo la católica, se encuentran ya muy alejadas de la realidad social contemporánea. No sólo condenan la homosexualidad, sino también el divorcio, la anticoncepción, el aborto y la plena igualdad entre hombres y mujeres, hechos que, para bien o para mal, se han vuelto comunes y, es más, imprescindibles para la vida moderna.

Por razones culturales y económicas, la gran mayoría de las familias actuales para sobrevivir necesitan tener pocos niños y dos ingresos. Estas condiciones suponen a su vez que existan la anticoncepción, el aborto y la equidad de género, lo cual incluye la posibilidad de divorciarse. Por tanto, las personas que pretenden respetar al pie de la letra las disposiciones de las iglesias monoteístas se oponen implícitamente a todas las condiciones de la vida moderna, y el oponerse a la homosexualidad por razones religiosas implica oponerse también a ellas. Entonces, si van a condenar la homosexualidad, que respeten también las demás consignas. Lo que es inmoral es el doble rasero, escoger al gusto algunas tradiciones y omitir las demás.

En segundo lugar, varias iglesias de origen protestante no sólo han abierto sus puertas a los homosexuales, sino que bendicen las uniones entre personas del mismo sexo e incluso han ordenado a ministros del culto abiertamente gays. Es el caso de la Iglesia anglicana en Gran Bretaña y de su derivación norteamericana, la Iglesia episcopal, que en 2003 eligió a Gene Robinson como obispo de New Hampshire. Asimismo, las iglesias Unitaria Universalista (Unitarian Universalist Church), Evangélica Luterana, de la Comunidad Metropolitana (Metropolitan Community Church), Unida de Cristo (United Church of Christ) y Unida de Canadá (United Church of Canada) —todas denominaciones protestantes— efectúan ceremonias de unión para las parejas homosexuales, lo mismo que algunos rabinos de la corriente del judaísmo reformado.

Otro argumento de quienes se oponen al matrimonio gay es que constituye una amenaza para la estructura tradicional de la familia. Después de todo, la finalidad del matrimonio siempre ha sido, desde una perspectiva religiosa, la procreación: si los homosexuales no pueden tener hijos, entonces el matrimonio entre ellos es un sinsentido. Este argumento ha perdido su validez frente al número creciente de parejas heterosexuales casadas que no tienen hijos porque no quieren o no pueden. Eliminar la posibilidad del

[17] El Vaticano, bajo el pontificado de Juan Pablo II, y especialmente la Congregación para la Doctrina de la Fe dirigida durante mucho tiempo por Joseph Ratzinger, el actual Papa Benedicto XVI, emitió en los últimos veinte años una serie de documentos que explican su oposición a la homosexualidad y al matrimonio gay. La posición del Vaticano puede consultarse en "Consideraciones acerca de los proyectos de reconocimiento legal de las uniones entre personas homosexuales", en www.vatican.va.

matrimonio para todas las parejas que no pueden tener hijos excluiría no sólo a los homosexuales, sino a todas las personas infértiles y de la tercera edad, sin hablar de las que ya tuvieron hijos y no desean tener más.

El matrimonio civil, por su parte, instaurado a partir de la separación del Estado y la Iglesia en los países de Occidente, ha tenido como propósitos básicos reglamentar la relación entre los esposos, así como la filiación y la transferencia del patrimonio, el estatus legal de la mujer y los hijos, y la autoridad del hombre sobre la mujer y de los padres sobre los hijos. El matrimonio civil busca así regir toda la estructura y el funcionamiento de la vida familiar.

Sin embargo, estas funciones del matrimonio civil fueron perdiendo su vigencia y sentido a lo largo del siglo XX: la mujer casada adquirió derechos iguales a los del hombre, los hijos ilegítimos adquirieron los mismos derechos que los legítimos, fue legalizado el divorcio, las reglas de la sucesión patrimonial se liberalizaron, los niños adquirieron derechos propios, etc. Hoy día, en la mayoría de los países occidentales, las parejas heterosexuales que viven juntas sin estar casadas tienen los mismos derechos y obligaciones que las casadas. Todo esto significa que el matrimonio ya no ocupa un lugar central en la vida de la sociedad. La prueba de ello es que cada vez menos heterosexuales se casan.

En este contexto, el argumento según el cual el matrimonio es la base y la condición para la salvaguarda de la familia pierde mucho de su sentido. Por otra parte, la familia nuclear tradicional, formada por una pareja heterosexual casada, con hijos biológicos de los dos, perdió su predominancia en las sociedades occidentales mucho antes de que existiera o se concibiera siquiera el matrimonio gay. El divorcio, las segundas nupcias, la adopción, la maternidad o paternidad sin pareja, han dado pie a una gran variedad de estructuras familiares: hogares monoparentales dirigidos por una mujer o un hombre sin pareja (en México alrededor de 20% de los hogares son dirigidos por mujeres solas), familias mixtas con hijos de matrimonios previos, cada vez más parejas heterosexuales que viven juntas sin casarse, que no tienen hijos, etcétera.

Ninguna de estas nuevas formas de convivencia familiar tiene que ver con la homosexualidad: son el resultado de largos procesos económicos, sociales y culturales que se han desarrollado a lo largo de medio siglo. Sin embargo, muchos conservadores asocian el colapso de la familia tradicional con la aceptación de la homosexualidad, vista como sinónimo de depravación moral y falta de compromiso. La homosexualidad les sirve, así, de chivo expiatorio, tema en el que abundará el capítulo 5.

Otro argumento que se esgrime mucho en contra del matrimonio gay o sus variantes es que las parejas homosexuales son, de por sí, efímeras e inestables. Las cifras que existen hasta ahora, si bien son pocas, lo desmienten.

Por ejemplo, durante el primer año de la unión civil en el estado de Vermont, un profesor de Psicología encuestó a 400 parejas que se habían unido y encontró que tenían, en promedio, entre 10 y 12 años de relación.[18]

Otra supuesta razón para rechazarlo es que el matrimonio gay promoverá la homosexualidad al "legitimar" las relaciones entre personas del mismo sexo. Probablemente sea cierto que cada vez más personas y parejas gays saldrán del clóset en la medida en que la homosexualidad sea más aceptada en la sociedad. Como vimos en el capítulo 1, sí existe un círculo virtuoso en el cual a mayor aceptación, mayor visibilidad de los homosexuales, y a mayor visibilidad, mayor aceptación social. Esto no significa, sin embargo, que tal aceptación cause la homosexualidad o "la promueva": sólo la vuelve más visible.

No sabemos aún si esto se traducirá, a la larga, en una mayor proporción de homosexuales en la población. Lo que sí podemos afirmar con cierto grado de certeza es que ningún heterosexual se volverá homosexual por el solo hecho de que ésta sea más aceptada. Y aunque así fuera, ¿cuál sería el problema? La pequeña minoría de homosexuales se integraría a la sociedad exactamente como se han ido integrando todas las minorías —étnicas, raciales, religiosas— en un proceso saludable para todos.

Finalmente, también muchos homosexuales se oponen al matrimonio gay o a sus variantes. Los que se oponen al matrimonio señalan que este último es una institución fallida, que ya no responde a las necesidades de la vida moderna: atenta contra la libertad individual, no tiene sentido que dos personas se comprometan a permanecer en una relación monogámica por los 50 o 60 años que ahora puede durar un matrimonio, debido a la esperanza de vida (alrededor de 80 años en el mundo industrializado). La prueba de todo ello es que cada vez menos jóvenes se casan, y la elevada tasa de divorcio (alrededor de 50%) entre los que sí se casan. ¿Por qué, se preguntan, luchar por el derecho a una modalidad que ya no tiene sentido en la sociedad actual? Además, dicen, los homosexuales sin hijos no tienen por qué firmar un contrato diseñado ante todo para proteger a estos últimos. Muchos de ellos estarían conformes con las garantías legales que ofrecen otras modalidades, como la unión civil.

Sin embargo, muchos otros homosexuales, así como defensores de los derechos humanos, argumentan que la unión civil y sus variantes no representan más que un matrimonio "de segunda" esencialmente discriminatorio, y abogan por la igualdad de derechos que representaría poder

---

[18] Sondra E. Solomon, Esther D. Rothblum y Kimberly F. Balsam, "Pioneers in Partnership: Lesbian and Gay Male Couples in Civil Unions Compared With Those Not in Civil Unions, and Married Heterosexual Siblings", *Journal of Family Psychology*, junio de 2004.

casarse en los mismos términos que los heterosexuales. Sostienen que la integración plena de los homosexuales no se dará sino hasta que éstos gocen de todos los derechos y beneficios del resto de la población. Asimismo, señalan acertadamente que la unión civil y sus variantes presentan serias limitaciones en comparación con el matrimonio: en algunos casos tienen más requisitos, otorgan menos derechos y garantías, sólo se reconocen en el municipio, estado o país en donde fueron promulgadas, y en su gran mayoría no permiten la adopción conjunta de hijos ni dan al compañero los derechos parentales que tendría si se tratara de un matrimonio heterosexual. Finalmente, algunos teóricos del derecho constitucional argumentan que la unión civil para homosexuales discrimina a los heterosexuales al crear una clase de ciudadanos con derechos diferentes de los de la mayoría.

UNA ANALOGÍA HISTÓRICA: EL MATRIMONIO INTERRACIAL

Una analogía histórica esclarecedora es el matrimonio interracial, prohibido durante siglos en muchas colonias europeas (por ejemplo, las españolas, con sus restricciones al mestizaje, pero no las portuguesas),[19] y hasta hace poco en algunos países como Sudáfrica, Canadá y Estados Unidos. En este último país, las leyes contra la miscegenación[20] no fueron abolidas del todo sino hasta 1967 por parte de la Suprema Corte de Justicia, en el ámbito federal, y hasta el año 2000 por Alabama, el último estado en revocarlas. Asimismo, la Universidad Bob Jones de Greenville, en Carolina del Sur, todavía en 1999 les prohibía a sus estudiantes salir con alguien de otra raza. El único estado norteamericano que jamás instauró leyes contra la miscegenación fue el de Vermont, que fue, casualmente, el primer estado en legalizar la unión civil entre homosexuales.

Es realmente notable la semejanza entre los argumentos contra el matrimonio interracial y los que ahora se alzan contra el matrimonio gay. En primer lugar, las alusiones a la Biblia. Como escribió en 1965 un juez del estado de Virginia al sentenciar a la cárcel a una pareja interracial que se había atrevido a casarse: "Dios Todopoderoso creó las razas blanca, negra, amarilla, malaya y roja, y las ubicó en diferentes continentes. El hecho de que haya separado las razas demuestra que no tenía la intención de que tales razas se mezclaran."[21] En segundo lugar, las personas opuestas al

---

[19] Es interesante notar, en efecto, que en las colonias portuguesas el mestizaje no sólo era permitido, sino promovido por la corona, a efectos de repoblar los territorios conquistados.

[20] Del latín *miscere* (mezclar) y *genus* (raza).

[21] Citado en el artículo "Miscegenation", en la enciclopedia virtual *Wikipedia*.

matrimonio interracial sostenían que la miscegenación iba contra la naturaleza, la mezcla genética de las razas iba a corromperlas, y sería malsano que tales parejas procrearan hijos. En tercer lugar se esgrimían argumentos de tipo social: el matrimonio entre personas de diferente raza estaba en contra de los valores y las instituciones, iba a quebrantar la estructura de la familia y la sociedad, la gente ya se iba a poder casar con quien se le diera la gana... En cuarto lugar, el matrimonio interracial era ilegal en buena parte de Estados Unidos. Finalmente, mucha gente pensaba que los hijos de tales matrimonios serían discriminados en la escuela y la sociedad al no pertenecer ni a una raza ni a la otra, y que era un acto de egoísmo procrearlos en tales condiciones.

Todos estos argumentos salieron a relucir en una película que hizo historia cuando se estrenó en 1967, año en el que fueron revocadas las leyes contra la miscegenación y meses antes de que fuera asesinado Martin Luther King Jr.: *Guess Who's Coming to Dinner* (1967), con Sydney Poitier como el novio negro de una joven blanca, y Katharine Hepburn y Spencer Tracy como los padres liberales y progresistas —hasta cierto punto— de esta última. Hoy puede parecer simplista la trama y previsible el desenlace, por supuesto favorable a los jóvenes enamorados, pero eso es sólo porque en los cuarenta años que han transcurrido desde entonces, el matrimonio interracial no sólo ha sido despenalizado, sino que ya no escandaliza a nadie. Todos los viejos argumentos en su contra han desaparecido, ni siquiera porque hayan sido desacreditados por la ciencia o como resultado de una larga campaña a favor de la miscegenación, sino sencillamente porque, entretanto, la sociedad cambió. Me parece razonable suponer que sucederá algo muy similar con el matrimonio gay.

MATRIMONIO GAY Y OPINIÓN PÚBLICA

Hay encuestas sobre el matrimonio y la unión civil gay en todos los países que han estudiado o adoptado alguna de las dos modalidades. Esta información permite vislumbrar algunas tendencias más o menos universales. Con todo, es importante notar que las cifras están cambiando prácticamente mes con mes, gracias a la gran cantidad de publicidad que han generado las campañas tanto a favor como en contra del matrimonio gay. Toda controversia tiene este aspecto positivo, que provoca mucho interés y da lugar a numerosas investigaciones.

En términos generales, en casi todos los países occidentales e industrializados la gente apoya cada vez más que se les den a las parejas gays y lésbicas derechos similares a los que tienen las heterosexuales. En Estados Unidos, por ejemplo, una encuesta nacional realizada por el Pew Research

Center encontró en marzo de 2006 que si bien 51% del público se oponía al matrimonio gay, este número había caído desde febrero de 2004, cuando era de 63%. Cabe recordar que la campaña conservadora en contra del matrimonio gay tuvo lugar precisamente en 2004, año de la elección presidencial. De manera especialmente reveladora, entre las personas mayores de 65 años la proporción que se oponía al matrimonio gay cayó de 58% en 2004 a sólo 33% en 2006. Asimismo, entre el público en general, 60% estaba a favor de que los homosexuales pudieran integrarse al ejército, comparado con 52% en 1994, y 46% apoyaba la adopción gay, en contraste con 38% en 1999.[22]

En otros países las tendencias son similares: se observa tanto en Europa como en Estados Unidos una aceptación creciente de la homosexualidad y de los derechos homosexuales. Según una encuesta de Gallup Europe realizada en enero de 2003 en la Unión Europea, casi 60% de la población está a favor de que se legalice el matrimonio gay en toda Europa. El desglose es interesante: están más a favor los habitantes de los países nórdicos (Dinamarca: 82%, Holanda: 80%, Suecia: 70%), las mujeres (61% *versus* 53% de los hombres), los jóvenes, los que tienen un mayor nivel de estudios, los ateos y los simpatizantes de izquierda.[23] En casi todo el mundo existe una discrepancia de alrededor de 10% en la mayor aceptación de la homosexualidad por parte de las mujeres con respecto a los hombres.[24] Y en Francia, 61% de la población declara que aceptaría "bien" o "muy bien" que su hijo fuera homosexual, comparado con 41% en 1995.[25]

Las cifras de aprobación han ido subiendo año con año en todos los países industrializados. Pero lo más notable es el significativo aumento registrado en los países que ya han legalizado el matrimonio o la unión civil para los homosexuales. En Francia, por ejemplo, cuando fue aprobado el PACS en 1999, 49% de la población estaba a favor; dos años y 50 mil uniones PACS después, la cifra había aumentado en 20%.[26] En Massachusetts, cuando se legalizó el matrimonio gay en mayo de 2004, 40% de la

[22] Véase la encuesta "Less Opposition to Gay Marriage, Adoption and Military Service", conducida por el Pew Research Center for the People and the Press, 22 de marzo de 2006, en http://people-press.org.

[23] EOS Gallup Europe, "Homosexual Marriage, Child Adoption by Homosexual Couples: Is the Public Ready?", encuesta del 21 al 27 de enero de 2003. Se puede consultar en www.eosgallupeurope.com.

[24] Véase la encuesta del Pew Research Center, "Global Gender Gaps", del 13 de mayo de 2004, en http://pewglobal.org.

[25] Encuesta realizada por el Institut Français d'Opinion Publique en junio de 2003, citada en Le *Monde,* 29 de junio de 2003.

[26] "Un rapport parlementaire dresse un bilan très positif des deux ans d'existence du PACS", *Le Monde,* 15 de noviembre de 2001.

población de ese estado estaba de acuerdo con la medida; un año después, la cifra había subido a 56 por ciento.[27]

Estos datos, y muchos otros similares, demuestran que sí existe un círculo virtuoso de la visibilidad, como describí en el capítulo 1: mientras más aceptación social hay, más gente gay sale del clóset; mientras más gente gay sale del clóset, a más homosexuales de carne y hueso conocen los heterosexuales, y esto a su vez genera una mayor aceptación, lo cual permite ir cambiando las leyes, lo cual permite que más gente salga del clóset, y así sucesivamente. El hecho de que en todos los países donde se ha instaurado la unión legal de parejas homosexuales haya crecido la aceptación de la homosexualidad, demuestra además que *la legislación sí sirve para promover la tolerancia*. El debate público que ha acompañado la legalización del matrimonio gay o sus variantes ha contribuido, sin la menor duda, a una mayor información y tolerancia. Podemos por ello concluir que la legislación progresista puede, y debe, llevar la delantera en la evolución social y cultural, tal y como ha sucedido también para promover los derechos civiles para los negros, las mujeres, los discapacitados, los niños, los ancianos, etcétera.

Ahora bien, un análisis más detallado de las actitudes hacia el matrimonio gay también muestra que en casi todos los países industrializados la opinión pública suele estar más a favor de la unión civil que del matrimonio, aunque las dos cifras estén aumentando paralelamente. Mucha gente que apoya el derecho de las parejas gays a heredarse sus bienes, a pagar impuestos o a solicitar créditos en conjunto, y a ser reconocidas como parejas legítimas, se opone al matrimonio gay, sobre todo en las sociedades muy creyentes, como la estadounidense. La discrepancia estriba básicamente en dos cosas: el significado simbólico y religioso del matrimonio como tal, y por supuesto la homoparentalidad. Más que nada, lo que preocupa a la opinión pública es que las parejas homosexuales puedan procrear, adoptar o criar niños, cosa que sucedería sin trabas legales si se legalizara el matrimonio gay con los mismos derechos que el heterosexual.

LA HOMOPARENTALIDAD

En casi todos los países donde se haya investigado el tema, la opinión pública está muy dividida respecto de la homoparentalidad. En España, donde casi las dos terceras partes de la población están a favor del matrimonio gay, la mitad se opone a la adopción por parte de homosexuales:

---

[27] Anna Badkhen, "In Massachusetts, Gay Weddings are now Routine", *The San Francisco Chronicle,* 17 de mayo de 2005.

48.2% está muy o bastante de acuerdo con que las parejas homosexuales tengan los mismos derechos que las heterosexuales a la hora de adoptar niños, comparado con 44% que está poco o nada de acuerdo, mientras que 74.5% de la población cree que lo importante es el bienestar del niño con independencia de quién lo adopte.[28] En Francia, si bien 55% apoya el matrimonio gay, sólo 37% está a favor de la adopción y 59% está en contra.[29] En la Unión Europea en su conjunto, 47% de la población apoya la adopción, cifra que contrasta con la actitud más bien liberal hacia el matrimonio gay, que es aprobado en 57%. Tal como el caso del matrimonio, están mucho más a favor de la adopción gay las mujeres (48% *versus* 36% de los hombres), los jóvenes, los ateos y los habitantes de los países más industrializados.[30]

Sin embargo, también en esta área la opinión y las leyes están cambiando muy rápidamente. De hecho, la adopción por parte de parejas homosexuales ya es posible en varios países (Suecia, Holanda, España, el Reino Unido, Bélgica, Sudáfrica, y la mayoría de las provincias de Canadá); todos ellos aplican los mismos requisitos que a las parejas heterosexuales. En algunos países que han legalizado la unión civil, la pareja homosexual de una persona con hijos (biológicos o adoptados) puede adoptarlos y adquirir así el estatus de padrastro o madrastra —con menos derechos que los padres biológicos—. Finalmente, en algunos países también es posible que los homosexuales solteros adopten hijos. En Estados Unidos, la adopción por parte de parejas homosexuales está permitida en Massachusetts, Nueva Jersey, Nueva York, Vermont, Connecticut, California y varios estados más. El único estado que prohíbe completamente la adopción gay es Florida, aunque el proceso de adopción es muy difícil en Mississippi, Oklahoma, Colorado y Utah.

Es necesario distinguir entre los diversos tipos de adopción gay. Existe la posibilidad de que una pareja homosexual sin hijos los adopte, tal como hacen las parejas heterosexuales infértiles. Pero lo más común es que una de las dos personas ya tenga hijos biológicos, concebidos en una relación heterosexual anterior, y entonces la adopción es para que su pareja adquiera derechos parentales. Finalmente, existe la posibilidad de que una

[28] "Dos de cada tres españoles apoyan el matrimonio homosexual", *El País,* 19 de junio de 2005.

[29] Encuesta realizada por el IFOP (Institut Français d'Opinion Publique) en junio de 2003, citada en "Après le pacs, la banalisation de l'homosexualité est en marche", *Le Monde,* 29 de junio de 2003.

[30] EOS Gallup Europe, "Homosexual Marriage, Child Adoption by Homosexual Couples: is the Public Ready?", encuesta del 21 al 27 de enero de 2003. Se puede consultar en www.eosgallupeurope.com.

pareja homosexual ya constituida procree hijos propios, ya sea a través de relaciones sexuales con una persona del otro sexo que entonces cedería sus derechos parentales, o mediante la inseminación artificial. También se han dado casos insólitos. Por ejemplo, hace unos años una pareja lésbica en Estados Unidos tuvo un hijo que, en términos biológicos y legales, era de las dos mujeres y fue reconocido como tal por un juez. Una de ellas era abogada y la otra ginecóloga; una se embarazó y el embrión fue transferido a la otra, quien lo llevó a término. Cuando nació el bebé, tenía el ADN de la primera, pero fue dado a luz por la segunda. La corte a la que ambas solicitaron ser reconocidas como madres biológicas no pudo más que aceptar su petición.

En este tema, como en tantos otros, la realidad ha rebasado las leyes. Según el censo de 2000 y diversos estudios, en Estados Unidos alrededor de la tercera parte de los hogares lésbicos incluyen hijos, así como la quinta parte de los constituidos por parejas masculinas[31] y la cuarta parte de los hogares homosexuales en su conjunto. Ya sin hablar de parejas, en ese país 5% de los hombres gays y 21% de las lesbianas encuestados en 2004-2005 tienen viviendo con ellos a hijos menores de 18 años; para 36% de ellos y 64% de ellas se trata de hijos concebidos en una relación heterosexual anterior. En una encuesta de 7 500 homosexuales estadounidenses, 6% de los hombres y 17% de las mujeres planean integrar a un niño en su familia en los próximos tres años.[32] Otros datos interesantes: según el censo de 2000, 45.6% de las parejas heterosexuales casadas están criando hijos, así como 43.1% de las parejas heterosexuales no casadas, 34.3% de las parejas lésbicas, y 22.3% de las parejas gays masculinas. De las parejas con hijos, entre las heterosexuales no casadas 19.9% llevan más de 5 años de relación, y entre las homosexuales 41.1% llevan más de 5 años de relación.[33] Según este último dato, muy revelador, las parejas homosexuales con hijos tienen

[31] Datos del Censo 2000. En Massachusetts, 29% de las parejas lésbicas que se casaron entre mayo y diciembre 2004 incluían a una mujer que había estado casada anteriormente con un hombre; éste fue el caso para 19% de las parejas masculinas. Véase "Even in Gay Circles, The Women Want the Ring", artículo de Ginia Bellafante, *The New York Times*, 8 de mayo de 2005. En Holanda, 16% de las personas que contrajeron matrimonios homosexuales ya habían estado casadas con una persona del otro sexo. Véase Associated Press, "Dutch Release Historic Gay Marriage Data", 12 de diciembre, 2001.

[32] Encuesta 2004-2005 publicada por GL Census Partners, formada por la Universidad de Syracuse y OpusComm Group, en www.glcensus.com/results/index.cfm.

[33] "The Cost of Marriage Inequality to Children and Their Same-Sex Parents", informe publicado por Human Rights Campaign, abril, 2004. Para más detalles, véase www.hrc.org. Para una compilación de la investigación de los últimos treinta años sobre la homoparentalidad y la situación en Estados Unidos, véase también el libro, publicado por la American Civil Liberties Union, *Too High a Price: The Case Against Restricting Gay Parenting* (2006).

en promedio una vida de pareja más consolidada que las heterosexuales en unión libre y con hijos.

Por todo ello, es importante considerar el tema de la adopción gay no en términos abstractos o teóricos, sino en términos de lo que ya existe. Después de todo, el criterio más importante no deben ser los deseos de los padres, ni tampoco las posturas ideológicas al respecto, sino el bienestar real de los niños. Hoy por hoy, todos los niños que ya existen y viven con padres homosexuales carecen de una serie de derechos y protecciones que tendrían si la ley permitiera la homoparentalidad. Por ejemplo, si el padre o madre biológico fallece, el niño quedará básicamente huérfano; no gozará de la seguridad que tendría si los dos miembros de la pareja tuvieran derechos parentales. En todo lo que se refiere a seguros médicos, pensiones, seguridad social, el niño queda desprotegido si fallece su padre biológico. Si muere la otra persona, el niño no heredará, ni tendrá derecho a una pensión, ni a lo que pague su seguro de vida. Al no tener vínculo legal alguno con ella, el niño pierde una larga lista de garantías, como el beneficio del seguro médico por los dos lados. Asimismo, los niños que viven en hogares homoparentales sin reconocimiento legal carecen de las siguientes protecciones: en una emergencia médica, sólo puede intervenir uno de los dos padres; y en caso de separación de la pareja, sólo recibirán el cuidado y la manutención de un padre, en lugar de dos, y perderán su derecho a mantener una relación afectiva con el padre distanciado.

Así lo considera, por ejemplo, la Academia Americana de Pediatría, la cual emitió en 2002 un comunicado que dice: "Los niños dados a luz o adoptados por un miembro de una pareja del mismo sexo merecen tener la seguridad que implica tener a dos padres reconocidos legalmente. Por lo tanto, la Academia Americana de Pediatría apoya los esfuerzos legislativos y legales que buscan permitir la adopción del niño por parte del segundo padre en tales familias."[34]

Estos criterios se refieren ante todo a la seguridad material y jurídica de los niños con padres homosexuales. ¿Pero qué opinan los especialistas de la salud mental acerca de su desarrollo y bienestar psicológico?

En términos generales, los psicoanalistas se oponen a la homoparentalidad por sostener que los niños necesitan crecer con padres de los dos sexos para su adecuado desarrollo psicosexual. Esta opinión se basa, por supuesto, en la esencial importancia del complejo de Edipo, en el cual el niño vive un intenso amor hacia su padre del sexo opuesto para finalmente renunciar

---

[34] "Coparent or Second-Parent Adoption by Same-Sex Parents", Committee on Psychosocial Aspects of Child and Family Health, American Academy of Pediatrics, *Pediatrics*, vol. 109, no. 2, 1 de febrero de 2002, pp. 339-340.

a él e identificarse con el del mismo sexo, abriendo así la posibilidad de relacionarse más tarde con personas del otro sexo. Si esto no sucede, el niño corre el riesgo de tener un desarrollo truncado, que lo conducirá a una serie de problemas ulteriores, como la incapacidad de relacionarse sexual y afectivamente con personas del otro sexo y, entre otras posibilidades, el riesgo de volverse homosexual. Ésta es la teoría. Pero es necesario ver si esto es lo que pasa en la realidad en el caso de los niños homoparentales.

Para averiguarlo, debemos consultar la investigación al respecto. Por fortuna, hace ya unos treinta años los estudiosos de este tema, en muchos países, empezaron a realizar estudios longitudinales de los niños criados por parejas homosexuales. Es decir, siguieron periódicamente el desarrollo psicológico, intelectual, sexual y social de los niños a través de su infancia, adolescencia y temprana adultez. Cabe recordar que dichos niños ya alcanzaron, en muchos casos, treinta años de edad y son, por tanto, ejemplos muy sugerentes de lo que puede suceder. Esto ha permitido responder a algunas de las objeciones que se han planteado respecto de la homoparentalidad.

El primer argumento en contra de la adopción gay o la homoparentalidad es que los homosexuales no son aptos para ser padres porque son psicológicamente inestables, porque las lesbianas son menos maternales que las mujeres heterosexuales, y porque los homosexuales están tan involucrados en su relaciones sexuales o su vida social que no se ocupan debidamente de sus hijos. El segundo argumento tiene que ver con los mismos niños. Se teme, en primer lugar, que tendrán problemas en su identidad de género, es decir, que al no haber crecido con un modelo femenino y otro masculino, presentarán confusión acerca de su propia masculinidad o feminidad. Luego, se piensa que podrán volverse homosexuales al haber crecido entre padres y amistades homosexuales. También se ha pensado que estarán en riesgo de ser víctimas de abuso sexual por parte de los amigos o amantes de sus padres. Asimismo, se ha objetado que podrán tener problemas en su integración escolar y social al ser marginados o estigmatizados por los niños y adultos de su entorno, que después de todo siempre será preponderantemente heterosexual. Finalmente, se han planteado dudas sobre su salud psicológica en términos generales, es decir, en su bienestar emocional, su desarrollo cognitivo y su desempeño escolar.

Vayamos por partes. En lo que se refiere a la aptitud de los padres homosexuales, se ha encontrado —y estamos hablando de cientos de miles de casos, pues sólo en Estados Unidos en el año 2000 había alrededor de 164 000 hogares homoparentales— que los padres homosexuales no difieren en nada de sus contrapartes heterosexuales en términos de su compromiso, amor y dedicación a sus hijos.[35] Suelen pasar el mismo tiempo con sus hijos que los heterosexuales, uno de ellos deja de trabajar para dedicarse a su cuidado, y además tienden a dividirse las tareas parentales de una manera más equitativa. Asimismo, son padres extraordinariamente comprometidos por una sencilla razón: han tenido que luchar por sus hijos ante las cortes, las familias, las escuelas, las iglesias y la sociedad. Después de todo, no se trata de hijos que les hayan llegado por accidente, ni por azares del destino: los homosexuales anteriormente casados han tenido que luchar por la tutela; los que han procreado hijos sin tener pareja del otro sexo han tenido que pasar por procedimientos médicos riesgosos; los que han adoptado hijos han tenido que buscar soluciones legales inéditas.

Pasemos ahora a lo que les sucede a los niños homoparentales. En lo que se refiere a su identidad de género, a lo largo de muchas investigaciones no se ha encontrado ninguna confusión de género, es decir, los niños se identifican como niños, y las niñas como niñas. La única diferencia descubierta es que las niñas criadas por madres lesbianas registran un mayor índice de feminidad en algunas pruebas, lo cual desmiente la expectativa de que pudieran resultar "marimachas". Sí se encontró que estas niñas participan en más juegos de niños varones; los niños, en cambio, no mostraron preferencia alguna por los juegos de niñas (muñecas, por ejemplo).

En lo que toca a la orientación sexual, ningún estudio ha encontrado que los niños criados por homosexuales presenten un mayor índice de homosexualidad que los que crecieron con padres heterosexuales. Resultan homosexuales en la misma proporción que el promedio de la población.

Para evaluar el bienestar psicológico general de los niños y adolescentes homoparentales, se les han aplicado pruebas psiquiátricas, de inteligencia, de personalidad y autoimagen; se han buscado problemas en las áreas del comportamiento, del juicio moral, de la separación-individuación. Todos los parámetros entran en rangos normales. En lo que respecta a su integración social con sus pares, los niños tienden a relacionarse más con sus congéneres: los niños juegan más con los demás niños, y las niñas con las niñas, tal como suele suceder, sin presentar anomalía alguna. Tratándose de niños con padres divorciados, se presentaron menos problemas en su relación con el padre distanciado (o sea, en el caso de una pareja lésbica, con el padre biológico) que entre los niños de padres heterosexuales divorciados.

En lo que se refiere al riesgo de abuso sexual, la investigación de los últimos treinta años muestra de manera consistente que los perpetradores de abuso sexual infantil son casi siempre hombres, no mujeres, y que los

---

[35] American Psychological Association, APA *Policy Statement: Sexual Orientation, Parents and Children* (2004), en www.apa.org/pi/lgbc/policy/parents.html.

hombres homosexuales no son más propensos a ello que los heterosexuales. Por su parte, las mujeres en general, incluyendo a las lesbianas, casi nunca incurren en tal abuso. En suma, los niños que crecen rodeados de homosexuales no corren más riesgos en este sentido que los que crecen en un entorno heterosexual.

Ahora bien, toda esta investigación tiene sus limitaciones metodológicas por tratarse de temas recientes y por ende disponer de muestras relativamente pequeñas. Por ejemplo, casi todos los estudios han examinado el caso de hijos concebidos en una relación heterosexual previa, es decir, antes de que el padre o la madre iniciara una vida homosexual. Faltará estudiar en el largo plazo a los hijos concebidos en el contexto de una relación de pareja homosexual; esta modalidad es tan reciente, y se ha dado en tan pocos casos, que todavía no existe un corpus de investigación al respecto. Por otra parte, es cierto que todos los estudios llevados a cabo hasta ahora han examinado muestras pequeñas y no necesariamente representativas de todos los niños criados por homosexuales, pero ya son tan numerosos los estudios que sostienen lo mismo, que podemos considerar sus conclusiones como certeras. Asimismo, la vasta mayoría de los proyectos de investigación han examinado a los niños criados por parejas de mujeres; casi no hay, todavía, estudios sobre la homoparentalidad masculina. Finalmente, hasta ahora no se han hecho las distinciones necesarias entre los niños criados por homosexuales y heterosexuales solteros o separados.[36]

A pesar de estas limitaciones, según la American Psychiatric Association "la investigación a lo largo de los últimos treinta años demuestra de manera consistente que los niños criados por padres gays o madres lesbianas presentan el mismo nivel de funcionamiento emocional, cognitivo y sexual que los niños criados por padres heterosexuales". La investigación también indica que el desarrollo óptimo de los niños no se basa en la orientación sexual de los padres, sino en una vinculación estable con adultos comprometidos y amorosos.[37] La American Academy of Pediatrics concluye asimismo que "un cuerpo creciente de estudios científicos demuestran que los niños que crecen con uno o dos padres gays o una o dos madres lesbianas tienen un desempeño emocional, cognitivo, social y sexual equivalente al de los niños cuyos padres son heterosexuales. El desarrollo óptimo

---

[36] Todas las conclusiones presentadas aquí, junto con el detalle de los estudios y una muy amplia bibliografía, se pueden consultar en *APA Public Interest Directorate: Research Summary on Lesbian and Gay Parenting*, American Psychological Association (2006), en http://www.apa.org/pi/parent.html.

[37] "Adoption and Co-Parenting of Children by Same-Sex Couples", American Psychiatric Association (2002). Véase http://www.psych.org/archives/200214.pdf.

de los niños parece verse influido más por la naturaleza de las relaciones e interacciones en la unidad familiar, que por la forma estructural particular que ésta pueda tomar."[38]

Concuerda con estas conclusiones la American Psychological Association, la cual en 2004 tomó una resolución que apoya el matrimonio civil gay y condena toda discriminación basada en la orientación sexual, en todo lo que se refiera a la adopción, la tutela y derechos de visitación, y los servicios de salud reproductivos. [39]

CONCLUSIONES

Me parece que el debate sobre el matrimonio gay se ha complicado demasiado. Podemos simplificarlo si consideramos que los adultos homosexuales deben tener exactamente los mismos derechos y las mismas obligaciones que los heterosexuales. Estos últimos tienen, desde hace ya mucho tiempo, diversas opciones cuando forman una pareja: pueden casarse por lo civil, por la Iglesia si así lo desean, pueden vivir en concubinato o unión libre con los derechos y obligaciones que eso implica, pueden cohabitar sin adquirir compromiso alguno, o formar una pareja sin vivir juntos. Los homosexuales deben tener las mismas opciones. Un buen ejemplo de ello lo ofrece Holanda. Las parejas, sean homosexuales u heterosexuales, que desean formalizar su unión pueden escoger entre tres posibilidades: el matrimonio; la "sociedad registrada", que equivale a una unión civil, o el "acuerdo de cohabitación", un contrato meramente privado en el cual ambas partes se comprometen a respetar las cláusulas que hayan acordado entre ellos.[40] Finalmente, de lo que se trata es de la libertad de escoger en igualdad de condiciones.

Por supuesto, indispensable para todo ello es la estricta separación entre Iglesia y Estado, y que sea exclusivamente éste el que regule el matrimonio o unión civil y el divorcio. Es muy probable que el fondo del desacuerdo sobre el matrimonio gay sea precisamente la relación Iglesia-Estado, asunto especialmente delicado en Estados Unidos, donde más de 90% de la población se dice creyente, y donde se ha vuelto tan crítico este debate. En

---

[38] Ellen C. Perrin y Committee on Psychosocial Aspects of Child and Family Health, "Technical Report: Coparent or Second-Parent Adoption by Same-Sex Parents", American Academy of Pediatrics, *Pediatrics*, vol. 109, no. 2, 1 de febrero de 2002, pp. 339-340.

[39] American Psychological Association, "APA Policy Statement: Sexual Orientation, Parents, and Children", en www.apa.org/pi/lgbc/policy/parents.html (2004).

[40] Para más detalles, véase el texto del ministerio de justicia neerlandés, en www.justitie.nl/english/publications/factsheets/same-sex_marriages.asp.

cambio, en los países con una larga tradición de laicidad, como Francia, la homosexualidad no representa tanto problema. Entonces, en éste como en tantos otros temas sociales y sexuales, la clave es la laicidad del Estado, de la educación y, por supuesto, de la sociedad en su conjunto.

Es importante asimismo ubicar el debate sobre el matrimonio gay en su contexto, y verlo como un paso más en la historia de la homosexuali-dad. Durante la primera fase de la liberación gay, en las décadas de 1960 a 1980, el meollo de la identidad gay residía en la diferencia: era un punto de orgullo distinguirse del *establishment* heterosexual, y a pocos gays se les ocurría copiar las tradiciones familiares y sociales de este último. A partir de los noventa, sin embargo, como vimos en el capítulo 2, se dio un cambio de rumbo hacia el conformismo, es decir, hacia la emulación de la sociedad heterosexual. Hoy día, para mucha gente gay, sobre todo para los jóvenes, ser gay significa tener un estilo de vida similar al de los heterosexuales: el activismo actual busca conquistar no el derecho a ser diferente, sino a ser igual —en derechos, oportunidades y pasatiempos, y en poder sumarse a las tradiciones familiares y sociales de la sociedad heterosexual—. El tiem-po dirá si esta estrategia conducirá o no a la meta central de siempre, que es el fin de la homofobia y de la discriminación.

En lo que se refiere a la homoparentalidad, mi trabajo como psicóloga me ha llevado a pensar que hay muchos homosexuales que no deberían ser padres, y también muchos heterosexuales. Hay demasiadas personas que nunca debieron tener hijos —porque no los deseaban, o eran demasiado jóvenes y no podían atenderlos adecuadamente, o porque les hicieron pa-decer con creces sus propios problemas, como el alcoholismo, la violencia, la inmadurez o la llana indiferencia—. El solo hecho de ser heterosexual no vuelve a la gente apta para ser padre. El solo hecho de que una pareja esté formada por un hombre y una mujer no garantiza que el hijo reciba el amor y el cuidado que necesita.

De la misma manera, no creo que el solo hecho de ser homosexual incapacite a la gente para criar hijos. Tampoco me parece correcto que exista un doble rasero, en el cual el Estado supuestamente se preocupa por el bienestar de los niños al impedir que los homosexuales tengan derechos parentales, y en cambio les permite a los heterosexuales tener los hijos que quieran, sin importar su edad, sus posibilidades, sus patologías, su grado de compromiso como pareja, ni si los hijos van a tener realmente dos padres, o si van a ser criados sólo por su madre, su abuela, su tía, la vecina o la sir-vienta, o crecer encerrados en un cuarto porque la madre trabaja y no hay nadie más que se ocupe de ellos.

Claro que existen riesgos cuando una pareja homosexual decide tener hijos, pero no necesariamente son mayores que para los niños que crecen con heterosexuales. Los riesgos de separación de los padres, de ser criados por una persona y no dos, de carecer de una figura materna o paterna positiva, existen también entre los heterosexuales. El único temor que considero válido es que los niños criados por homosexuales sean discriminados, que sean objeto de burlas o agresiones en la escuela y la sociedad. Pero ése es el riesgo que corren todos los niños minoritarios, sean judíos en una sociedad antisemita, negros en una sociedad racista, extranjeros en una sociedad xenófoba, gordos en una sociedad obsesionada por el peso, minusválidos en una sociedad que rechaza toda discapacidad. Lo mismo que sufrirán en un inicio los niños de padres homosexuales, lo padecieron en su momento los hijos de padres divorciados, los hijos de parejas interraciales y los hijos de madres solteras. Sin embargo, la solución no es prohibir el divorcio ni el matrimonio interracial, ni el embarazo fuera del matrimonio, ni aislar a los niños de familias diferentes, sino al contrario, integrarlos, apoyarlos por todos los medios y seguir combatiendo la intolerancia bajo todas sus formas.

La opinión pública sobre el matrimonio gay y la homoparentalidad está muy dividida, incluso en los países más liberales. No es casual: se trata de temas difíciles y de fenómenos sociales inéditos en la historia de la humanidad. Nadie sabe cómo evolucionarán, ni cuáles serán sus consecuencias en el largo plazo. Quizá lo único que pueda decirse en este momento es que el debate tiene que ser limpio. Aun la gente más razonable y educada puede estar en desacuerdo al respecto. Lo que no se vale es el doble rasero, la hipocresía que consiste en negarles a los homosexuales los derechos que tienen todos los demás, y que éstos usan libremente para bien y para mal.

CAPÍTULO 5

HOMOFOBIA
Y DISCRIMINACIÓN

Podríamos pensar que, gracias a la aceptación social paulatina de la homosexualidad, la homofobia está en vías de extinción. Nada más falso. Las condenas eclesiásticas, la discriminación, los crímenes de odio siguen a la orden del día en muchos países, incluso en los industrializados. ¿Qué está pasando?[1]

Así como la homosexualidad se ha vuelto más visible, la homofobia también se distingue mejor contra el telón de fondo de una tolerancia cada vez más extendida. Ahí donde antes existía un rechazo global a la homosexualidad, tan completo y categórico que no admitía debate alguno, ahora observamos más matices; hay más grados entre los extremos que son la homofobia ciega y la militancia gay, por ejemplo la simpatía, la aceptación y, cosa mucho más difícil, el respeto.

Además se escuchan muchas más voces en el debate sobre la homosexualidad: ahí donde sólo hablaban la Iglesia, el Estado, los médicos y los psicoanalistas, ahora se disputan nuestra atención los homosexuales mismos, sus familiares, los activistas y las asociaciones gays, los teóricos, las organizaciones de derechos humanos, los partidos políticos y los congresos... Donde antes había sólo silencio, ahora hay una discusión abierta en un sinfín de foros públicos, entre ellos los medios y la política.

Entonces, si bien persiste la homofobia en muchos países, también observamos avances: en muchos lugares donde había persecución, ya sólo

---

[1] Los datos presentados en este capítulo sólo llegan hasta mediados de 2006. A las personas que quieran conocer el estatus actualizado de las leyes en el mundo, les recomiendo visitar el sitio de la International Gay and Lesbian Association, en www.ilga.org; para Estados Unidos, véase el sitio de la Human Rights Campaign, en www.hrc.org.

hay discriminación; donde había tolerancia, hay inserción social; donde no se hablaba del tema, hay debates públicos; donde antes eran invisibles las parejas homosexuales, ahora se reconocen las uniones gays y hasta se organizan referendos al respecto, como ha ocurrido recientemente en Estados Unidos. El tabú, esa negación a hablar del tema que siempre ha sido el mejor refugio de la homofobia, por fin se ha quebrado. La homofobia persiste, pero por lo menos se habla de ella.

LEYES Y HOMOFOBIA

No es fácil, hoy en día, establecer una línea divisoria clara entre países más o menos homofóbicos, aunque se pueda hacer la distinción, básica, entre los países cuyas leyes permiten la homosexualidad y aquellos que la penalizan. Entre estos últimos, alrededor de ochenta todavía, se cuentan casi todos los países islámicos donde rija la ley del sharia (por ejemplo, el Sudán, Arabia Saudita, Irán, Kuwait), con penalidades que van desde el encarcelamiento (de tres años a cadena perpetua) hasta la muerte. Más de la mitad de los países africanos castigan la homosexualidad con penas similares; una notable excepción es Sudáfrica, cuya constitución de 1996 prohíbe expresamente todas las formas de discriminación, entre ellas la que pudiera darse por la orientación sexual. Los homosexuales son encarcelados en casi la mitad de los países asiáticos, incluyendo la India, y pueden alcanzar la cadena perpetua. Asimismo, la mayoría de los países caribeños penalizan la homosexualidad. En América del Sur, Guyana la castiga con cadena perpetua en el caso de los hombres; en Nicaragua, la penalidad es de uno a tres años. Hoy en día, los actos homosexuales siguen siendo susceptibles de pena de muerte en Afganistán, Mauritania, Irán, Nigeria, Pakistán, Arabia Saudita, el Sudán, los Emiratos Árabes Unidos y Yemen.

Es curioso notar cómo muchos países, entre ellos Inglaterra hasta 1967, hacen una distinción entre homosexualidad masculina y femenina y exoneran esta última, como si las lesbianas no fueran seres adultos plenamente sexuales y responsables de sus actos. Una explicación posible es que la homofobia, como veremos a continuación, está estrechamente vinculada a cierta concepción de la masculinidad y, por ende, no concierne tanto a las lesbianas. Por otra parte, en el enfoque machista, la sexualidad gira en torno al pene: donde no hay pene, no hay sexo. En esta lógica, una sexualidad femenina sin hombres es casi inconcebible, y el lesbianismo no es más que un juego de niñas que todavía no han conocido a un verdadero hombre. Esto no significa, por supuesto, que las lesbianas no sean un blanco para la violencia y la discriminación homofóbicas; las sociedades machistas castigan duramente a las lesbianas, cuando no las ignoran. Pero si consideramos únicamente la legislación, las leyes siempre han penalizado más la homosexualidad masculina.

Una forma de persecución legal muy común es establecer una diferencia entre la mayoría de edad para homosexuales y heterosexuales. Por ejemplo, en Francia (que desde la Revolución había despenalizado los actos homosexuales entre adultos consintientes), durante mucho tiempo la edad del consentimiento fue de 15 años para los heterosexuales, mientras que para los homosexuales era de 18 años (y en ciertas épocas 21). Bajo este esquema, los jóvenes homosexuales eran menos libres, y tenían menos derechos en el ejercicio de su sexualidad, que sus pares heterosexuales. Esto sólo cambió en 1981, cuando el gobierno socialista de François Mitterand decidió eliminar esta forma de discriminación.

Otro criterio discriminatorio aplicado con gran frecuencia contra los homosexuales es el de "indecencia pública", que se castiga sólo cuando ocurre entre personas del mismo sexo. En Francia fue vigente hasta 1982, y sigue siéndolo en muchos países donde es legal la homosexualidad, como México, en donde se persigue bajo la rúbrica de "atentado contra la moral". No se necesita fornicar en la vía pública, ni besarse en la boca con alguien del mismo sexo, para caer en esta categoría; basta con platicar largamente en un coche estacionado, o caminar abrazados en un parque, para despertar las sospechas de algún policía que no tenga nada mejor que hacer. Además de injusto, el criterio de la indecencia pública es especialmente perjudicial para los homosexuales, que en diferentes épocas han tenido que acudir a lugares públicos para conocerse y socializar.

Otra forma de penalizar la homosexualidad, en la cual ni siquiera se necesita incurrir en actos sexuales, es la prohibición de "promoverla". Por ejemplo, en Nicaragua el delito de "sodomía" se imputa a quien "induzca, promueva, propagandice o practique en forma escandalosa el concúbito entre personas del mismo sexo". Teóricamente, aunque no haya sucedido en los hechos, esto pone en riesgo no sólo a los individuos homosexuales, sino a las asociaciones defensoras de los derechos gays y a toda persona que dé información sobre la homosexualidad.

Vemos así cómo puede haber persecución aun en los países donde la homosexualidad supuestamente es legal. Así sucede en Egipto, país conservador y mayoritariamente musulmán, pero cuyas leyes no prohíben la homosexualidad. En mayo de 2001, la policía de El Cairo efectuó una redada en un bar flotante anclado en el Nilo y arrestó a 52 hombres homosexuales. Uno fue sentenciado a cinco años de prisión por libertinaje y burla a la religión; otro a tres años por burla al Islam, y otros 21 fueron condenados a tres años de trabajos forzados y luego a otros tres años de libertad condicional por "libertinaje habitual". Hubo otro arresto masivo, de 62 hombres, en septiembre de 2003. Diversos grupos de derechos humanos, como Hu-

man Rights Watch, han denunciado que el gobierno egipcio sistemática-
mente tiende trampas, arresta y tortura a hombres homosexuales bajo este
pretexto, o bien apoyándose en las leyes contra la prostitución.

En Estados Unidos, las leyes contra la sodomía pertenecían al ámbito
estatal y fueron abolidas paulatinamente en el último cuarto del siglo XX,
hasta ser totalmente invalidadas a nivel federal por una decisión de la Suprema Corte de Justicia en 2003. Es interesante notar que las leyes contra
la sodomía, donde hayan existido, siempre han sido discriminatorias pues
se aplican sólo al sexo anal (y a veces oral) por parte de homosexuales;
exactamente los mismos actos, pero realizados por heterosexuales, suelen
pasarse por alto.

Es en Europa donde se observa la mayor tolerancia hacia la homosexualidad. Hoy en día ningún país europeo penaliza la homosexualidad, y
muchos de ellos reconocen las uniones entre parejas del mismo sexo, como
vimos en el capítulo anterior. Incluso un país tradicionalmente conservador y católico como España ha legalizado el matrimonio gay. Sin embargo,
la homofobia subsiste. Aunque la Unión Europea haya incluido en el Tratado de Amsterdam, que entró en vigor en 1999, una cláusula que prohíbe la
discriminación en contra de las personas por su orientación sexual, diariamente se reportan casos de despidos injustificados, acoso y, por supuesto,
violencia homofóbica.

El debate sobre la homosexualidad en las Naciones Unidas revela contrastes profundos entre sus países miembros. El esfuerzo de 32 delega-
ciones de Europa, Norteamérica, Latinoamérica y Asia por introducir una
resolución que condene la discriminación por orientación sexual en la Comisión de los Derechos Humanos aún no ha tenido éxito, tres años después
de que Brasil la presentara. A pesar de la labor intensiva de diversas ONG,
la resolución logró sólo 32 votos (de un total de 53 países miembros) en
abril de 2005 debido a la oposición del Vaticano, los países islámicos y
muchos otros.

Sin embargo, las leyes contra la discriminación se están promulgando
en cada vez más países. En México, por ejemplo, en 1999 se reformó el Código Penal del Distrito Federal para penalizar todas las formas de discriminación, incluyendo la debida a la orientación sexual. En el mismo sentido
se reformó en 2001 la Constitución, y en 2003 se promulgó la Ley Federal
para Prevenir y Eliminar la Discriminación por cualquier motivo. Todos
ellos son pasos positivos y necesarios, pero está por verse si realmente se
aplicarán las nuevas disposiciones.

La evolución de la homofobia, y de la legislación al respecto, nunca ha
sido lineal. Siempre ha presentado contrastes, avances y retrocesos, a veces
simultáneamente y en una misma sociedad. Por ejemplo, en Alemania la
notoria ley conocida como el Párrafo 175, promulgada en 1871 y reforzada

por el régimen nazi en 1935, sólo fue abolida en su totalidad, tras varias modificaciones, en 1994, después de la reunificación alemana.[2] Esta historia de luces y sombras en la despenalización de la homosexualidad nos dice dos cosas: que la historia de la homofobia va más allá de la homosexualidad e incluye muchos otros factores sociales, como veremos a continuación, y que no debemos confiar plenamente en la aceptación social que hoy observamos. La homofobia no sólo subsiste, sino que puede volverse más virulenta, precisamente como reacción en contra del cambio.

En ningún país se ha dado una plena aceptación social. Aun en los países donde existe un reconocimiento jurídico de las uniones entre personas del mismo sexo subsisten dudas sobre la capacidad de los homosexuales para ser buenos padres, maestros o profesionales de la salud. Aun en países donde existen garantías contra la discriminación, como en Estados Unidos, mucha gente se sigue preguntando si es conveniente tener a homosexuales en las fuerzas armadas. Y aun en los países más liberales sigue registrándose una homofobia explícita y a veces asesina. Los números son escalofriantes: en Brasil, que ocupa el primer lugar mundial en esta rúbrica, se estima que hay más de 100 asesinatos de homosexuales al año; le siguen México, con 35 asesinatos anuales (cifra que, se piensa, puede ser en realidad cinco veces mayor), y Estados Unidos.

LA HOMOFOBIA REACTIVA

La persistencia de esta homofobia virulenta puede parecer paradójica a primera vista: ¿cómo es posible que incluso en los países más tolerantes siga habiendo tantos crímenes de odio contra los homosexuales?

La explicación reside, creo, en un tipo de homofobia que va más allá del simple rechazo a la homosexualidad; cada vez más explícita y militante, es la que se erige no sólo contra la homosexualidad, sino *contra su aceptación*. Ya se había visto algo así en épocas anteriores, cuando la aceptación social, y por ende la visibilidad mayor de los homosexuales, había provocado reacciones muy fuertes por parte de algunos grupos y gobiernos conservadores. Por ejemplo, durante los años veinte y treinta del siglo XX floreció una subcultura homosexual, de extraordinaria riqueza intelectual y artística, en las grandes capitales de Europa, que luego dio lugar a una contrarreacción virulenta por parte de los gobiernos fascistas. Así, antes de la era nazi

---

[2] El párrafo 175 del Código Penal del Reich, promulgado en 1871, castigaba con cárcel todo acto sexual entre personas del sexo masculino, o bien entre seres humanos y animales; también contemplaba la pérdida de los derechos civiles.

hubo en Berlín docenas de asociaciones y revistas homosexuales y más de ochenta bares, clubes nocturnos y cabarets gays. Al mes de asumir el poder en 1933, Hitler emprendió una persecución feroz que culminaría en el llamado holocausto gay, en el cual decenas de miles de homosexuales fueron enviados a los campos de concentración.

En Estados Unidos, después de los grandes cambios sociales derivados de la Segunda Guerra Mundial, incluyendo la migración de homosexuales a los principales centros urbanos, el gobierno inició en los años cincuenta una persecución sistemática en su contra. Así, el presidente Eisenhower prohibió en 1953 que los homosexuales trabajaran en el gobierno federal, medida rápidamente emulada por las autoridades estatales y municipales y las grandes corporaciones, por no hablar de las fuerzas armadas, y el FBI instauró un programa de vigilancia continua.[3]

Lo que estamos viendo ahora, de nuevo tras una fase de relativa tolerancia, es una reedición de esta *homofobia reactiva*. Se ha observado, por ejemplo, que la violencia homofóbica en Estados Unidos aumenta cada vez que los homosexuales logran una nueva victoria contra la discriminación. En la segunda mitad de 2003, después de la despenalización de la sodomía a nivel federal, la violencia homofóbica se incrementó en 24%, y en Nueva York en 43%, en comparación con el mismo periodo del año anterior. Asimismo, cada vez que se legaliza el matrimonio gay, aunque luego sea rescindido (como sucedió en San Francisco en 2004), se observa un aumento en los crímenes homofóbicos.[4]

LA HOMOSEXUALIDAD
COMO CHIVO EXPIATORIO

Es importante notar, sin embargo, que la homofobia reactiva se erige no sólo contra la aceptación de la homosexualidad, sino contra todos los cambios sociales y culturales de los últimos treinta años, derivados de la revolución sexual y del movimiento de liberación de las mujeres. La homofobia reactiva de nuestro tiempo se opone no sólo a la homosexualidad, sino también a la libertad sexual, la unión libre, la equidad de género y los derechos de todas las minorías. Sus adeptos se lamentan por la "pérdida de los valores tradicionales", y ven la homosexualidad como un símbolo, como la máxima expresión, de esa pérdida.

[3] La exclusión de homosexuales del gobierno federal no fue abolida hasta 1975.
[4] Christopher Healy, "Marriage's Bloody Backlash: Legal Victories and the Movement to Legalize Gay Marriage Have Meant an Increase in Gay Bashing", *The Advocate*, 27 de abril de 2004, pp. 38 y ss.

Detrás de la homofobia reactiva está un rechazo global, mucho más amplio, de la transformación social que estamos viviendo. Atañe no sólo a la homosexualidad, sino a toda visión progresista de la masculinidad y la feminidad, el sexo y el amor, la pareja y la familia —por no hablar de los derechos de las minorías y el respeto a la diversidad—, como valores esenciales en cualquier democracia moderna. La homofobia no sólo ataca a los homosexuales, sino que *les cobra todo lo demás*. Y es ese cargo extra, oculto, lo que la hace tan peligrosa para todos.

En cierto sentido, los homosexuales se han vuelto el blanco preferido de la reacción. Se los ha puesto en el lugar de chivo expiatorio que en otros momentos han ocupado los judíos, los inmigrantes, los negros, los *hippies,* etc. Cuando los ultraconservadores buscan a los culpables de la descomposición de la familia, la ubicuidad del divorcio, la violencia, el consumo de drogas, la propagación del sida y otras enfermedades de transmisión sexual, la pérdida de la fe religiosa y de los valores morales, su mirada se posa en primer lugar sobre la homosexualidad, ese "cáncer social" que supuestamente está corroyendo todo el tejido de la sociedad tradicional.

Esta homofobia reactiva y militante, baluarte de los "valores morales", ha logrado colocarse en el centro del debate social e incluso político en un país como Estados Unidos. No es ninguna casualidad que la reelección de Bush en 2004 se haya dado en gran medida gracias al voto en contra del matrimonio gay, que ayudó a movilizar masivamente el llamado voto evangélico.[5]

En esta perspectiva, la homofobia es problema de todos. En sus diferentes formas, se contrapone a todos los avances sociales y culturales que se han logrado en el mundo en los últimos treinta años. Como veremos a continuación, afecta a todas las minorías discriminadas, a las mujeres y a todas las personas que por una razón u otra no entran en los esquemas tradicionales que buscan mantener un *statu quo* autoritario y machista.

EL JOVEN MÚSICO

Para ilustrar esta idea, he aquí la historia de un joven músico. Nacido en la ciudad de México en una familia de clase media, desde muy temprana edad se mostró diferente de los demás niños. Sensible y soñador, prefería

---

[5] El 2 de noviembre 2004, en un referendo paralelo a la elección presidencial, los electores de once estados norteamericanos (Arkansas, Georgia, Kentucky, Michigan, Mississippi, Montana, Dakota del Norte, Ohio, Oklahoma, Oregon y Utah) votaron por apoyar una enmienda constitucional en dichos estados que limitaba el matrimonio a parejas heterosexuales y cancelaba por tanto la posibilidad del matrimonio gay.

estar solo que unirse al barullo de los juegos infantiles. A los cinco años, sus padres detectaron en él un singular interés por la música y decidieron inscribirlo en clases de violín, instrumento para el cual reveló tener una aptitud excepcional.

Los problemas empezaron en la primaria. A Juan Pablo no le interesaba formar parte de su grupo y se negaba rotundamente a participar en juegos rudos que pudieran lastimarle las manos. Siendo además chico para su edad, se volvió desde los seis años un blanco de burlas y agresiones. Cada vez más aislado, Juan Pablo vivió la secundaria como una pesadilla. Ya más grande se volvió un adolescente de facciones finas, pulcro en sus hábitos y su apariencia, un niño bonito, como suelen decir. La persecución empeoró, ya con insultos y golpes dirigidos al "maricón", al "joto", al "pinche puto". Sus padres lo cambiaron de colegio: con grandes esfuerzos lograron inscribirlo en una escuela de gente rica para darle una mejor educación y mayores oportunidades. Ahora, aparte de ser visto como afeminado, era el pobre de la clase, y además moreno entre los niños blancos.

Juan Pablo cursó la preparatoria aislado, incomprendido y agredido diariamente; su única salvación era el violín. En cuanto pudo salió huyendo, con una beca, a una excelente escuela de música en Estados Unidos. Hace unos años regresó a México y se integró a una de las principales orquestas del país; pero ya era demasiado diferente, nunca acabó de adaptarse y a la primera oportunidad volvió a irse, quizá para siempre.

Esta historia, tan típica de nuestro entorno, presenta sin embargo un giro interesante. Juan Pablo, que padeció una persecución homofóbica sin cuartel durante toda su infancia y adolescencia, ni siquiera es homosexual. Bastó con que fuera diferente y que rechazara desde un principio las reglas del juego del machismo, según las cuales los niños deben ser rudos y duros; según las cuales la actividad artística es cosa de niñas; según las cuales un niño sensible y reservado es afeminado y, por tanto, lógicamente, homosexual.

La lección final de este ejemplo es que la homofobia daña no sólo a los homosexuales, sino a toda la sociedad, porque la priva de un gran abanico de talentos y experiencias fuera de las normas convencionales; penaliza no sólo la homosexualidad, sino toda diferencia y por ende toda innovación.

FUNCIONES SOCIALES DE LA HOMOFOBIA

Así, pues, la homofobia no sólo daña a los homosexuales: estigmatiza a todas las personas diferentes, que no se ajustan a los estereotipos de género propios de una sociedad machista. La homofobia es mucho más que un simple rechazo a la homosexualidad: oculta una serie de creencias implícitas sobre los hombres y las mujeres, sobre la relación que debe privar entre ellos y sobre la conducción de la sociedad. Más que una opinión personal de algunos individuos, la homofobia tiene funciones sociales importantes y descansa sobre un conjunto de valores compartidos por las sociedades machistas.

Durante mucho tiempo, gracias al psicoanálisis y a cierto activismo gay, se pensó que la homofobia sirve, en el fondo, para encubrir la propia homosexualidad, y que existe una correlación entre homofobia y homosexualidad latente. No cabe duda de que esto tiene algo de cierto en algunos casos, mas no en todos. Es a fin de cuentas una explicación demasiado simplista. Lo que está en juego no es sólo la sexualidad, sino todas las reglas del juego social, desde el amor, el sexo y la amistad hasta la naturaleza de la pareja y la familia. *La homofobia nunca trata sólo de la orientación sexual.*

Es importante recordar, además, que la homofobia no es un fenómeno natural que exista en todas las sociedades ni en todas las épocas; tampoco tiene siempre el mismo significado. Lejos de ser una reacción instintiva, la homofobia refleja las normas y creencias de cada sociedad. En algunos países, la homofobia se aplica sólo a los hombres, y no a las lesbianas; o sólo a los hombres que son penetrados en la relación anal, mientras que los homosexuales "activos" son admirados por su virilidad; o sólo a los hombres que presentan conductas o rasgos "afeminados"; o sólo a los homosexuales que viven fuera del clóset. En este sentido también, la homofobia es reflejo fiel de la cultura que la genera; y en las sociedades machistas tiene más que ver con cierta concepción de los roles de género que con la orientación sexual propiamente dicha.

HOMOFOBIA Y MISOGINIA

En efecto, mucha gente rechaza la homosexualidad porque no considera que los homosexuales sean verdaderos hombres, ni las lesbianas auténticas mujeres. Antes bien, cree que se da en estos individuos una extraña combinación de los sexos: el homosexual es un hombre afeminado, y la lesbiana, una mujer masculinizada (dos ideas totalmente desacreditadas por la ciencia). Esto inspira rechazo porque en una cultura machista se piensa, de manera muy generalizada, que los dos géneros son radicalmente distintos e incluso incompatibles. Un auténtico hombre no puede tener actitudes o gustos "femeninos" si no quiere perder su imagen de virilidad y ser, por ende, considerado homosexual, y una mujer que incurra en conductas "masculinas" corre el riesgo de ser estigmatizada, tanto por las demás mujeres como por los hombres de su entorno.

Así, la homofobia descansa en gran medida sobre una visión polarizada de los géneros: el hombre no debe ser "mujeril", la mujer no debe tener conductas "hombrunas". En las sociedades machistas prevalecen definiciones sumamente rígidas al respecto, y se rechaza a los homosexuales porque se piensa que cruzan la línea divisoria "natural" entre los sexos. Además, traicionan el estatus supuestamente superior del hombre: el homosexual, considerado un hombre afeminado, es despreciado porque se "rebaja" a la condición femenina. Por su parte, la lesbiana peca de orgullo al pretender usurpar una masculinidad que no le corresponde. *En este sentido, la homofobia siempre tiene un fondo oculto de misoginia.*

En una sociedad machista, la homosexualidad masculina es incompatible con la hombría. Por ello, el "verdadero hombre" debe demostrar siempre y en toda circunstancia que no es "maricón". Por ejemplo, debe resistirse a toda manifestación de emociones supuestamente "femeninas", como el temor, la ternura, el gusto por las bellas artes, etc.[6] Pero la mejor manera de hacerlo es denostar y agredir a los homosexuales, siempre que se pueda y bajo cualquier pretexto. Los chistes, las burlas y la violencia contra los homosexuales tienen el mismo propósito: reafirmar no sólo la heterosexualidad, sino la hombría y, por ende, la inferioridad de la mujer. *La homofobia nunca trata sólo de la orientación sexual,* sino de la preservación de todo un conjunto de valores.

Y es que los homosexuales desmienten, en efecto, una serie de creencias acerca de los papeles que deben representar hombres y mujeres. Estos roles pueden parecer naturales porque están profundamente arraigados en las costumbres y en consecuencia se consideran innatos; la gente piensa, equivocadamente, que son dados por la biología. Por ejemplo, en una sociedad machista se considera que los hombres son agresivos e incapaces de expresar sus sentimientos "porque así son los hombres". Por su parte, las mujeres son débiles e ineptas para las cosas prácticas, y por tanto dependientes del hombre. Pero los homosexuales ponen en tela de juicio todas estas preconcepciones. Los varones gays demuestran que se puede ser hombre sin ser machista, y las lesbianas prueban que las mujeres pueden ser plenamente femeninas y felices sin necesidad de un apoyo masculino. La gran mayoría de los homosexuales viven perfectamente bien sin personas del otro sexo, lo cual también va en contra de la idea tradicional según la cual hombres y mujeres se necesitan mutuamente para realizarse como seres humanos.

Los homosexuales evidencian asimismo que se puede ser feliz sin casarse ni tener hijos, cosas que suelen considerarse necesarias, si no ineluctables, en el ciclo de la vida. Finalmente, la amistad entre hombres y mujeres

---

[6] Véase el capítulo "El catálogo machista de las emociones", en Marina Castañeda, *El machismo invisible.*

homosexuales demuestra que sí puede haber igualdad y respeto entre los sexos, sin caer en los juegos de poder y seducción que caracterizan tan a menudo la relación entre hombres y mujeres heterosexuales. La homosexualidad cuestiona por lo tanto nuestras creencias más profundas acerca de lo que significa ser mujer u hombre y acerca de la relación entre los sexos, al tiempo que pone en tela de juicio la "naturalidad" de instituciones como el matrimonio y la familia.

La homofobia intenta restablecer el orden. Sirve para proclamar la superioridad moral de la heterosexualidad al definirla como "normal" y condenar toda conducta, deseo o sentimiento alternativo. Pero también sirve para ratificar los roles de género tradicionales, sobre los cuales descansa el dominio "natural" del hombre sobre la mujer.

HOMOFOBIA Y HOMOSEXUALIDAD ENCUBIERTA

En las sociedades machistas la homofobia da pie a diversas formas encubiertas de homosexualidad entre los hombres, a quienes no se les permite mantener relaciones abiertas entre ellos. Una de ellas es el eufemismo. Por ejemplo, en el norte de México existe un término, el "cotorreo", para nombrar las relaciones sexuales casuales entre hombres. En las cantinas y otros lugares públicos, cuando un hombre le propone a otro "cotorrear un rato", esto significa tener una relación sexual que no será nombrada ni asumida como tal, y que representa una forma de tener prácticas homosexuales sin por ello considerarse homosexual. Asimismo, muchos hombres que tienen tales relaciones, incluso frecuentes, se escudan tras definiciones más o menos espurias de la homosexualidad. En muchas ocasiones he oído a hombres declarar que no son homosexuales porque "nunca he besado a un hombre" (aunque hayan tenido relaciones sexuales con otros varones), o porque "nunca me he dejado penetrar", o bien porque "yo nunca he buscado activamente a un hombre, sólo me han buscado a mí". Cumple la misma función el acostarse también con mujeres, como si este hecho por sí solo les quitara a las relaciones con otros hombres su carácter homosexual.

Otra forma de homosexualidad encubierta que promueve la homofobia es el travestismo, entendido no como una práctica lúdica de algunos individuos sino como una manera de ocultar la naturaleza homosexual del sexo entre hombres. En efecto, el que un varón seduzca, contrate o tenga relaciones sexuales con alguien que parece mujer lo "salva" de ser reconocido, y de reconocerse, como homosexual. El travestismo sirve así para negar la homosexualidad. No es casual que en las sociedades homofóbicas haya tanta prostitución travesti; en algunos rumbos de la ciudad de México, por ejemplo, se estima que hay más prostitución masculina que femenina, dirigida a hombres.

Este fenómeno, consecuencia de la homofobia, también sirve para exacerbarla. Refuerza el cliché de que todos los homosexuales son travestis o afeminados, y alimenta de paso la misoginia: es curioso notar, en efecto, cómo los travestis suelen adoptar un papel femenino singularmente devaluado. En su ropa, maquillaje y ademanes no imitan a las mujeres "liberadas" actuales, sino a la mujer de antes, sometida y enteramente dedicada a su hombre, que tanto añoran los machistas. Reflejan y retoman todos los estereotipos de la misoginia al representar a la mujer como un personaje histriónico, celoso y dependiente que no piensa en otra cosa que seducir a los hombres. Los travestis se ubican así en una posición sumamente delicada, por ambivalente: despiertan a la vez deseo y odio, y atraen tanto la misoginia como la homofobia. Cruzan todas las barreras entre hombre y mujer, homosexualidad y heterosexualidad, y por ello corren tanto peligro. En las sociedades machistas en las cuales proliferan, los travestis son un blanco especialmente vulnerable de la violencia homofóbica.

LOS CRÍMENES DE ODIO

Los crímenes de odio, concepto creado en Estados Unidos en 1985 para tipificar los hechos de violencia perpetrados en individuos por su pertenencia a grupos minoritarios, ha resultado de gran utilidad para medir el grado de animadversión hacia tales grupos. La mayor parte de estos crímenes en Estados Unidos se dirigen contra las minorías raciales o étnicas (52.9% en 2004, según cifras del FBI), seguidas por las minorías religiosas (18%) y sexuales (15.7%).[7] También existen crímenes de odio basados en el género, la afiliación política, la nacionalidad, y en contra de personas con discapacidades físicas o mentales. Es interesante notar que entre los crímenes de odio homofóbicos, los hombres son atacados cinco veces más que las mujeres. También es notable que alrededor de la mitad de los crímenes de odio son obra de hombres menores de 21 años que no suelen presentar psicopatología alguna: no son psicóticos o sociópatas, ni suelen pertenecer a agrupaciones de tipo *skinhead* o neonazi. Se trata, casi siempre, de chicos "normales", según se desprende de los testimonios recogidos en los procesos penales correspondientes.

El grupo de estudio lésbico-gay de la American Psychological Associa-

---

[7] Véase www.fbi.gov/ucr/hc2004/section1.htm.

tion distingue cuatro causas principales de los crímenes homofóbicos. En algunos casos, los delincuentes sostienen que actuaron en defensa propia porque sus víctimas supuestamente habían intentado seducirlos. En otros, se perciben a sí mismos como defensores del orden social. En ocasiones, lo hicieron por divertirse. Finalmente, algunos de ellos actuaron para demostrar su heterosexualidad o su masculinidad. Debajo de todas estas causas podemos vislumbrar en los delincuentes cierta percepción de que no estaban haciendo nada malo, porque consciente o inconscientemente sabían que sus actos contarían con el beneplácito de la sociedad.

Los crímenes de odio son diferentes de otras formas de violencia porque están dirigidos no sólo a víctimas individuales, sino a todo el grupo al cual éstas pertenecen. Su función no sólo es dañar, sino *enviar un mensaje*. Expresan una amenaza a toda la comunidad. La legislación contra los crímenes de odio contempla penas superiores a las que merecen los crímenes "normales", precisamente porque implican una agresión doble: contra el individuo y contra toda su comunidad.

Las víctimas de crímenes homofóbicos son mucho menos propensas que las de otros crímenes a reportar lo que les ha pasado: temen las represalias no sólo contra su persona sino contra toda su comunidad, y no sólo por parte de los delincuentes sino también por parte de las autoridades, frecuentemente tan homofóbicas como los agresores. Además, la experiencia les ha enseñado que la ley no suele estar de su lado.

Los crímenes de odio son sumamente dañinos para sus víctimas. Se estima que estas últimas tardan en promedio cinco años en recuperarse, psicológicamente hablando, en comparación con dos años para las víctimas de otros tipos de agresión. Se trata además de un fenómeno muy generalizado. En un estudio de 2 000 hombres y mujeres homosexuales realizado en Sacramento, California, en 1997, se encontró que una de cada cinco mujeres y uno de cada cuatro hombres había sido víctima de algún crimen homofóbico desde la edad de 16 años, y que más de la mitad habían padecido alguna forma de acoso o amenaza en el año anterior.

En un estudio realizado por la Gay, Lesbian and Straight Education Network en 2004 se encontró que 5% de los estudiantes de preparatoria encuestados se identificaron como homosexuales; 16% tenían un pariente homosexual, y 72% conocían a algún homosexual. Aun así, 66% reconocieron utilizar un lenguaje homofóbico, y casi 40% de los alumnos homosexuales reportaron haber sido objeto de agresiones físicas. Una encuesta nacional en Estados Unidos, realizada por la empresa Harris con una muestra de 3 450 alumnos y más de 1 000 maestros en 2005, encontró que

90% de los jóvenes gays fueron insultados o acosados en el año anterior.[8] Estos datos aislados nos muestran la persistencia de la homofobia, aun cuando la sociedad en su conjunto ya no la apruebe.

ALGUNAS MANIFESTACIONES DE LA HOMOFOBIA

Ahora bien, es importante hacer la distinción entre una homofobia abierta, que persigue y agrede a los homosexuales con violencia, insultos y burlas, y otra mucho más difícil de percibir porque consiste en una *omisión:* la que priva a la gente gay de derechos, espacios y legitimidad social.

La orientación sexual sigue siendo pretexto para privar a los homosexuales de toda clase de derechos jurídicos, laborales y fiscales, y de una serie de garantías que la población heterosexual da por sentadas. Esta *homofobia negativa* restringe el acceso de los homosexuales a ciertas profesiones (como la enseñanza); les impide heredar de su pareja o tomar decisiones cuando ésta tiene alguna emergencia médica; limita su derecho a la patria potestad y la adopción; los inhabilita para membresías, ofertas y servicios para parejas, etcétera.

Pero aun cuando se "acepte" a un homosexual, en muchas ocasiones su familia y amistades heterosexuales no lo reconocen como un ser plenamente adulto. Si se enamora, no es en serio; su pareja no es una "verdadera" pareja; su familia de elección no cuenta como auténtica familia.[9] Los homosexuales juegan a la casita, pero su hogar no goza del reconocimiento social que tiene el de un matrimonio con hijos. Por exitosos que sean en su trabajo, éste no deja de ser una especie de *divertimento* comparado con el de los heterosexuales, que sí tienen que laborar en serio para mantener a sus hijos. Casi todo cuanto hagan los homosexuales tiene, para los heterosexuales, cierta connotación de frivolidad e inmadurez, como si fueran menores de edad permanentes. Se trata de una forma de homofobia muy sutil que poca gente registra, pero que se puede distinguir perfectamente en la siguiente fórmula, clásica, acerca de la homosexualidad: ahí donde los

---

[8] Harris Interactive y GLSEN, *From Teasing to Torment: School Climate in America, A Survey of Students and Teachers.*

[9] La familia de elección consiste en el grupo de amigos que casi todos los homosexuales han "adoptado" como familia sustituta, con quienes realmente cuentan y con quienes comparten su vida cotidiana cuando no existe un real apoyo o interés por parte de su familia biológica. El término surgió en los años ochenta, durante la hecatombe del sida, cuando muchos homosexuales descubrieron que no podían contar con sus familias de origen y empezaron a organizarse entre ellos, formando redes de apoyo basadas en la amistad y la solidaridad.

heterosexuales tienen una vida, los homosexuales tienen un *estilo de vida.*

Otra manifestación sutil de la homofobia es la descalificación de la gente que se ha dedicado a estudiar, investigar o apoyar a los homosexuales, y que casi siempre (con o sin razón) es vista como homosexual. Aquí opera el triple presupuesto de que cualquier persona interesada en el tema es homosexual, y de que su trabajo obedece en realidad a criterios interesados; por lo tanto, su trabajo no es imparcial, no es objetivo y no vale nada. Así, por ejemplo, una organización cristiana dedicada a "curar" la homosexualidad asegura que toda la investigación sobre el posible carácter congénito de la homosexualidad es falsa. Asevera: "Muchos de los estudios científicos que esgrime tienen graves fallas metodológicas. Son hechos por investigadores gays."[10] Este tipo de razonamiento equivale a descalificar de entrada casi toda la investigación científica sobre el tema de la homosexualidad, y es una de las armas más eficaces de la homofobia actual.

Otro tipo de homofobia consiste en una serie de estereotipos (jocosamente cultivados por los medios masivos) que son sumamente dañinos y casi siempre falsos. Los clichés acerca de la inestabilidad emocional, los celos, la violencia pasional, las adicciones y la paidofilia están profundamente arraigados en el imaginario social, a pesar de la facilidad con la que se derrumban cuando uno analiza las estadísticas al respecto. Todos estos elementos están igualmente presentes en la población heterosexual y a nadie se le ocurre atribuirlos a la heterosexualidad, pero cuando se dan entre los homosexuales suelen atribuirse a su orientación. En esta visión, el pederasta, el asesino en serie, el alcohólico homosexual, lo son por homosexuales. Y es en esta asociación automática, irreflexiva, donde reside una de las formas más perniciosas de la homofobia.

Otra expresión de la homofobia consiste en una visión reduccionista de los homosexuales, en la cual su sexualidad se vuelve su atributo central, su característica más importante. Es lo primero que se menciona cuando se habla de un homosexual: la gente suele hablar de "Juan Pérez, que por cierto es gay", o "el gran pintor gay fulano de tal". Vemos aquí una diferencia de trato: a los heterosexuales no se los etiqueta de esa manera. Su vida íntima se considera privada y generalmente no afecta su reputación social o profesional, aunque sean adúlteros, promiscuos o emocionalmente inestables.

Además, la homofobia tiende a juntar a hombres y mujeres homosexuales en una misma categoría, olvidando que las mujeres, independientemente de su orientación sexual, son mucho menos propensas a la promiscuidad, la violencia o el abuso sexual que los hombres en general. Aquí la homofobia

---

[10] "¿Pueden cambiar los homosexuales?", en www.exoduslatinoamerica.org.

consiste en enfocar la orientación sexual en lugar del género, criterio determinante cuando examinamos las conductas de varones gays y de lesbianas. Los hombres homosexuales son mucho más similares a los heterosexuales que a las lesbianas, porque a fin de cuentas siguen siendo hombres; y estas últimas se parecen mucho más a las mujeres heterosexuales que a los varones gays, porque siguen perteneciendo al género femenino.

Cuando un hombre gay viola a un niño, tiene más que ver con su género que con su orientación sexual; en cambio, como regla general, las lesbianas no violan a las niñas, como tampoco las mujeres heterosexuales violan a los niños. Los géneros se mantienen intactos en la homosexualidad, igual que en la heterosexualidad. Las lesbianas siguen siendo mujeres, los hombres gays siguen siendo hombres. Pero, gracias a una serie de viejos mitos que han sido totalmente desacreditados por la ciencia, la mayoría de la gente sigue pensando que los homosexuales están confundidos en su identidad de género y que son, por ende, todos iguales. Esta simplificación sirve para mantener la homofobia.

HOMOFOBIA Y SALUD PÚBLICA

Desde la hecatombe del sida, hace ya más de veinte años, surgió otra manifestación de la homofobia: la asociación irreflexiva entre este síndrome y la homosexualidad. Si bien es cierto que los bares y baños gays, en Estados Unidos y Europa, trataron de ocultar el problema y en un principio se rehusaron a difundir información sobre el sida y su prevención, también es verdad que los medios masivos y los gobiernos castigaron duramente a la población homosexual por una enfermedad que también se propaga por la prostitución heterosexual, el abuso de drogas inyectables y la transfusión sanguínea. Una prueba de la homofobia en torno al sida fue, durante años, que se lo asociaba incluso a la homosexualidad femenina, aunque las lesbianas sean la población menos susceptible de contraer ésta y otras enfermedades de transmisión sexual. Hoy existe una visión más equilibrada, en gran parte gracias a los esfuerzos de las comunidades gays en los años ochenta y noventa y a un conocimiento más preciso de la propagación del VIH. Sin embargo, la asociación entre sida y homosexualidad quedó inscrita en el imaginario social como una justificación más de la homofobia.

La consecuencia más lamentable de todo esto es que muchísimos hombres, tanto heterosexuales como homosexuales, se nieguen a considerarse susceptibles, rechacen toda información al respecto, se rehúsen a hacerse análisis y piensen que no tienen por qué cuidarse. El estigma homofóbico del VIH ha sido uno de los obstáculos más serios en las campañas contra el sida. El machismo también ha tenido aquí su papel, por supuesto, incluso entre los propios homosexuales, sobre todo jóvenes, que se permiten prácticas inseguras con tal de demostrar que no le temen a nada ni a nadie.

Por otra parte, he conocido a muchos hombres que tienen prácticas sexuales de alto riesgo (con sexoservidores masculinos o femeninos y sin condón) que sospechan que podrían haberse infectado, pero se niegan a consultar a un médico o a hacerse análisis por temor a ser vistos como homosexuales.

IGLESIAS Y TERAPIAS QUE "CURAN" LA HOMOSEXUALIDAD: EL MOVIMIENTO EX GAY

En años recientes, paralelamente al auge de la derecha evangélica fundamentalista en Estados Unidos, ha surgido todo un movimiento social y religioso dedicado a "curar" o "convertir" a los homosexuales. También conocido como el movimiento ex gay, incluye a iglesias, clínicas y asociaciones privadas, sobre todo en Estados Unidos pero también en países como Canadá y Suecia.

Una de las principales asociaciones ex gay en el mundo es Exodus International, organización cristiana "dedicada a proveer herramientas para comunicar efectivamente el mensaje de liberación de la homosexualidad a través del poder transformador de Jesucristo".[11] Con más de 150 sucursales en 17 países, Exodus apoya a los homosexuales que quieren cambiar y a sus familias, publica testimonios, organiza reuniones, etc. En su página web, uno puede incluso pedir a los miembros de Exodus que recen por él.

Todas las organizaciones dedicadas a "curar" la homosexualidad comparten ciertas convicciones. La primera, por supuesto, es que la homosexualidad es intrínsecamente patológica, pecaminosa, peligrosa e indeseable. La segunda es que no es innata: la gente no nace, sino que *se hace* gay. La tercera es que el homosexual "escoge" serlo; y si esto es así, está claro que también puede dejar de serlo. Con psicoterapia y lecturas, arrepentimiento y oraciones, fuerza de voluntad y apoyo familiar y comunitario, uno puede "curarse".[12]

Ahora bien, diversas organizaciones han manejado diferentes definiciones de lo que significa la supuesta curación. Algunos de los criterios son: eliminación de conductas y deseos homosexuales (sin necesariamente vol-

---

[11] Cita tomada de su página en internet, www.exoduslatinoamerica.org.
[12] Unos treinta estudios sobre la posibilidad de "curar" la homosexualidad han sido recopilados por la asociación cristiana canadiense New Direction, y se pueden consultar, a pesar de su presentación un tanto tendenciosa, en su página www.newdirection.ca.

verse heterosexual), adquisición de conductas y deseos heterosexuales (sin dejar de tener deseos homosexuales), o bien lo idóneo, el viraje completo de homosexualidad a heterosexualidad. Este último objetivo fue definido de una manera muy detallada en un estudio de 2001 sobre un grupo de personas que, con tratamiento, habían "cambiado" de orientación sexual.[13] El autor de la investigación, Robert L. Spitzer, escogió los siguientes criterios para definir el "éxito": llevar por lo menos cinco años de vida heterosexual, consistente en tener relaciones sexuales con una persona del otro sexo por lo menos varias veces al mes; que estas relaciones fueran satisfactorias y no estuvieran acompañadas de fantasías homosexuales, y que existiera desde por lo menos un año atrás una relación amorosa heterosexual. Muy atinadamente, Spitzer quiso tomar en cuenta no sólo los actos, sino también los sentimientos, la satisfacción sexual, la fantasía y la convivencia real.[14]

Spitzer encontró a 200 personas que cumplían con estos requisitos después de haber estado en tratamiento años antes; entre ellas, 20 habían sido totalmente homosexuales (afectiva y sexualmente) y ahora estaban en relaciones heterosexuales satisfactorias. La mayoría reportaron haber sido antes "predominantemente" homosexuales, y ser ahora "predominantemente" heterosexuales y estar satisfechos con el cambio; en el momento de la entrevista, una mayoría estaban casados. Spitzer concluyó que para algunos homosexuales es posible cambiar de orientación sexual, aunque en su muestra sólo 11% de los hombres y 37% de las mujeres reportaron un cambio completo y pudieron eliminar totalmente sus deseos y fantasías homosexuales.

Los críticos del estudio han señalado algunas limitaciones. La investigación se basó enteramente en lo que reportaron los participantes, sin verificación externa. Todos ellos fueron voluntarios: no fueron escogidas al azar personas que hubieran pasado por una terapia de conversión. Las entrevistas se llevaron a cabo por teléfono y duraron sólo 45 minutos. Además, los participantes tenían razones poderosas, sobre todo de orden religioso, para dar fe de su cambio: 93% dijeron que sus creencias religiosas eran "extre-

---

[13] Robert L. Spitzer, ponencia en la convención anual de la American Psychiatric Association, Nueva Orleans, 9 de mayo de 2001. Publicado subsecuentemente en *Archives of Sexual Behavior*, vol. 32, no. 5, pp. 403-417, octubre de 2003. El psiquiatra Robert Spitzer fue en 1973 uno de los más destacados partidarios de eliminar la homosexualidad de la lista de patologías mentales de la American Psychiatric Association. Su estudio de 2001 ha sido ferozmente atacado por los activistas gays a pesar de su indudable interés.

[14] Una síntesis bastante imparcial del estudio se puede consultar en www.narth.com. NARTH (National Association for Research and Therapy on Homosexuality) es una asociación, ubicada en California, de investigadores y profesionales de la salud mental (evidentemente heterosexuales) que se dedican a tratar la homosexualidad no deseada. Véase su página web en www.narth.com.

madamente" importantes; 79% dijeron que la homosexualidad estaba en conflicto con su religión, y 78% se habían expresado públicamente a favor de la terapia de conversión. O sea, una gran mayoría de ellos tenían motivos muy fuertes para demostrar que la terapia de conversión había sido exitosa y que ya llevaban una vida heterosexual feliz. Las condiciones de la investigación no permitieron dilucidar hasta qué punto los participantes estaban diciendo la verdad, o mintiendo, exagerando o distorsionando su descripción de sí mismos.

Argumentos contra el movimiento ex gay

En primer lugar, la premisa fundamental de toda terapia de conversión es falsa. Hace ya más de treinta años que los especialistas en el tema —y no sólo los activistas gays— llegaron a la conclusión, después de mucho estudio, de que la homosexualidad no es una patología, ni física ni mental. En palabras de la American Psychological Association: "La realidad es que la homosexualidad no es una enfermedad. No requiere tratamiento, y no se puede cambiar".[15] Esta posición es compartida por la American Psychiatric Association,[16] la Organización Mundial de la Salud y prácticamente todas las asociaciones profesionales de salud mental del mundo entero.

En segundo lugar, todo esfuerzo por cambiar la orientación sexual de una persona, incluso con su anuencia, puede causarle daño. Si ya de por sí está llena de odio y rechazo a sí misma, como indica el hecho de que busque tratamiento, cuánto peor no podrá sentirse cuando se dé cuenta de que ni los supuestos especialistas pudieron "curarla". Se sentirá ya no sólo culpable, sino desahuciada. No es casual que diversas asociaciones profesionales hayan observado un alto riesgo de ansiedad, depresión y suicidio en quienes han buscado ayuda "especializada" para cambiar su orientación sexual.

Otro error del movimiento ex gay es considerar que la homosexualidad es ante todo una conducta y que, por ende, puede controlarse. Esta falacia se entiende cuando se suscribe la idea del pecado; en efecto, para la Iglesia católica, por ejemplo, la homosexualidad es un pecado sólo cuando se lleva a los actos. Los sentimientos son lo de menos. Como el movimiento ex gay es fundamentalmente religioso, lo que le importa son los actos.

---

[15] Véase la posición de la APA sobre la homosexualidad (en español) en www.apa.org/topics/sbehaviorsub2.html.

[16] Véase www.healthyminds.org/glbissues.cfm.

En cambio, para la psicología moderna la homosexualidad no es algo que uno hace, sino algo que uno es. Los estudiosos actuales del tema consideran la homosexualidad como un rasgo parecido al de ser zurdo, es decir, algo que no está dentro del control de uno mismo. Además, la psicología incluye en su concepto de la homosexualidad cosas tan intangibles como la atracción, el enamoramiento, el deseo y las fantasías, no sólo los actos.

Pero claro, definir la homosexualidad como una serie de conductas facilita la tarea de eliminarla, dado que la gente en general sí puede controlar sus actos. Lo difícil es el deseo, las fantasías y los sentimientos, y es ahí donde suelen fracasar las terapias de conversión. Los homosexuales altamente motivados pueden tener relaciones heterosexuales, pueden casarse y tener hijos; pero, como demostró el estudio de Spitzer, la gran mayoría seguirán teniendo deseos, fantasías y sentimientos homosexuales que algún día les volverán a causar conflicto.

La mejor prueba de ello está precisamente en la historia de algunos dirigentes de este movimiento. Casi todas las asociaciones ex gay fueron fundadas y han sido dirigidas por personas que antes eran homosexuales y que tienen muchos buenos motivos para ya no serlo: su reputación, su honor y hasta su empleo en muchos casos dependen de su supuesta heterosexualidad. Aun así, varios líderes del movimiento han mentido, han llevado vidas dobles o han desertado; la historia reciente del movimiento ex gay está llena de escándalos y corruptelas, como el bochornoso episodio de un líder muy conocido que fue fotografiado tratando de ligar en un bar gay.

Finalmente, el surgimiento de nuevas formas de "curar" la homosexualidad, después de tantos fracasos en el siglo pasado (tratamientos hormonales, castraciones quirúrgicas y químicas, condicionamientos aversivos, hipnosis y psicoanálisis, entre otros), no puede más que atraer la atención. ¿Por qué otra vez, después de tanto tiempo? ¿Por qué ahora, por qué en Estados Unidos?

Para entenderlo es indispensable ver más allá del debate teórico sobre si se puede o no cambiar la orientación sexual. El movimiento ex gay no es meramente una empresa terapéutica: es la nueva cara de la homofobia militante que siempre ha caracterizado a la derecha, y a la derecha cristiana en particular. Conforme la opinión pública se ha pronunciado cada vez más a favor de la igualdad de derechos para los homosexuales, la derecha ha tenido que darle a su homofobia una cara más amigable, de aparente tolerancia. Entonces, en lugar de predicar el rechazo, ahora se dedica a la salvación. En vez de condenar a los homosexuales a la hoguera, les tiende la mano. En lugar de aventarles la Biblia, reza por ellos. Y por debajo del agua mantiene su lucha de siempre contra la libertad, la diversidad y la igualdad de derechos.

Las implicaciones de ver la homosexualidad como algo voluntario, que uno puede cambiar si hace un esfuerzo, son sumamente preocupantes. Como veremos más adelante, en Estados Unidos se estipula que existe discriminación sólo cuando se priva de derechos a una persona por algún rasgo *con el cual nació* o que *no pueda cambiar.* Según esta definición legal, si es posible cambiar la orientación sexual, entonces los homosexuales no son objeto de discriminación y en consecuencia no necesitan ninguna protección especial ni legislación que salvaguarde sus derechos. Es decir, nada de matrimonio gay, ni de leyes contra los crímenes homofóbicos, ni de apoyos contra la discriminación. Si esto suena un poco exagerado, es importante notar que la derecha cristiana ya está usando estos argumentos en diversos estados norteamericanos para combatir cualquier "derecho especial" de los homosexuales, incluyendo las leyes antidiscriminación.

Algunas reflexiones finales

Me parece tan importante el tema del movimiento ex gay que no quisiera pasar a lo siguiente sin haber expresado una opinión personal al respecto. El hecho de que algunos homosexuales puedan "cambiar" de orientación sexual, es decir, reprimir sus deseos y sentimientos naturales para llevar una vida heterosexual, no me parece nada del otro mundo ni creo que demuestre nada. El planeta está lleno de gente que ha decidido vivir de esa manera. Es más, así es como se vivió la homosexualidad durante siglos.

He conocido a docenas de personas que, siendo homosexuales en sus atracciones tanto afectivas como sexuales, han decidido renunciar a su orientación natural para cumplir con lo que consideran sus obligaciones familiares, sociales y religiosas. Sé que es posible, y sé que algunas de ellas incluso han encontrado la felicidad, o por lo menos la paz.

Lo preocupante es el precio de tal renuncia. Desde Freud conocemos los costos para una persona de ir en contra de sus impulsos sexuales; la era victoriana en la que él vivió estaba repleta de amores frustrados, matrimonios forzados y embarazos no deseados, impuestos por la sociedad. Gran parte de la psicopatología que él observó (sobre todo en las mujeres) se debía precisamente a la renuncia obligada de una vida sexual y amorosa feliz, y él mismo siempre criticó las convenciones sociales que condenaban a tanta gente a la desdicha.

Uno no vive impunemente en contra de su propia naturaleza. Que ésta sea de origen genético, o no, es irrelevante. Así como cada persona tiene una constitución física con sus fortalezas y debilidades, un carácter más o menos invariable, y ciertos talentos, necesidades y deseos que le son propios, la vasta mayoría de la gente tiene una orientación sexual que le es intrínseca y que por tanto forma parte de su naturaleza más profunda.

Claro que uno puede luchar contra ella, igual que uno puede luchar contra la necesidad de dormir ocho horas al día. De hecho, hay muchísima gente que castiga su cuerpo privándolo del sueño o de la alimentación que necesita. Hay gente que vive así durante décadas enteras, pero siempre acaba pagando un precio.

En lo que respecta a la orientación sexual, ese precio no sólo lo pagan los individuos que hayan tomado el camino de la renuncia, sino también sus cónyuges e hijos: en algún momento y de alguna manera, siempre acaban pagando también ellos. Las personas que he conocido en esta situación no sólo han tenido que luchar constantemente en contra de sus propios deseos, sino que en muchos casos han transmitido sus carencias, su frustración o infelicidad a sus prójimos.

Pero quizá el argumento más poderoso en contra de la "conversión" a la heterosexualidad sea lo que esas mismas personas dicen, no después de cinco años como en el estudio de Spitzer, sino después de veinte, treinta, cuarenta o cincuenta años de vida heterosexual, aun cuando ésta haya sido "feliz". Todas las personas que han renunciado a su homosexualidad y que yo he conocido me han dicho, sin excepción, que si fueran jóvenes hoy, con la libertad que existe, no lo volverían a hacer.

LA VICTIMIZACIÓN

Vemos así cómo la homofobia sigue renovándose bajo la forma de terapias espurias y movimientos evangélicos. Pero a fin de cuentas, es posible que la peor homofobia de todas sea la internalizada: la autodevaluación, la sensación de estar siempre excluido o en desventaja, la desconfianza, el temor a ser descubierto, la represión sistemática de los deseos y los sentimientos, la sobrecompensación en otras áreas, todos ellos problemas propios de la experiencia homosexual hasta ahora.

El nuevo problema hoy es que se está produciendo un desfase entre la discriminación real, que en el mundo occidental está disminuyendo, y la homofobia internalizada, mucho más resistente al cambio. Esto se puede entender históricamente: la homofobia social, milenaria, tenía que dejar huellas perdurables en el ámbito interno. Sin embargo, no podemos negar los avances objetivos en la situación de los homosexuales hoy día, sobre todo en los grandes centros urbanos. Ya no es tan común como antes que la gente gay sea maltratada, rechazada por su familia, despedida de su empleo, condenada a una vida solitaria y miserable. Ahora sobran lo ejemplos de homosexuales felices y exitosos, aceptados por su familia, con relaciones de pareja satisfactorias, largas y estables. En un país como México podemos observar sin duda muchísimos ejemplos positivos que nos demuestran una plena integración familiar, social y profesional.

Sin embargo, en muchas personas se percibe cierta persistencia del temor y la desconfianza, un extra que ya no corresponde a su situación real. Y es por ello, creo, que muchos homosexuales siguen adoptando una actitud de víctimas, aunque ya nadie los esté persiguiendo y a nadie le importe que sean gays. Pero la victimización tiene sus ventajas. Desde Freud, sabemos que el papel de víctima siempre tiene sus beneficios secundarios, generalmente inconscientes. ¿Cuáles son, para muchos homosexuales de hoy, esos beneficios?

En primer lugar, el hacerse interesantes. La homosexualidad abierta sigue siendo una novedad para mucha gente. Sienten cierta curiosidad, por no decir morbo, de la cual algunos homosexuales se aprovechan para exponer, con lujo de detalle, cómo han sufrido en la vida. Esto lo vemos muy a menudo en la televisión, cuyos programas sobre la homosexualidad presentan siempre a individuos (por lo demás perfectamente integrados) que ofrecen extensas narraciones de todo lo que sufrieron en su infancia o adolescencia hace décadas.

Es cierto, en segundo lugar, que los medios masivos buscan y cultivan este tipo de lamentación perpetua. Lo que interesa al público es el homosexual infeliz, porque esto ratifica todos sus prejuicios al respecto. La homofobia se alimenta con avidez de la desgracia de los homosexuales, y tanto los medios masivos como muchas personas gays están perfectamente dispuestos a representar una vez más el melodrama de la homosexualidad, tan apreciado por el público.

En tercer lugar, para algunas personas la victimización representa un pretexto para no privarse de nada: "He sufrido tanto, que me lo merezco todo". He observado esto sobre todo en hombres que han pasado muchos años en el clóset, o que han vivido como heterosexuales, cuando deciden que ya es hora de salir de ahí y vivir plenamente su homosexualidad. Entonces sus privaciones de antes se vuelven un pretexto para lanzarse a excesos de todo tipo, con lo cual no habría problema si no dañaran, como a menudo sucede, a sus cónyuges o familias de antes.

Finalmente, la victimización sirve para evadir la responsabilidad personal. Muchos homosexuales creen que todos sus problemas se derivan de su orientación, aunque en realidad no tengan nada que ver. Si tienen dificultades familiares, laborales, económicas o de pareja, las atribuyen a la discriminación. Si no tienen éxito, si no se llevan con sus hermanos, si no son felices en la vida, es porque no son aceptados, por la homofobia. Resulta más fácil echarle la culpa a esta última que resolver sus problemas reales. Es lamentable, y paradójico, que la homosexualidad se vuelva así un chivo expiatorio *para la misma gente gay*. Muchos homosexuales siguen viviendo su orientación como una injusticia, aunque lleven una vida plena y satisfactoria. Es difícil liberarse de la homofobia, tanto interna como externa, y renunciar a sus beneficios secundarios, por costosos que sean.

Las aparentes contradicciones que hemos descrito aquí, entre la creciente "normalización" de la homosexualidad y la victimización persistente de muchos homosexuales, no tienen por qué sorprendernos: corresponden a una fase de transición. Además, como veremos a continuación, el concepto mismo de la discriminación homofóbica es mucho más complejo de lo que parece, y también está en plena transformación.

EL DEBATE ACTUAL SOBRE LA DISCRIMINACIÓN

En Estados Unidos, las controversias legales alrededor de la discriminación homofóbica se han basado en la legislación contra el racismo. Según las leyes derivadas del movimiento antisegregacionista desde los años cincuenta, existe discriminación cuando a una persona se la priva de los derechos y las garantías universales por algún rasgo *con el cual nació,* o *que no pueda cambiar.* En esta lógica, tanto las mujeres como las personas con capacidades diferentes, diversos grupos étnicos y los homosexuales han intentado demostrar en las cortes que son discriminados no por algo que *hayan hecho,* sino por *lo que son.* Ésta es la premisa central de la lucha contra la discriminación, pero plantea dos grandes problemas para los homosexuales.

En primer lugar, nadie ha podido probar hasta ahora que la homosexualidad sea una condición congénita, es decir, que las personas homosexuales nazcan así. Tampoco está demostrado que no puedan cambiar. Es más, los casos cada vez más frecuentes de cambio de orientación sexual (en los dos sentidos) podrían servir para argumentar lo opuesto. Aquí vemos por qué es tan importante, por lo menos en Estados Unidos, el debate sobre las posibles causas de la homosexualidad.

En general, los conservadores sostienen que sí se puede cambiar la orientación sexual, y que se trata por tanto de una "preferencia", mientras que los grupos pro gays suelen mantener que la homosexualidad es una condición innata e inmutable. Lo que está en juego no es meramente una cuestión teórica, sino la defensa de los derechos civiles plenos para los homosexuales. El debate sigue abierto, tanto en la opinión pública como en las cortes.

Podría decirse, hasta cierto punto, que se trata de un debate falaz. El que la homosexualidad sea congénita o no, es, desde el punto de vista de los derechos humanos, irrelevante fuera del contexto de la legislación norteamericana. Que sea una condición innata o una elección no debería afectar el derecho de los homosexuales a ser respetados. Lo anterior es un dilema interesante que nos muestra el estado actual del debate jurídico en Estados Unidos, pero sus términos no son necesariamente aplicables a otros países. La orientación sexual, desde el punto de vista de los derechos humanos, no debe ser causa de discriminación, sea cual sea su origen.

Sin embargo, hay otro problema: los homosexuales no son como las demás minorías discriminadas. Las mujeres, las minorías raciales, la gente con capacidades diferentes, no pueden ocultar la condición por la cual reciben un trato discriminatorio. Los homosexuales, sí. Como lo plantea brillantemente Kenji Yoshino,[17] profesor de leyes de la Universidad de Yale, una mujer no puede aparentar ser otra cosa, pero un homosexual sí puede ocultar su orientación sexual. Puede simular ser heterosexual o bien, sin ocultar su orientación, minimizarla: por ejemplo, nunca mencionar a su pareja ni incluirla en sus actividades sociales. En una palabra, puede asimilarse a la sociedad heterosexual mayoritaria y "pasar" por heterosexual.

Cuando esto sucede, pregunta Yoshino, ¿se trata de una asimilación libremente decidida? ¿No será que, en muchos casos, la asimilación es más bien el resultado de una coerción social? Si es así, la asimilación puede no ser más que el otro lado de la moneda de la discriminación. Cuando la gente de cualquier minoría se asimila para no ser discriminada, esta asimilación equivale a una forma más de discriminación. Los homosexuales "evidentes" siguen siendo objeto de homofobia. En cambio, los homosexuales que adoptan las apariencias o el estilo de vida heterosexual son aceptados, lo cual implica, paradójicamente, que la ley antidiscriminación protege sólo a los homosexuales que no se asimilan. Y esto va en contra del objetivo de la legislación, que es lograr una mayor integración social.

Según Yoshino, los homosexuales se encuentran en la misma situación que algunas minorías religiosas, por ejemplo los judíos que en diferentes momentos históricos se han visto presionados, por ley o por conveniencia, a convertirse al cristianismo. En el caso de los homosexuales, podemos observar que, conforme va cediendo la homofobia abierta, aumenta la presión social hacia la asimilación. Esta presión esencialmente discriminatoria se añade a la tendencia homogeneizadora del consumismo, abordada en el capítulo 2. Todo ello apunta hacia una mayor integración, pero con costos muy altos para la identidad y la cultura gays, que siempre se han basado en la diferencia: en una marginación, si no escogida, por lo menos asumida.

Pero la asimilación siempre tendrá un límite: los homosexuales, por aceptados que sean, nunca pasarán de ser una muy pequeña minoría. La pregunta que debemos hacernos no es, por tanto, qué más pueden hacer los homosexuales para ser aceptados, sino qué debe cambiar en la sociedad

---

[17] Kenji Yoshino, "Covering".

mayoritaria para que se acepte mejor la diversidad en todas sus expresiones. No basta con que las minorías adopten las normas y el estilo de vida de la mayoría: lo que se requiere es que ésta se vuelva más abierta e incluyente. Después de todo, la meta no es que todo el mundo se vuelva igual, sino que todo el mundo pueda ser diferente. A fin de cuentas, lo deseable es que todos podamos ser diferentes, pero equivalentes frente a las leyes, las libertades, las obligaciones y los derechos.

COMBATIR LA HOMOFOBIA

Cada vez más, los Estados están asumiendo la responsabilidad de combatir la homofobia. Existen muchas maneras de hacerlo: introducir legislación contra los crímenes de odio y la discriminación, brindar a las personas y parejas homosexuales los mismos derechos que a las heterosexuales, establecer instituciones que den servicios y apoyo a las minorías sexuales, prohibir la homofobia en los medios, asegurar que las asociaciones gays y de derechos humanos tengan voz y voto en estas y demás políticas relevantes, etcétera.

Pero quizá lo más importante sea la escuela. Es absolutamente necesario inculcar en los niños la comprensión y el respeto de las orientaciones sexuales minoritarias. Muchos padres de familia y maestros piensan que esto podría "corromper" a los menores de edad, pero está comprobado que ningún alumno heterosexual va a cambiar de orientación sólo por conocer otras formas de sexualidad.[18] Aplica aquí el mismo principio que en la enseñanza de las religiones: el hecho de que los alumnos conozcan otras religiones distintas de la suya es absolutamente indispensable hoy en día, pero de ninguna manera significa que se vayan a convertir a ellas.

Al hablar de la escuela no me estoy refiriendo sólo al contenido curricular, que evidentemente debe incluir elementos de la historia, la psicología y la sociología de la homosexualidad. Es necesario además que existan en los centros de enseñanza espacios de reunión, clubes y actividades para los jóvenes gays y bisexuales, como los hay para los heterosexuales, y esto por varias razones.

En primer lugar, los jóvenes minoritarios deben poder pertenecer a un grupo de pares para evitar el aislamiento, que siempre ha sido su peor enemigo. En segundo lugar, ofrecerles un sitio seguro en la escuela, con ac-

---

[18] Lo sabemos porque ya existen docenas de estudios longitudinales que han seguido la evolución de niños criados por padres homosexuales y que han crecido en un ambiente preponderantemente gay; como vimos en el capítulo 4, no es mayor en ellos el índice de homosexualidad que en los niños criados en un entorno heterosexual.

tividades sociales, deportivas y artísticas organizadas, será la mejor manera de evitar que pasen su tiempo libre en los bares o en la calle, con todos los riesgos que ahí los esperan. Que quede claro: *privar a los jóvenes gays de espacios sanos en la escuela equivale a mandarlos a los bares.* En tercer lugar, es importante que los jóvenes gays y bisexuales tengan sus propias asociaciones para ganarse el respeto de sus pares heterosexuales. El blanco más vulnerable siempre será la persona que los demás perciban como sola e indefensa. La unión hace la fuerza, y si ésa es la única manera de imponer el respeto y prevenir las agresiones homofóbicas, que así sea. Finalmente, es muy importante que los jóvenes en general conozcan, desde temprana edad, a personas diferentes de todo tipo: de distintos colores, clases, creencias y orientaciones sexuales, para combatir todas las formas de prejuicio y exclusión que hoy dañan tanto a la sociedad.

Una fórmula que ha resultado sumamente eficaz en Estados Unidos para combatir la homofobia en las escuelas han sido las *gay-straight alliances* (GSA, alianzas gay-heterosexual). Se trata de clubes fundados por alumnos de secundaria y preparatoria homosexuales y heterosexuales, con el apoyo de las autoridades escolares, para promover la convivencia y el respeto mutuo. Las GSA deben registrarse en el Gay Lesbian Straight Education Network (GLSEN), una organización nacional de educadores, para obtener asesoría, materiales didácticos y apoyo.[19] Las GSA han tenido un enorme éxito: si en 1997 las había en cien escuelas, hoy están presentes en al menos tres mil, o sea en uno de cada diez planteles. Diariamente se fundan tres GSA nuevas.

Los resultados: según diversas encuestas,[20] en las escuelas donde existen contenidos curriculares a favor de la diversidad y donde se han establecido GSA, los alumnos homosexuales y bisexuales reportan menos hostigamiento y mejoran sus calificaciones. Pero esto tiene también un efecto positivo sobre los demás alumnos, porque cuando hay menos agresiones por la orientación sexual también las hay menos por el género y la apariencia física. O sea, cuando se detiene el maltrato a los gays, también disminuye la agresión contra las niñas, los gordos, los feos, los discapacitados. Cuando se combate la homofobia, todos ganan.

[19] Para más información sobre el Gay Lesbian Straight Education Network, véase www.glsen.org.

[20] Por ejemplo, véase Harris Interactive y GLSEN, *From Teasing to Torment: School Climate in America, A Survey of Students and Teachers.*

CAPÍTULO 6

EL LARGO PLAZO: UNA PAREJA GAY

En este capítulo presentaré una entrevista sostenida en abril de 2005 con una pareja de hombres de alrededor de cincuenta años de edad, que llevan diecinueve años de relación y catorce de convivencia. No se puede decir que sea una pareja "típica" porque en la homosexualidad, sobre todo masculina, no existe tal cosa; antes bien observamos una enorme variedad de tipos de relación. Hay hombres que viven juntos o separados; pueden mantener relaciones abiertas o cerradas, o ir cambiando de modalidad según sus necesidades; en algunas parejas observamos roles de género y en otras no. Como no existen modelos que emular ni reglas del juego preestablecidas, cada pareja tiene que inventar, prácticamente desde cero, sus propias reglas, y renegociarlas periódicamente con el paso del tiempo.

Además de ser "atípica" en este sentido, la pareja de Martín y Enrique es excepcional por tratarse de dos hombres con estudios superiores, con una buena capacidad de introspección y comunicación, y además exitosos en su trabajo de escribir conjuntamente guiones de televisión. Todo ello les ha permitido resolver sus diferencias de una manera abierta y creativa, e irse adaptando a sus deseos y necesidades cambiantes para formar una pareja estable, a la vez sólida y flexible, que ambos consideran definitiva.

He dividido la entrevista en secciones temáticas, seguidas por algunas reflexiones; he editado la transcripción de la entrevista únicamente para pulir el estilo y evitar repeticiones.

LAS EXPECTATIVAS

MARINA: ¿Ustedes imaginaban que iban a tener una relación gay de casi veinte años?

MARTÍN: No. Una de las ideas que tiene uno, muy joven, cuando se descubre gay, es pensar en la soledad, en una sucesión de relaciones casuales con desconocidos. Esto cambió cuando descubrí que había gente gay con la que no sólo se podía tener sexo, sino también hablar; cuando vi que había otros profesionistas y me di cuenta de que no sólo es el sexo, sino que existe la posibilidad de otro tipo de relación. Con Enrique, al principio fue difícil. Él luchaba contra la homosexualidad, hablaba de rehabilitarse, y entonces todo parecía muy precario. Poco a poco se fue dando la convivencia, una relación de amistad, de trabajo, de amor, y de pronto pasaron los años. Pero no fue un objetivo.

ENRIQUE: Yo tenía objetivos muy distintos. Pensaba que la homosexualidad era una enfermedad, que se curaba yendo con terapeutas. Estuve con conductistas y con un psicoanalista durante años. Mi meta era cambiar. Claro, mientras me curaba me la pasé en la cogedera, tampoco me voy a hacer tonto. Pensaba: "Es sólo una etapa, pero mientras, me divierto". De hecho, tuve dos novias, una de las cuales gracias a Dios rehusó casarse conmigo. De no ser así, a los veintiocho años me habría casado con ella, y no estaríamos sentados aquí.

Yo me consideraba bisexual. Las dos mujeres con quienes anduve sabían que yo tenía un lado homosexual, aunque tenía con ellas relaciones sexuales placenteras. Pero siempre siguieron gustándome los hombres. Mientras estuve con Mónica nunca le fui infiel con otras mujeres, pero sí con hombres. Yo la quería, pero por lo mismo siempre fui honesto con ella, le dije que estaba en tratamiento, y ella tomó la decisión muy acertada de no casarse conmigo.

Claro, esas dos relaciones las tuve antes de conocer a Martín en la universidad. Yo estaba en el clóset, él no. Me abrí con él, le propuse que saliéramos a un bar gay, y así empezamos.

MARTÍN (riéndose): A mucha gente le parece escandaloso que nos hayamos acostado desde la primera noche. Pero los bugas[1] lo harían si pudieran. Ellos tienen que pasar por todo un proceso muy largo y de mucho dinero antes de poder ir a la cama. Ésa es una ventaja que tenemos los gays.

ENRIQUE: Me enamoré perdidamente de Martín. Yo nunca me había enamorado de nadie. En ese momento pude comparar lo que eran mis dos relaciones con mujeres y la diferencia con Martín. Era amor de a de veras, donde entendí por primera vez lo que era hacer el amor con alguien a quien se ama. Era una relación plena. Me dio terror. Me di cuenta de que eso podía ir en serio, podía ir en contra de mis planes de "rehabilitarme",

---

[1] *Buga* es un término muy usado por los homosexuales en México para referirse a los heterosexuales.

EL LARGO PLAZO: UNA PAREJA GAY

de casarme y tener familia. Le dije a una amiga que estaba muy clavado, y asustado. Ella me preguntó si era feliz, y cuando respondí que sí me dijo: "Pues sé feliz. Aviéntate". Yo necesitaba que alguien me diera permiso, y ella me lo dio.

MARTÍN: Yo venía de una relación con otro chavo, con el que estuve cuatro años, muy diferente de mí. De repente me encontré con alguien con quien podía compartirlo todo, con quien tenía temas en común. Me abrió una perspectiva diferente. Además, fue en esa época cuando empezamos a trabajar juntos. El traslape de la vida profesional con la sentimental me gustó: el trabajo no era una barrera, sino un punto más en común, y ahí es donde me di cuenta de que esta relación podía durar más que mi noviazgo anterior.

Comentario: En este tema vemos una de las grandes diferencias entre parejas homosexuales y heterosexuales: las expectativas.[2] Cuando un hombre y una mujer se enamoran, existe en ellos y en su entorno la expectativa de un matrimonio tarde o temprano. Hay un camino ya trazado que podrán seguir si así lo desean, y un instructivo con todos los pasos a dar: noviazgo, matrimonio, hijos... Para las parejas homosexuales no existe ese camino, ni el instructivo; antes bien, lo que esperan, tanto ellos como su entorno, es una relación inestable y probablemente corta. Esa visión pesimista puede, a la vez, hacer que la pareja fracase, en muchos casos prematuramente: cuando surgen problemas, se separan con demasiada facilidad porque están convencidos de que no hay nada que hacer, "porque así son las parejas gays". En el caso de Enrique y Martín, ninguno de los dos pensó que la relación pudiera durar; el hecho de que haya perdurado refleja el enorme trabajo que han invertido en ella.

Tenían desde un principio una gran ventaja sobre la mayoría de las parejas masculinas: se conocieron en la universidad, lo cual significa que ya tenían intereses, actividades y aspiraciones en común. Una de las desventajas de la homosexualidad masculina, hasta hace poco, fue que los hombres gays prácticamente sólo podían conocerse en los bares, donde acude gente de origen socioeconómico y cultural muy diverso; de ahí que fuera tan común que se formaran parejas gays con grandes disparidades de edad, ingresos e intereses, que en realidad compartían poco fuera de la atracción y la relación sexual. Los heterosexuales suelen formar pareja dentro de su mismo medio social; en los homosexuales, hasta ahora, ha sido

[2] Para una descripción mucho más extensa y detallada de las diferencias entre parejas homosexuales y heterosexuales, y entre parejas homosexuales masculinas y femeninas, véanse los capítulos 5, 6 y 7 de Marina Castañeda, *La experiencia homosexual*.

menos frecuente. (En las parejas lésbicas, en cambio, es más común que se conozcan a través de amistades, en reuniones en casa: ya desde ahí tendrán más afinidades que dos extraños que lleguen a ligarse en un bar.) Por eso es de capital importancia promover espacios de reunión para la gente gay que no sean los bares: clubes, asociaciones, coros, etc. Dos personas que se conocieron en un club de fotografía o en una asociación de profesionistas gays tendrán muchas más probabilidades de formar una pareja estable y duradera.

En el caso de Enrique y Martín, vemos además en sus principios una característica frecuente en las parejas homosexuales, donde a menudo una persona es "más homosexual" que la otra, es decir, ha asumido con mayor claridad su orientación sexual. Enrique no se consideraba gay, sino bisexual, y esperaba un día "curarse" o "rehabilitarse" para proceder con una vida "normal". Esto creó tensiones en los primeros años de la relación. Pero, como suele suceder, lo que finalmente hizo cambiar de parecer a Enrique no fue la experiencia homosexual que había acumulado, sino el amor. Martín no fue sólo una conquista más; lo que sintió por él fue "amor de a de veras", y eso lo cambió todo. Aun así, necesitó que una persona querida y respetada le diera "permiso" para comprometerse con la relación.

Por otra parte, el que Enrique y Martín hayan compartido desde siempre su vida profesional les ha dado una estructura y un proyecto de vida común, de lo cual generalmente carecen las parejas homosexuales. Su trabajo ha cumplido con algunas de las funciones que tienen los hijos en una pareja heterosexual: una responsabilidad compartida, una visión a futuro (con todo lo que ello implica, como planeación y metas a alcanzar), una actividad en común y un tema de conversación inagotable. Las parejas homosexuales, que en su mayoría no tienen hijos, deben inventarse un proyecto de vida alternativo si desean tener, más allá de la pasión, un motivo sólido para seguir juntos y resolver las crisis, inevitables en toda relación de pareja.

LA HOMOFOBIA

MARINA: ¿Han padecido la homofobia?

ENRIQUE: En la infancia, y fue dolorosísimo. Fui un blanco constante, diario, durante toda la primaria y secundaria y prepa, desde los seis años hasta los dieciocho, y además con los mismos compañeros porque siempre estuve en el mismo colegio. Yo era el puto, el maricón. Mi experiencia de homofobia, de ser constantemente acosado, fue diaria. Era una escuela sólo de varones. Yo estaba muy confundido. No tengo ningún recuerdo de una preferencia sexual en mi infancia, pero al llegar a la pubertad se realizó mi peor pesadilla: eso que siempre habían dicho resultó ser verdad. Me gustaban los hombres. Se cumplía una maldición. Me decían puto, y era cierto. De ahí mi necesidad de curarme.

Eso cambió radicalmente cuando entré a la universidad. Desde entonces no he vuelto a sufrir ninguna reacción homofóbica. Yo sé que es por los medios de trabajo donde he estado, donde la homosexualidad es aceptable. En espacios públicos nos cuidamos mucho. No nos damos un beso en la calle, ni en un café ni nada, quizá porque venimos de una generación en la cual ni se nos ocurre que eso se pueda hacer. Hay una autorrepresión.

MARTÍN: Yo de niño viví una crítica sorda, constante, me sentía vigilado todo el tiempo. Se ve en la cuestión de los deportes: a mí nunca me gustaron los balonazos. Me encantaba el atletismo, corría, lo hacía bien, pero era lo único. Lo demás no me gustaba, y con eso bastó para ser atacado. Ya en la preparatoria la cosa mejoró, porque en la mañana era de puros varones y en la tarde era mixto. El que la prepa fuera mixta en turno vespertino hizo que siempre hubiera muchachas en la escuela, y eso atenuó la euforia homofóbica. La presencia de mujeres, aunque no fueran compañeras de clases, equilibraba la cosa. Estaban en la biblioteca, en el grupo de teatro, las veías en todas partes. Entonces ya no era ese ambiente de puros varones, que se vuelve como olla de presión a punto de estallar todo el tiempo. Se normalizó, era más como un modelo de lo que es la vida afuera, y en ese momento se descargó mucho la tensión. Yo hice muy buenas amigas, de hecho conservo algunas de esa época.

MARINA: ¿Han vivido más rechazo de los hombres o de las mujeres?

MARTÍN: Mucho más de los hombres. De las mujeres no. Más bien, nos decía recientemente la hija adolescente de una amiga que el sueño de todas sus amigas es llegar a tener un amigo gay para que les explique cómo piensan los hombres, pero que también entienda el lado femenino. Dice que hoy en día chavitas como ella sueñan con un amigo gay, que andan acosando a todos los chavos gays para que sean sus amigos. Para las mujeres es más fácil aceptarlo.

Comentario: Mucho antes de tomar conciencia de su orientación sexual, tanto Martín como Enrique fueron objeto de la homofobia que ataca a cualquier niño que no siga al pie de la letra el modelo machista de la masculinidad. En efecto, en una sociedad machista los varones, desde la infancia, deben ser rudos, peleoneros, impositivos, nunca ceder. Deben demostrar, en todo momento, que son lo opuesto de las mujeres, porque ésa es la definición misma de la masculinidad. Cualquier niño que no cumpla con estos requisitos será tildado de "afeminado" y por tanto de homosexual, aunque en realidad no llegue a serlo, como noté en el capítulo 5. Pero para el adolescente que sí resulta serlo, la pesadilla es aún peor.

Vemos así cómo la homofobia y el machismo siempre van de la mano.

El hecho de que las mujeres sean mucho menos homofóbicas no tiene por qué sorprendernos. Son las primeras en haber padecido el machismo por parte de sus padres, hermanos, esposos, hijos, patrones y colegas. Se identifican con los homosexuales no sólo porque éstos se permiten expresar una sensibilidad más "femenina" que los machos puros y duros, sino porque han padecido, como ellos, el modelo machista de la masculinidad. Es notable el grado de amistad que puede existir entre hombres gays y mujeres heterosexuales, cosa que no observamos tanto entre los heterosexuales de sexo diferente. Tanto Enrique como Martín hablan de amistades femeninas muy cercanas.

Ambos también han podido ponerse a salvo de la homofobia que sufrieron en su infancia y adolescencia. Gracias a su origen de clase media urbana y educada, y a cierta libertad de movimiento, pudieron escoger, a partir de la universidad, el medio social y profesional en el que iban a vivir. La mayoría de los homosexuales que hoy son adultos han tenido que tomar en cuenta la homofobia al escoger su profesión, lugar de residencia, etc. El hecho de que haya tantos homosexuales en el medio artístico y cultural y en las profesiones liberales no es sólo, o necesariamente, porque sean más creativos; también es porque ahí son más aceptados. Asimismo, la mayoría de los homosexuales, cuando les es posible, optan por vivir en las grandes ciudades.

LAS FAMILIAS

MARINA: ¿Cómo reaccionaron sus familias ante su homosexualidad, y luego ante su relación de pareja?

MARTÍN: En la mía, como familia tradicional mexicana, la reacción fue no hablarlo. Siempre hubo un entendimiento tácito gracias a algunas imprudencias que cometí, y les chocó mucho, más a mi papá que a mi mamá. Cuando empecé a llevarme con amigos gays, la familia no quiso darse demasiada cuenta pero se sobreentendió que esto ya no iba a cambiar. Afortunadamente tengo dos hermanos muy tradicionales que cumplieron con todo lo que unos padres de clase media esperan tener, sus nietos y comidas familiares y esas cosas en las que yo nunca me sentí muy a gusto.

Con Enrique fue diferente desde un principio, lo aceptaron bastante bien, quizá por la cuestión de la igualdad: "Por lo menos recibió la misma educación, por lo menos está estudiando". Además, tenía esta cosa artística, creativa: es más fácil para la gente aceptarte si eres artista, porque ya eres un ser extraño, fuera de lo convencional. Si escribes para la televisión, como nosotros, te dan más chance, sobre todo si te va bien, como fue nuestro caso.

En mi familia, el que era el patito feo, o más bien rosa, de pronto resultó ser el más exitoso en cuanto a la profesión, a tener una relación estable, a pesar de que todo esté en contra, a pesar de no tener todos los alicientes que tienen los demás. A mis hermanos, que tuvieron matrimonios muy clase media tradicionales, más bien les ha ido en feria, y eso sacude un poco a la familia. De repente te ven con otros ojos, tienen que recapacitar. Claro, esto viene con el tiempo: tardó mucho en consolidarse.

ENRIQUE: Yo sí he hablado claramente con mi familia. Lo aceptan totalmente porque me ven estable con alguien: les da gusto que no ande en la promiscuidad, que no ande solo. A Martín no sólo lo aceptan, lo quieren realmente. Mis padres siempre fueron muy tolerantes, sobre todo mi papá, en el sentido de que lo consideraba una enfermedad y entonces había que ser tolerantes. También el hecho de que Martín perteneciera a la misma clase social, que estudiara lo mismo que yo, siempre fue muy importante para ellos.

MARTÍN: Los papás siempre quieren que uno se relacione con alguien de la misma clase social, incluso tratándose de los hijos heterosexuales. La Cenicienta está muy bien, pero sólo en la tele. No se le vaya a ocurrir al hijo casarse con la sirvienta. Somos una sociedad muy clasista. No me vayas a traer a un albañil.

ENRIQUE: Nosotros de hecho hacemos reuniones con las dos familias. Se conocen, saben que somos pareja, pero nunca hablan las cosas con claridad. Así son las cosas en México. Y si así están cómodos, que así sea. Es el clóset de ellos. Si no lo quieren decir, que así se queden. Pueden convivir las dos familias, mi mamá platica con la mamá de Martín, hasta hemos hecho viajes con ellas. De pronto se hablan por teléfono. También entre nuestros hermanos, cuando se ven platican y la pasan bien. Se ha hecho una relación familiar, donde se sienten cómodos unos con otros, aunque nunca hablen del tema.

MARINA: En sus familias, ¿cómo ven su relación de pareja? Por ejemplo, ¿cómo le dicen a tu compañero? ¿Es tu amigo, tu novio, tu compañero o qué?

MARTÍN: Cuando mi mamá habla de Enrique dice: "Les presento a un muy buen amigo de la familia, es casi como si fuera mi hijo".

ENRIQUE: Lo que les resulta muy fácil es que hayamos sido compañeros de estudio y luego socios. Entonces somos compañeros o socios que trabajan juntos.

MARINA: ¿Y ustedes cómo se presentan?

MARTÍN: Yo sí digo que es mi pareja.

ENRIQUE: Yo digo que es mi socio. Muchas veces es mejor no aclarar las cosas. He observado que aquí en México, mientras la gente no se sienta agredida por una cuestión verbal, pueden pasarlo más fácil.

MARTÍN: Sí, porque se dan cuenta de que no hay problema. No hay redadas, ni andamos con tacones altos a las tres de la mañana. Los vecinos saben que somos pareja, pero no encajamos con la imagen que los medios han hecho de la gente gay. Entonces les toma tiempo darse cuenta de que somos gente perfectamente normal, que salimos a tirar la basura como cualquiera. La gente del servicio también se da cuenta de que no hay zapatillas ni vestidos en el clóset. El problema es la imagen que dan los medios y el cine, de que los gays son muy afeminados y se visten de mujer.

Comentario: Un patrón muy característico de las familias mexicanas es que todo se sabe, pero nada se habla. Por ello, muchos homosexuales optan por no hablar de su orientación sexual, aunque todos la conozcan. No es que se estén ocultando. Enrique y Martín nunca han ocultado su relación. Antes bien, se trata de un respeto a las reglas del juego, la primera de las cuales es evitar la confrontación verbal. Como lo han entendido muchos homosexuales, mientras esta regla se respete habrá cierta tolerancia. Claro, esto no equivale a una aceptación real, la cual quizá no se daría si las cosas se hablaran explícitamente; representa en realidad un acuerdo implícito de guardar silencio, por parte del homosexual y de su familia.

Otro elemento que ciertamente ayuda es, como vemos aquí, el éxito profesional. Esto explica, en parte, la importancia para muchos homosexuales de su trabajo y de la imagen que puedan proyectar: mientras más exitosa la imagen, menos se les podrá objetar su orientación sexual. Es una forma de compensación bastante común, casi siempre inconsciente. Y para muchos homosexuales es posible, porque la ausencia de compromisos familiares les permite dedicar más tiempo al estudio y al desarrollo profesional. De hecho, en los países industrializados (donde se conocen estadísticas al respecto) los homosexuales suelen tener un mayor nivel de estudios y mayores probabilidades de ser profesionistas y ejecutivos que los heterosexuales. También es cierto que ese éxito profesional puede revertirse en una desventaja, como veremos más adelante. Asimismo, la asociación entre éxito y aceptación presenta un revés interesante: cuando un homosexual no tiene éxito, la gente a su alrededor, y tal vez él mismo, suelen atribuirlo a su homosexualidad, cosa que no sucederá con un heterosexual.

También ayuda que los homosexuales tengan hermanos heterosexuales que sí cumplan con las expectativas de los padres, que se casen y tengan hijos. Enrique, que durante mucho tiempo rehusó considerarse homosexual y aspiró a una vida "normal", ha mantenido vínculos mucho más cercanos con su familia de origen, mientras que Martín, que siempre se sintió diferente, está más distanciado de la suya. Es más común la segunda postura por dos razones. Uno, la falta de aceptación, de respeto e incluso de interés por parte de la familia hace que muchos homosexuales se alejen de ella paulatinamente. Y dos, el hecho de que los homosexuales no experimenten los grandes eventos de la vida familiar heterosexual, como el noviazgo, el matrimonio, el nacimiento de los hijos y los consiguientes bautizos, primeras comuniones, graduaciones etc., hace que cada vez tengan menos en común con sus padres, hermanos, e incluso amigos, heterosexuales.

LA VIDA EN PAREJA

MARINA: ¿Cómo es la vida cotidiana? ¿Hay entre ustedes roles masculino y femenino?

MARTÍN: No debería haberlos, pero en la práctica de repente sí cae uno en eso. En nuestro caso hubo una separación de roles un poco forzada. Por mucho tiempo, Enrique tuvo un problema de piel y no aguantaba los detergentes. Entonces todo lo que tuviera que ver con detergentes, como trastes y ropa, me tocaba a mí. No es que lo hayamos decidido así, pero así quedó.

ENRIQUE: Bueno, a veces sí lavo, no es que me niegue rotundamente. Entonces, sí han surgido roles. Han sido circunstanciales, pero nos hemos dado cuenta de esos roles y de que no es bueno hacerlos permanentes. Por ejemplo, no me gusta, como a nadie le gusta, hacer toda la contabilidad, la administración de los dos, pero a mí se me facilita más. Martín también podría hacerlo perfectamente, pero como mi papá era contador, entiendo más que Martín. No me gusta, pero lo hago.

MARINA: ¿Y los coches?

ENRIQUE: No, cada quien se ocupa de su propio coche. Ahí no hay roles.

MARTÍN: A mí me gusta mucho la herramienta, y de repente hago reparaciones.

ENRIQUE: Yo más bien sé de electrónica, antes me ocupaba de las computadoras, el equipo de sonido, etc. Ahora ya le pagamos a alguien que lo haga. En cambio, en general cocino yo, me gusta mucho la cocina.

MARTÍN: Lo que pasa es que, por temperamento, uno es más obsesivo o cuidadoso que el otro. Por ejemplo, a mí no me gusta ver la ropa tirada o amontonada en la silla, y a Enrique no le importa. Las plantas se le secan porque no las riega, se le olvida, así que yo me ocupo de las plantas, de los gatos.

ENRIQUE: Pero yo lo hago cuando él me lo pide. Estamos muy acostumbrados a colaborar.

MARTÍN: Tal vez sea por el trabajo. Cotidianamente, compartimos el trabajo de escribir en una proporción más o menos igual. Entonces todo lo demás nos sale natural, nos lo repartimos.

MARINA: Si el tiempo libre es cien, ¿qué proporción pasan juntos?

ENRIQUE: Yo creo que noventa y cinco. Siempre andamos juntos. Pero no está resultando muy sano, ya estamos trabajando en ello.

MARTÍN: También estamos corrigiendo el esquema del control: antes había cierta tendencia de Enrique de llevar las riendas. Me preguntaba todo el tiempo adónde iba, que cuánto tiempo iba a pasar en el súper. Era un rol masculino muy tradicional. Una vez que vino mi hermana y nos fuimos a tomar un café, Enrique no sabía dónde estábamos y se puso histérico, casi hablaba a la policía, pensaba que nos habían secuestrado.

ENRIQUE: Es que no avisa.

MARINA: ¿Y tú sí le avisas a Martín?

ENRIQUE: No.

MARINA: Entonces hay una asimetría.

MARTÍN: Había. Ya no es tan así.

ENRIQUE: Ahora, si uno de los dos no va a llegar a la hora que dijo, nos hablamos.

Comentario: La evolución de los roles en las parejas homosexuales es de sumo interés desde un punto de vista sociológico y de género. Las parejas gays que viven juntas nos dan la oportunidad de observar cómo viven los hombres sin mujeres, y en el caso de las parejas lésbicas, cómo se desenvuelven las mujeres cuando no hay hombres en la casa. Podemos así examinar, casi en condiciones de laboratorio, cuáles son los gustos e intereses de cada género, en todas las áreas de la vida, cuando viven sin la interferencia o la dominación del otro sexo.

En las parejas homosexuales suele haber una repartición de roles tradicional en un principio, porque a fin de cuentas ambas personas crecieron en una familia y en un entorno heterosexuales y tienden a repetir los patrones que siempre han observado. Pero poco a poco se van alejando de los esquemas tradicionales y se da una división del trabajo basada ya no en el género, es decir, en roles femenino y masculino, sino en el interés y el gusto de cada quien. En este caso, Enrique se ocupa de la contabilidad (responsabilidad "masculina"), pero también de la cocina (ocupación "femenina"). Y Martín, que realiza algunas tareas "femeninas" como lavar los trastes y ocuparse de las plantas y los gatos, también se encarga de las herramientas y reparaciones en la casa. La división del trabajo se ha dado, finalmente, en torno a las aptitudes y gustos de cada uno.

Todo esto depende, por supuesto, del grado de comunicación y flexibilidad en la pareja; no se da automáticamente. Al contrario, requiere una constante negociación y renegociación a través de los años. También hay muchas parejas en las cuales se mantienen los roles de género de manera rígida y permanente. En el caso de Enrique y Martín, la colaboración profesional los ha acostumbrado a desarrollar una división del trabajo complementaria en todas las áreas.

Aun así, por el solo hecho de ser del mismo sexo las parejas homosexuales suelen romper con los estereotipos: los hombres gays normalmente saben cocinar y lavar trastes porque no hay esposa que lo haga por ellos (aunque muchos de ellos emplean a trabajadoras domésticas que llenen ese papel); por su parte, las lesbianas generalmente saben usar herramientas, y entienden algo de electricidad y plomería, porque no hay hombres en la casa que se hagan cargo de ello. Esto da lugar a una percepción social errónea, según la cual los hombres gays son "afeminados" y las lesbianas "masculinizadas". Lo que pasa, en realidad, es que han tenido que aprender a hacer cosas que en una sociedad machista le corresponden al otro sexo.

En la historia de Enrique y Martín también observamos, a pesar de todo, cómo se reproducen algunos de los esquemas de género propios de una sociedad misógina, con la asimetría que ello implica. Martín debe reportarse con Enrique cuando sale, y no al revés; Enrique ejerce el control característico de un esposo machista, mientras que Martín debe rendir cuentas de sus actividades y "avisar" cuando se sale del horario previsto. Eso sí, están conscientes de estos roles y tienen la intención de irlos revisando.

El uso del tiempo libre constituye otra de las grandes diferencias entre las parejas homosexuales y heterosexuales. Las primeras, por no tener hijos ni muchos compromisos familiares (comer con los suegros cada domingo o asistir a los festejos, por ejemplo), disponen de una vasta cantidad de tiempo libre. Y suelen pasarlo juntos, invirtiendo en la relación un tiempo que sería la envidia de muchas parejas heterosexuales, las cuales generalmente se ven desbordadas por las actividades en torno a los hijos y las familias de cada quien.

Esto puede volverse una desventaja para las parejas homosexuales cuando llegan a pasar *todo* su tiempo libre juntos, a costa de sus amistades y actividades individuales. Las parejas heterosexuales, por la división de intereses que suele haber entre hombres y mujeres, normalmente guardan espacios autónomos: por ejemplo, una vez por semana él tiene su noche de póquer con sus amigos varones, y ella su salida con sus amigas. A él le gusta jugar futbol, a ella practicar el yoga. Estos gustos diferenciados garantizan que cada quien mantenga cierta vida social independiente. En cambio, las parejas homosexuales, sobre todo las de mujeres, suelen hacerlo todo juntos, compartiendo intereses, actividades y amistades, lo cual a la larga puede causar cierta sensación de asfixia. Enrique y Martín, a pesar de su intención de hacerlo, no han logrado vencer la costumbre de pasar todo su tiempo libre uno con el otro; en su caso es aún más notorio porque además trabajan juntos, en un mismo espacio, diariamente.

EL DINERO

MARINA: ¿Ustedes cómo han manejado el dinero? ¿Cada quien el suyo, o han juntado el de los dos?

ENRIQUE: Nosotros siempre hemos manejado todo junto. Tenemos gastos en común, pero también mucha libertad. Si Enrique quiere pagarle un viaje a su mamá, pues se lo paga. Yo no le ando pidiendo cuentas.

MARINA: ¿Tienen una o dos cuentas bancarias?

ENRIQUE: Tenemos cuentas separadas, porque en nuestro trabajo nos pagan vía depósito directo.

MARINA: ¿Cómo manejan el presupuesto, los gastos comunes?

MARTÍN: Nos compartimos todo. Nunca llevamos cuentas de cuánto gasté yo o qué hiciste tú. No hacemos cálculos. Jamás nos hemos pedido cuentas uno al otro, y nunca hemos tenido broncas. Ha sucedido a veces que uno trabaja y el otro no, pero nunca ha habido reclamos de que "Te estoy manteniendo" ni nada por el estilo. Como los dos siempre hemos trabajado freelance, nunca hubo una competencia a nivel económico.

ENRIQUE: Ahí sí nunca ha habido roles, ahí sí somos iguales. Nunca ha habido la sensación de que uno mantiene al otro.

MARTÍN: Es que además tenemos ingresos similares, y las cosas se van equilibrando.

Comentario: Una característica notable de las parejas homosexuales es que casi siempre las dos personas trabajan. En las parejas masculinas, los dos hombres trabajan porque han sido formados para ello y es parte de su identidad de género. En las lésbicas, las dos mujeres trabajan sencillamente porque no tienen a nadie que las mantenga. Esto, de por sí, hace que cada quien tenga su propio ingreso, lo cual permite cierta independencia. Cada persona gasta su dinero como bien le parezca, lo cual no sería tan fácil si una dependiera de la otra. Esto crea una igualdad, si no de ingreso, por lo menos en la toma de decisiones, cosa que no vemos tan a menudo en las parejas heterosexuales, en las que generalmente es el hombre quien controla los gastos de él, de ella y de la casa. Esto no significa que nunca haya disputas en las parejas homosexuales por el dinero, pero el hecho de que ambas personas trabajen y tengan un ingreso propio permite que el trato sea un poco más igualitario, y los problemas, un poco más fáciles de negociar.

Esta relativa igualdad de condiciones en las parejas homosexuales repercute, lógicamente, en un respeto mutuo hacia las decisiones individuales. Si además, como en el caso de Enrique y Martín, hay una igualdad de ingreso, se reducen las fricciones por el dinero que son tan comunes en las parejas heterosexuales, en las cuales por lo general existe un desequilibrio económico, ya sea porque la mujer no trabaja por un ingreso, o bien porque gana mucho menos que el hombre debido a la falta de equidad, en los sueldos, que es casi universal.

LAS AMISTADES

MARINA: Entre sus amistades, ¿qué proporción son heterosexuales? ¿Y cuántos hombres, cuántas mujeres?

ENRIQUE: Casi todos son heterosexuales, hombres y mujeres por igual. Tenemos muchos amigos comunes del cine y del teatro, que es nuestro medio. Además yo tengo una amiga buga, que es mi amistad más cercana. No tengo un mejor amigo hombre.

MARTÍN: Nos ha pasado algo muy extraño con los amigos. Creo que hemos perdido amigos porque nos ha ido bien en el trabajo. Alguna vez un amigo actor nos dijo: "Ustedes se van a dar cuenta de que tuvieron éxito cuando se queden solos". Nos ha llamado mucho la atención la reacción de algunas gentes. Y eso que somos clase media media. Tenemos una casa grande, pero viejita, en una colonia de nivel medio. No tenemos bmw, ni nada espectacular. Yo no sé si tiene que ver con el estatus muy especial de ser "el amigo gay". Ya ves que mucha gente tiene un amigo gay, como una mascota, es muy de mundo. Pero que no sobresalga demasiado, que no tenga demasiado éxito, porque entonces [los heterosexuales] se sienten cuestionados.

MARINA: O sea, los amigos gays deben tener problemas.

ENRIQUE: ¡Y no tener una relación de veinte años!

MARTÍN: Cuando tus amigos heterosexuales van en el cuarto matrimonio, tienen hijos con una y otra y otra, y no les alcanza el dinero, van en el quinto departamento, cada vez más chico porque no pueden con tanta pensión alimenticia, y de pronto te ven a ti, que te va bien porque eres gay... te vuelves como una amenaza. La gente piensa: "Ah, mira, éstos que eran los jodidos, que no iban a tener futuro", porque creen que sólo los que tienen familia van a tener futuro, y les da coraje. Los amigos bugas te aceptan siempre y cuando no te vaya mejor que a ellos. Claro, no todos son así...

ENRIQUE: Se supone que los gays no van a tener esposa, ni hijos, ni nietos, ni la familia modelo, y por tanto van a ser infelices, se van a quedar solos. Pero eso no es cierto.

MARTÍN: Lo que nosotros vemos es que nuestros familiares y amigos bugas están más solos que nosotros.

ENRIQUE: Y yo ahora tengo una extraordinaria relación con mis sobrinos. A lo mejor no tuve hijos, pero, por ejemplo, mi sobrina se lleva mejor conmigo que con su papá. Entonces, de pronto los vínculos de familia o de amistad no son necesariamente de sangre. El haber tenido hijos o nietos no asegura un futuro o una felicidad.

Comentario: Las amistades de Enrique y Martín son en su mayoría heterosexuales, lo cual no es lo más típico. Ellos pasan la mayor parte de su tiempo libre en casa, y además, por su edad, salen poco. Ya pasaron por el periodo de los antros y, por así decirlo, se "graduaron" de una etapa clásica en la vida gay, que es la búsqueda de amigos con base en su orientación sexual antes que en la afinidad de intereses. Los jóvenes tienden más a buscar la compañía de otros gays, sean quienes sean. En cambio, para muchos homosexuales de edad madura la orientación sexual deja de ser el centro de la vida: se convierte en un criterio secundario a la hora de escoger amistades y actividades, y entonces se vuelve más variada su vida social.

Sin embargo, como muchos homosexuales, Enrique y Martín no se sienten totalmente a gusto con los heterosexuales (aparte de sus amigos cercanos), porque no se ajustan a los estereotipos que estos últimos generalmente tienen de la gente gay. Lejos de ser la "mascota" que da lástima, son disciplinados y exitosos, tienen una relación de pareja estable y feliz, no se pasan la vida en los antros, y distan mucho de encarnar el fracaso personal y profesional que los heterosexuales consideran como el destino "normal" de la gente gay. En cambio, sus amigos heterosexuales padecen todas las vicisitudes de la vida familiar actual, como el divorcio y la enorme carga económica de los hijos. Es posible, que, como piensan Enrique y Martín, algunos de ellos sientan cierta envidia y que esto pueda generar tensiones en la amistad.

Por otra parte, muchos heterosexuales no saben cómo tratar a sus amigos gays: se sienten incómodos porque no saben cómo presentarlos, si invitarlos con la pareja o sin ella, si deben tocar el tema o no. Para ello es importante que la gente gay eduque a sus amistades heterosexuales, que les diga si prefieren mantenerse en el clóset o no, y les enseñe cómo presentarlos a ellos y a sus parejas... Algunos heterosexuales me han preguntado cómo se debe tratar a un amigo gay o a su pareja, cuál es la etiqueta en caso de querer invitarlos, etc. En general, una buena respuesta es, sencillamente: "Trátalos como tratarías a cualquiera".

LA SEXUALIDAD

MARINA: ¿Cómo ha sido la relación sexual?

MARTÍN: Bueno, al principio fue muy intensa. Pero tuvimos algunos problemitas porque nos tocó el pánico del sida, fue el momento donde no se sabía aún si te enfermabas por tomar en el mismo vaso o por picarte un mosquito, o qué. Nos tocó esa paranoia, y eso sí marca una diferencia con la gente joven de ahora. A nosotros nos tocó pasar del paraíso del libertinaje al terror del sida. Uno lo sentía como un castigo.

MARINA: ¿Causó problemas en la relación?

MARTÍN: Sí, hubo cierto distanciamiento, tuvimos que cambiar nuestras prácticas, como dejar la penetración o el sexo oral y pasar a la masturbación mutua. Yo no quería y Enrique sí, por la historia de su hermano que murió de sida. Ahí empezó a haber cierto desfase entre lo que queremos, que ha perdurado a lo largo de toda la relación. Enrique es más cauteloso. Por ejemplo, él prefiere no ser penetrado, aunque pueda disfrutarlo.

MARINA: Cuando practican la penetración ¿usan condón?

MARTÍN: Siempre. Para el sexo oral no.

MARINA: ¿Tuvieron una etapa monogámica?

ENRIQUE: En realidad no. Ahora sabemos que no. Creo que eso no existe.

MARTÍN: Probablemente pueda existir, pero en nuestro caso no. Creo que en una relación tan larga tienes que abrir la pareja, siempre en el entendido de que tener sexo con otra persona no necesariamente afecta la relación.

MARINA: ¿Pero al principio tenían un pacto de fidelidad sexual?

ENRIQUE: Bueno, nunca se dijo explícitamente. Era el entendido: nos basábamos en el modelo heterosexual, donde automáticamente se supone que vas a tener una relación monógama. Nosotros lo dimos por hecho.

MARTÍN: Lo que sucedió fue que Enrique me encontró con alguien. Hubo una gran bronca; llevábamos como diez años.

ENRIQUE: Me enojé mucho. Me salí de la casa, furioso, pero Martín se quedó muy mal, me pidió perdón, dijo que sólo era una aventura. Fue entonces cuando decidimos abrir la relación: yo le confesé a Martín que también hacía esas cosas, y llegamos a un acuerdo.

MARINA: ¿Cuáles fueron las nuevas reglas? ¿Podían tener relaciones con otras personas, pero sólo si estaban juntos, o qué? ¿Cómo era el nuevo formato?

MARTÍN: En primer lugar, la idea era ya decirnos dónde íbamos. Uno de los riesgos de la clandestinidad es que sales a escondidas y nadie sabe dónde estás.

ENRIQUE: También decidimos siempre compartir las aventuras, o teniendo relaciones a tres, o bien contándonos lo que había pasado si habíamos tenido algo por separado. Otra regla fue no involucrarse emocionalmente, nunca tener una relación sexual con alguien cercano.

MARTÍN: Yo siempre he mantenido que si de veras no te importa la persona, no debe haber problema. Es decir, si quieres tener sexo por novedad o por calentura, que sea con alguien que de veras no te importe. Eso es muy diferente de ir a un bar o café y conocer a alguien, y empezar a hacer plática, y luego verse otra vez, porque eso ya es otra cosa. Tener sexo y buscar otra pareja es completamente distinto.

MARINA: Supongo que la única manera de tener sexo sin vínculo afectivo es tener sexo pagado…

MARTÍN: Pues en todo caso es la más rápida. La otra es ir a una disco y ver si encuentras a alguien. Pero es mucho más fácil levantar el teléfono y decir "Mándenme a alguien así y asá" que ir al bar, pasarte cinco horas tomando una cerveza aguada, y a lo mejor cuando ya todos están muy borrachos alguno te hace caso. La verdad, qué flojera. Antes existían los sanitarios de ciertas tiendas que eran conocidos por eso, donde a lo mejor te dabas una masturbada de rapidito con alguien, lo cual tiene su parte emocionante, pero es bastante sórdido. Estás en un lugar público, sin saber si el tipo de junto te va a sacar una pistola o si es policía, o incluso menor de edad. Otra opción es ver una revista o un video y masturbarte tú solito. Y la otra es pagar.

MARINA: ¿La mayoría de sus aventuras han sido con sexo pagado?

MARTÍN: Sí. Antes era a través de las revistas, ahora es por internet. Es más seguro.

ENRIQUE: También, el sexo pagado es un sexo controlado, en el sentido de que se hace lo que yo diga. El otro no empieza a pedir cosas, ni a insistir que sin condón, ni a querer penetrarme si no quiero, nada de eso. Va a hacer exactamente lo que yo quiera. Y va a usar condón, o yo voy a usar condón. Cuando es alguien a quien no le pagas, pues tiene el derecho de pedir lo que quiera. Y siempre hay toda una negociación acerca de qué te gusta a ti y qué me gusta a mí, y qué quiere cada quien.

MARTÍN: Si te ligas a alguien en el bar, después de un largo proceso de toda la noche, de pronto resulta que quiere penetrarte sin condón y tienes que decir que no; después de tanta energía y cerveza tienes que irte a tu casa sin nada.

ENRIQUE: En el ligue hay un proceso de negociación muy complicado para decidir quién penetra y cómo… Otra ventaja del sexo pagado es que no se les ocurre tener sexo que no sea seguro. Ya casi ninguno lo acepta; si no va a ser sexo seguro, no dan el servicio.

Comentario: Enrique y Martín, como muchos hombres, han tenido relaciones sexuales fuera de la pareja casi desde el principio. Y como muchos hombres casados que no buscan formar una nueva pareja, han tenido dos opciones: o buscar aventuras casuales, o recurrir al sexo pagado. Pero su situación es diferente de la de los hombres heterosexuales por dos razones. Estos últimos con frecuencia buscan relaciones extramaritales porque no se llevan con su esposa y desean, además de la relación sexual, la compañía de una mujer, aunque sin formar un vínculo de pareja. Éste no es el caso, porque Enrique y Martín se llevan bien y no buscan relaciones afectivas fuera de la pareja, sino sólo sexuales.

En segundo lugar, los heterosexuales tienen muchas más oportunidades de iniciar relaciones casuales en el contexto de su vida diaria, por ejemplo en el trabajo o en cualquier café; en cambio, los homosexuales se ven casi forzados a recurrir al antro para conocer a otros homosexuales. Si esta última opción no les atrae, como les ocurre a Enrique y Martín, no es tan fácil para ellos encontrar a otros hombres dispuestos a tener relaciones sexuales. Además, como bien señalan, el sexo casual con otro hombre no es tan sencillo: suele suponer negociaciones complicadas acerca de quién va a hacer qué, si se va a usar condón o no, etc. Internet ha resuelto algunos de estos problemas, como vimos en el capítulo 3, pero no todos. Como bar virtual, internet sigue presentando ciertos riesgos.

La solución que han encontrado Enrique y Martín tiene sus ventajas y desventajas. Les permite tener relaciones sexuales sin acercamiento afectivo alguno y escoger exactamente el tipo de persona que quieran, cuando quieran, y en la intimidad y seguridad de su propia casa. Les permite tener sexo con hombres jóvenes y guapos, a los cuales quizá no podrían pretender de otra manera. Les permite asimismo establecer las reglas del juego en cuanto a sexo seguro y prácticas sexuales. Finalmente, pueden compartir estas diversiones, que incluso han servido para estimular la relación sexual entre ellos.

Del lado negativo podríamos mencionar los riesgos de enfermedades de transmisión sexual y la posibilidad siempre latente de un mal encuentro (aunque este riesgo es mucho menor cuando uno recurre a una agencia de prostitución que ya conoce, como hacen Enrique y Martín). Otros hombres que contratan servicios de este tipo sin conocerlos, al viajar por ejemplo, pueden encontrarse de repente en situaciones peligrosas. Por otra parte, el riesgo del chantaje (otra eventualidad para los hombres que recurren al sexo pagado) ni siquiera se plantea para Enrique y Martín, porque ambos están fuera del clóset en todos los ámbitos, y tampoco se están ocultando entre ellos.

Lo que sí podría afectarlos, a la larga, sería que se acostumbraran a la novedad. Que siempre haya una opción más excitante y novedosa a la mano, por así decirlo, podría llevarlos a descuidar la relación sexual entre ellos, la cual, como cualquier vínculo sexual de larga duración, debe cultivarse de manera continua. Lo mismo les sucede a las parejas (de cualquier tipo) que se acostumbran a tener relaciones con videos porno, drogas o alcohol: al cabo de un tiempo ya no pueden excitarse o alcanzar el orgasmo sin esos elementos externos.

Finalmente, es importante anotar que el sexo pagado, sin relación afectiva, suele ser más atractivo para los hombres que para las mujeres. Poquísimas lesbianas recurren a prostitutas, y no es casualidad que la enorme mayoría de los servicios de *escorts* sean para los varones, heterosexuales u homosexuales. Sin embargo, a medida que las mujeres se han liberado de la represión histórica que han padecido por el machismo y por los riesgos del embarazo o las enfermedades de transmisión sexual, han surgido más posibilidades para ellas: en los países industrializados, en todo caso, ya pueden contratar a acompañantes de los dos sexos, e incluso, para bien y para mal, en algunos antros lésbicos existe el equivalente del famoso *backroom* de los hombres gays, ese espacio destinado al sexo anónimo.

Regresando al caso de Enrique y Martín, muchos lectores tendrán objeciones morales frente al sexo pagado. Es una cuestión de valores personales; por mi parte, estimo que las personas adultas plenamente consintientes pueden hacer lo que quieran mientras no se dañen ni dañen a terceros. Esto último implica, por supuesto, no cultivar prácticas que pudieran promover la pornografía infantil o la explotación sexual de cualquier tipo.

Mi única petición a quienes tengan objeciones morales es que no apliquen un doble rasero, que sus reparos no obedezcan a que se trata de sexo entre hombres. Después de todo, la inmensa mayoría de las agencias de *escorts* dan servicio a los hombres heterosexuales y en el mundo entero la prostitución existe ante todo para ellos. Si se va a juzgar a los homosexuales por recurrir a ella, deben aplicárseles exactamente los mismos juicios que a los heterosexuales.

LOS CELOS

MARINA: ¿Qué han hecho con los celos?

MARTÍN: Es una pregunta difícil, pero... pues se habla.

ENRIQUE: Los celos surgen cuando te sientes desplazado por tu pareja en lo afectivo. Aunque también pueden surgir en lo sexual, si te sientes desplazado porque el otro es más joven o más guapo, cuando te pega en tu autoestima.

MARTÍN: Ahí sí puede haber coraje, cuando te tienes que comparar con alguien. Yo he sentido celos de algunas amistades de Enrique.

MARINA: ¿Y esto no les ha pasado con los chavos pagados? ¿No sucede que sean más guapos o más jóvenes? ¿Nunca han sentido celos?

ENRIQUE: No, ahí no. No hay el desplazamiento de la pareja. Con un chavo, hay el entendido de que es su trabajo. No es que él me prefirió, sino que yo lo contraté.

MARTÍN: No hay la sensación de inestabilidad, de que uno sea desplazado.

ENRIQUE: No nos afecta, y es interesante porque todo esto nos permitió abrir la cuestión sexual. A él le gustan otros tipos, y a mí también, y el hecho de compartir el mismo gusto lo hace más fácil, a condición, claro, de que sólo sea sexual. Si Martín hiciera un ligue con un amigo, no pagado, con el que tuviera relaciones, y que él me lo dijera y después pudiéramos compartirlo, no habría celos. Porque estamos compartiendo el mismo gusto.

MARTÍN: De pronto suena un poco infantil lo de los celos, como dos niños peleándose por una pelota. Si a los dos nos gusta la misma pelota, pues podemos compartirla. Hay que tener cierta experiencia, que nos ha permitido poner las cosas en su lugar y hablarlas. Lo más importante es poder hablar, no tragarse las cosas. Así todo es mucho más sencillo.

MARINA: Podríamos decir entonces que para poder hacer eso hay que tener una relación de pareja bastante sólida. No es, digamos, para principiantes.

ENRIQUE: Así es. Hay que tener una pareja muy sólida.

MARTÍN: No es recomendable para las parejas en crisis. Todo esto toma años, es toda una historia de ensayo y error. Yo no me atrevería a decir que es la receta. En nuestro caso ha funcionado porque han coincidido formas de ser, temperamentos, formación, pero no me atrevería a generalizar.

Comentario: Es interesante notar cómo los dos hombres no sólo han reflexionado, sino que han ido afinando las reglas del juego para poder tener sexo fuera de la pareja. Han podido evitar así los muchos riesgos normalmente asociados a las relaciones extramaritales. En diferentes momentos han tenido que renunciar a aventuras o situaciones que hubieran podido afectar su relación; cuando han surgido problemas los han podido resolver con el diálogo franco. El hecho de que hayan aceptado hablar de su intimidad de pareja sin tapujos frente a una tercera persona constituye, en sí, una prueba de la honestidad que impera entre ellos. Cuando han surgido problemas, los han podido hablar; cuando han querido compartir experiencias sexuales, también han podido hacerlo.

En gran parte gracias a la comunicación es que han podido evitar, o superar, el problema tan común de los celos. Sin embargo, en las parejas homosexuales siempre debemos buscar también, como una capa oculta de los celos, la envidia. Mucho más que un hombre y una mujer, dos hombres o dos mujeres son susceptibles de envidiarse porque son comparables: uno de los hombres puede ser más guapo, por ejemplo. Ahí donde una mujer no le tendría envidia a su compañero atractivo, un hombre sí. Así pues, es común que la envidia sea un acompañante de los celos en las parejas homosexuales, en las cuales cada parte puede preguntarse "¿Por qué lo buscan a él y no a mí?"

En el caso de Enrique y Martín, este elemento no ha sido demasiado importante gracias a la relativa igualdad de circunstancias entre ellos: tienen más o menos la misma edad e ingreso, son igualmente atractivos y comparten muchas actividades e intereses. Los celos y la envidia, en general, tienen más cabida cuando hay entre las dos personas una gran diferencia de edad, de ingresos o de atractivo, porque entonces en el menos atractivo puede surgir el temor de que el más joven, rico o guapo atraiga o busque a un tercero.

Al mismo tiempo, Enrique y Martín saben que el modelo de relación que han construido a través de los años no es para cualquiera; saben que depende de una comunicación continua y de un respeto irrestricto, y se han mostrado dispuestos a pagar ese precio para mantener una relación que quieren sólida y, como veremos enseguida, permanente.

ASUNTOS LEGALES

MARINA: ¿Han hecho arreglos legales respecto del dinero, la propiedad, herencias, etcétera?

ENRIQUE: Sí, sí hemos hecho arreglos legales. Por ejemplo, la casa es co-propiedad, cincuenta-cincuenta. Tenemos además dos departamentos, uno para cada uno. Antes vivíamos en uno de ellos, y cuando hubo opción de comprarlo decidimos que sería bueno comprar otro para que cada quien tuviera el suyo, en caso de separarnos algún día. También los testamentos son muy claros: si yo falto, todo es para Martín; y si él falta, todo es para mí. Se trata de no dejarnos desprotegidos.

MARTÍN: Previmos que podría ser un motivo de conflicto entre las familias, que podría darse una situación desagradable para el que quedara.

ENRIQUE: Hicimos un acuerdo verbal moral acerca de qué pasaría cuando faltáramos los dos. La mitad de Martín sería para sus sobrinos, y la mía para los míos. Lo que quedó muy claro, y está en ambos testamentos, es que si, por ejemplo, Martín falta y yo le heredo todo, yo me comprometo, cuando muera, a dejarles la mitad a sus sobrinos y la mitad a los míos. O sea, yo le heredo la mitad de Martín a su familia, y él a la mía si yo llego a faltar antes. Lo que es de cada quien para la familia de cada quien.

MARTÍN: Es un acuerdo que no puede quedar legalmente plasmado, porque si yo le heredo todo a Enrique no hay nada que lo pueda obligar a heredarles a mis sobrinos. Es un compromiso moral.

MARINA: ¿Han tramitado alguna forma de tutela legal si uno de ustedes se enferma o tiene un accidente?

ENRIQUE: Eso no lo hemos hablado; es más, ni siquiera sabemos si es posible. Sería bueno averiguarlo.

MARTÍN: Tendría que haber un acuerdo legal, porque, en efecto, si uno se queda como vegetal podría ser un problema.

MARINA: ¿Tienen seguro de vida?

MARTÍN: Sí, precisamente porque no hay una serie de protecciones en la ley, hemos hecho todo lo posible para cubrirnos.

Comentario: Así como han cuidado su relación, Enrique y Martín también han cuidado los aspectos legales de su convivencia. Han intentado prever y ordenar aquellos asuntos que cualquier pareja heterosexual tendría resueltos por el solo hecho de haberse casado. Para las parejas homosexuales nada es automático: tienen que afianzar, una por una, todas las protecciones que les permita la ley, y que las parejas heterosexuales pueden dar por sentadas.

A pesar de todos sus empeños, les falta todavía una medida legal importantísima, en la cual ni siquiera tendrían que pensar si fueran heterosexuales: la tutela legal en caso de enfermedad o accidente. Si algo le pasara a uno de ellos, el otro se quedaría sin derecho alguno. Por ejemplo, no podría siquiera entrar a la unidad de cuidados intensivos en el hospital, y mucho menos participar en la toma de decisiones de orden médico, legal o económico. En todos los ámbitos, cualquiera de los familiares del paciente tendría más derechos que su pareja, y podría incluso bloquearle el acceso a este último. Todo lo que han construido Enrique y Martín podría venirse abajo en un instante si uno o el otro tuviera un accidente grave y si, por cualquier motivo, la familia involucrada decidiera tomar la situación en sus manos.

He notado a través de los años que la vasta mayoría de las parejas homosexuales no han tomado las disposiciones legales necesarias en caso de muerte, accidente o enfermedad. Hay varias explicaciones para ello. En primer lugar, no están acostumbradas a pensar en estos términos porque observan los heterosexuales —o sea, la inmensa mayoría de la gente en su entorno— no lo hacen. Pero no lo hacen porque ya tienen, por el solo hecho de ser heterosexuales, una serie de protecciones y derechos de los cuales los homosexuales carecen. En segundo lugar, muchas parejas homosexuales no piensan en el futuro porque no creen que su relación dure toda la vida. Y finalmente, no lo hacen porque no suelen tener hijos, lo que obliga a cierta planeación a largo plazo. Sin embargo, es evidente que cualquier pareja homosexual que tenga algún tipo de propiedad, capital, contratos o seguros debe buscar ordenar sus papeles.

En esta rúbrica vemos una importante laguna en los derechos civiles de los homosexuales. La ley, en su estado actual en casi todos los países, sencillamente no toma en cuenta la realidad de las parejas homosexuales, y menos aún sus derechos. Éste es uno de los principales argumentos a favor del matrimonio gay, como vimos en el capítulo 4.

EL MATRIMONIO Y LOS HIJOS

MARINA: El día en que se legalice en México el matrimonio gay, ¿se van a casar?

MARTÍN (riéndose): Sí, ¡para que nos den los regalos!

ENRIQUE: Sí, que nos hagan nuestra mesa de regalos en El Palacio de Hierro.

MARTÍN: En algún momento lo pensamos, cuando fuimos a San Francisco al orgullo gay. Pero no sé hasta qué punto sería sólo para mimetizar a las parejas heterosexuales. Yo le veo una utilidad a nivel legal, pero no a nivel moral y emotivo.

MARINA: ¿En algún momento pensaron tener hijos?

MARTÍN: Enrique sí quiso ser papá, yo jamás. Me gustan mucho los niños, pero la responsabilidad de la paternidad nunca estuvo en mi proyecto de vida. Esto creó un poco de fricción entre nosotros en diferentes momentos.

ENRIQUE: Sí, cuando tuve como treinta y cinco años quise hacerlo, pero no teníamos las condiciones económicas. Y también hace dos o tres años, cuando pensé que era mi última oportunidad antes de cumplir los cincuenta. Yo no sé si esto tenga que ver con mi deseo de antes, de ser heterosexual normal, toda esa historia mía de querer casarme y tener hijos, y no ser menos que los heterosexuales. Me lo cuestioné mucho, y pensé que en este país no sería buena idea. No sabemos qué pueda resultar, no sabemos cómo sería la homofobia, no sé cómo le podría ir a un niño de diez o doce años si a la junta de padres de familia van dos hombres. No estamos en un país donde eso sea aceptable.

MARTÍN: Además, seguro es más difícil para una pareja de hombres que de mujeres. Ya me imagino yendo a recoger al niño a la escuela, entre todas las señoras. Y creo que empezarían a rechazar al niño. Es como para satisfacer un deseo por encima de la vida de otra persona, por egoísmo, y no siento que sea el momento. Nosotros tenemos otras cosas que las generaciones anteriores no hubieran podido tener, como el hecho de vivir juntos. Hay que ir paso a paso, todavía nos falta un tramo más. Yo creo que sí llegaremos. Aun en nuestra cultura, para las parejas de mujeres ya no hay tanto problema. El que un niño se críe con dos hombres es visto todavía como depravación. Uno tendría que estar siempre pendiente de eso, crearle una burbuja para protegerlo.

MARINA: Y cuando pensaron en la posibilidad de tener un hijo, ¿de qué manera imaginaron hacerlo? ¿Inseminación artificial, adopción?

ENRIQUE: Bueno, eso no se puede, legalmente. Yo tendría que ocultarme, fingir que vivo solo o con una mujer. Un hombre homosexual no puede adoptar. Es una lástima, pienso que Martín sería un magnifico padre. Yo no soy tan niñero, por eso creo que mis razones tienen más que ver con ese deseo de parecer heterosexual. Aun así, creo que seríamos muy buenos padres. Porque no sería sólo el paso que sigue, como lo es para muchos heterosexuales; sería muy pensado, con mucha responsabilidad. Sería criar a un niño con lo mejor que somos, con todo lo que hemos aprendido, en una moral de convivencia social. Se me llegó a ocurrir, para tener un hijo, acercarnos a una pareja de lesbianas, para que compartiéramos la responsabilidad entre todos. Pero en esa época no conocía a ninguna pareja de lesbianas, y luego pasó el momento en que era posible.

Comentario: La respuesta de Martín, y de muchos otros homosexuales a quienes les he preguntado si se casarían, es inmediata: "¡Sí, por los regalos!" En efecto, muchas parejas gays hubieran querido recibir la décima parte de lo que reciben las heterosexuales al casarse. Si no reciben propiedades, reciben con qué amueblar su casa o por lo menos su cocina, lo cual para muchas parejas representa una ayuda económica importante. Pero más allá del valor material de los regalos, está lo que implican las bodas: una legitimación y celebración de la pareja por parte de sus familias y de la sociedad. Representan también un reconocimiento del estatus adulto; los heterosexuales que se casan, independientemente de su edad, ya son considerados adultos. Los homosexuales, en cambio, siguen siendo vistos en cierto sentido como menores de edad, aunque lleven muchos años de relación.

Muchas parejas homosexuales de larga duración se han planteado en algún momento la posibilidad de tener hijos. Es casi inevitable, cuando desde muy temprana edad se inculca en niños y niñas la idea de que cuando crezcan serán padres de familia. Es posible, además, que el deseo de cierta continuidad genética forme parte de la condición humana. Pero en general los homosexuales no lo ven como una posibilidad, a pesar de todas las formas de reproducción asistida que hoy existen, porque la sociedad no los considera aptos para ello. La adopción, como vimos en el capítulo 4, apenas ahora empieza a volverse una opción para ellos.

EL FUTURO

MARINA: ¿Cómo son sus planes a futuro? ¿Creen que siempre van a vivir juntos?
ENRIQUE: Sí.
MARTÍN: Hemos trazado una línea que llega hasta la vejez.
MARINA: ¿Y luego?
ENRIQUE: Bueno, en cierto momento le pondríamos un punto final al trabajo, que es muy pesado.

MARTÍN: Sí, la gente a veces nos carga demasiado trabajo. De pronto creen que la gente gay, por no tener hijos, no tiene otra cosa que el trabajo. Resultamos muy productivos para la sociedad, y por eso nos aceptan. Estamos en el lugar exacto para ciertos tipos de trabajo: como no tenemos esposa ni hijos que atender, piensan que podemos desplazarnos y trabajar todo el tiempo. Además no necesitamos pedir préstamos para la operación del hijo, ni pedir permisos especiales, ni tienen que darle seguro a la pareja. Para ellos es ideal tener empleados gays.

LAS LECCIONES DE LA EXPERIENCIA

MARINA: ¿Y cuáles serían, para finalizar, sus consejos a un par de jóvenes que quisieran formar una pareja gay de larga duración?

MARTÍN: Antes que nada, hablar. La comunicación es lo más básico.

ENRIQUE: Y aprender a compartir lo que el otro hace, tener intereses comunes. Como dice un adagio chino, cásate con alguien con quien platiques muy bien, porque tendrás una vejez a gusto. La pasión sexual sólo dura un rato, y luego tiene que convertirse en otra cosa. Conocemos a muchas parejas que han roto porque se perdió la pasión, y entonces buscan una pareja nueva. Cuando uno llega a los treinta años, si uno no quiere quedarse solo, hay que aprender que la pasión siempre se acaba, y saber convertirla en otra cosa: la convivencia, la comunicación.

MARTÍN: También el sentido del humor, aprender a reírse de uno mismo. Demasiados homosexuales toman la vida a lo trágico, a cada rato se andan cortando las venas.

ENRIQUE: Una de las cosas que me gustaron de Martín desde el principio es que me hace reír: sus comentarios, sus ocurrencias, me botan de la risa.

Comentario: Después de veinte años de relación, Enrique y Martín no dudan en pensarse "para siempre". En primer lugar, al compararse con otras parejas homosexuales ven que han durado más tiempo. En segundo lugar, cuando se comparan con las parejas heterosexuales de su entorno consideran que tienen muchas ventajas sobre ellas. En tercer lugar, la edad cuenta: después de los cincuenta años, ni para los varones homosexuales ni para las mujeres heterosexuales es fácil encontrar pareja. En cuarto lugar, como en cualquier relación larga, el hecho de haber resuelto ya muchos problemas ha fortalecido a la pareja: Enrique y Martín han desarrollado herramientas de comunicación y negociación que requieren mucho tiempo, y que no tendrían ya con nadie más. En quinto lugar, han cultivado vínculos familiares y logrado una inserción social que no tendrían con una pareja nueva, y que son para ellos de suma importancia. En sexto lugar, comparten no sólo propiedades, sino una serie de aspiraciones para el futuro. Finalmente, han construido un largo pasado conjunto, que es la joya de la corona para cualquier pareja: haberse conocido jóvenes, haber crecido juntos, haber acumulado un vasto depósito de experiencias compartidas, en una palabra una memoria común, es quizá lo más importante que pueda crear una pareja, del tipo que sea.

Los dos hablan, asimismo, de la importancia del sentido del humor. Este último es muy común entre la población gay, por su marginación social y pertenencia a una subcultura con sus propios códigos. La gente heterosexual suele ser más convencional, porque vive más desde dentro los dictados y valores de la cultura dominante, sin esa distancia crítica que crea la marginación. Esta distancia posibilita, por su parte, la burla y el humor. Enrique y Martín, por ser hombres gays y también por su profesión de escritores, han desarrollado una visión crítica de la sociedad y un sentido del humor que sin duda han contribuido a mantener la buena salud de su relación.

CAPÍTULO 7

EL LARGO PLAZO:
UNA PAREJA LÉSBICA

Clara y Andrea, de cuarenta y cinco y cuarenta y dos años respectivamente, se conocieron hace veinte años y llevan catorce de relación. Tardaron mucho en formar una pareja porque Clara nunca había tenido relaciones homosexuales ni se consideraba lesbiana. Se había casado a los diecinueve años de edad con un compañero de la preparatoria; durante su matrimonio de seis años tuvo un hijo, que todavía era niño cuando Clara se enamoró, para su asombro, de una mujer. Decidí entrevistar a esta pareja no porque sea típica, sino porque ilustra cómo dos mujeres pudieron vencer obstáculos muy difíciles para construir su relación, que ambas consideran la más profunda e importante de sus vidas. Demuestran que se puede formar una pareja lésbica estable, duradera y feliz a pesar de la homofobia, tanto interna como externa, cuando existen las condiciones para ello: por supuesto el amor, pero también la independencia económica, la comunicación y el compromiso.

UN AMOR INESPERADO

MARINA: ¿Cuánto tiempo llevan juntas?

CLARA: Oficialmente, catorce años, pero hace veinte años que nos conocimos. Fue un flashazo, amor a primera vista. No podíamos dejar de pensar la una en la otra.

ANDREA: Cuando conocí a Clara fue como la canción: me di cuenta de que era mi destino.

CLARA: No lo podía creer, porque nunca había tenido una relación con una mujer; entonces no me daba chance de pensar que estaba enamorada de ella. Me llamaba mucho la atención, pero nunca supuse que iba a tener una relación con ella. Nos conocimos por el trabajo, y cada vez que la veía me fijaba en ella, en cómo iba vestida, estaba todo el tiempo pendiente de ella, a qué hora llegaba, a qué hora se iba...

ANDREA: Clara sabía que yo era lesbiana, pero yo no imaginaba tener oportunidad alguna con ella porque era heterosexual. En esa época las dos estábamos comprometidas con otras relaciones: ella con un galán, yo con una mujer.

CLARA: Al principio sólo fuimos amigas. Nos juntábamos para tomar la copa y nos contábamos nuestros amores, como dos buenas amigas. En una de ésas me entró la curiosidad por acercarme más a ella. Entonces una noche le propuse que fuéramos a un antro gay, y le dije que cuando apagaran la luz yo ya no iba a responder por mí. Y de repente apagaron la luz. Le tomé la mano y le di un beso en la oreja.

ANDREA: Ella fue la que empezó todo. Yo, muy desconcertada pero a la vez encantada. Nunca pensé que Clara pudiera sentirse atraída por mí, y menos tomar la iniciativa. Me llevó a su departamento, pero se asustó. Yo le dije que no tenía ninguna prisa, que aunque estaba muy enamorada de ella podía esperar. Es que Clara fue, y sigue siendo, la mujer más hermosa que he visto en la vida. Luego pasó mucho tiempo. Seguimos viéndonos, nos íbamos a cenar, y de pronto nos cerraban el restaurante porque se nos iba la noche en platicar.

MARINA: ¿Tú habías tenido esa experiencia con un hombre? ¿Ese tipo de plática interminable?

CLARA: No, nunca. Había estado enamorada, o más bien infatuada, un par de veces antes, pero cuando empecé en serio con Andrea me di cuenta de que era totalmente diferente. Lo primero que me sorprendió fue la parte física: me di cuenta de que los hombres eran burdos, bruscos, picosos, que los besos eran incómodos, que los tipos olían mal... [se ríe]. Nunca me había percatado a ese grado. Cuando besé a Andrea descubrí que los besos podían ser muy suaves, la piel tersa, el olor delicioso, totalmente diferente. Luego, cuando empezamos a tener una relación de pareja, sentí un apoyo total. Los hombres que había tenido no sabían mis secretos, no sabían cosas de mí, de mi cuerpo, mientras que con Andrea podía ser totalmente abierta. A los hombres no les importaba saber de mi cuerpo, ni a mí se me ocurría decirles. Con Andrea me sentí mucho más entendida, en una compaginación total. En todos estos años, con ella me he sentido muy respaldada, con mucha solidaridad, cosa que jamás había tenido con un hombre.

MARINA: ¿Con tu marido nunca tuviste eso?

CLARA: Con Fernando tuve una buena relación al principio, pero siempre había una distancia. Creo que nunca estuve enamorada de él. Éramos buenos amigos, nos llevábamos muy bien, teníamos muchas afinidades, como el militar en la izquierda, la universidad... Pero éramos más amigos que pareja. La relación sexual era muy incómoda, yo no la gozaba. Sí he tenido relaciones placenteras con otros hombres, pero nunca como lo que he sentido con Andrea. Nunca había tenido una sensación de plenitud tan completa, tan intensa, como la que tengo con ella.

MARINA: Y entonces, ¿cómo empezó la relación?

ANDREA: Yo no sabía si algún día iba a suceder algo o no, porque veía a Clara muy asustada. Hablé con una amiga lesbiana y le conté todo, ella me dijo: "No te vayas a meter con ella, es totalmente heterosexual, vas a sufrir mucho, ¿cómo se te ocurre?" Yo estaba dispuesta a pagar lo que fuera, a pasar todo el dolor, con tal de hacer el intento. Seguíamos saliendo, y pasaron seis años entre el día que nos conocimos y el día que nos hicimos pareja. En todo ese tiempo sólo hubo un encuentro sexual: un día habíamos ido a cenar y me invitó luego a su casa. Tomamos vino, fumamos, platicamos, y para ahorrarte los detalles acabamos en la cama.

CLARA: Pero al día siguiente yo me asusté.

ANDREA: Se aterrorizó. Me citó a desayunar muy temprano en un restaurante, y ahí me dijo que qué maravilloso pero muchas gracias, que pasó lo que pasó pero que no había pasado nada.

CLARA: Me pareció totalmente fuera de mis posibilidades tener una relación. Yo quería seguirnos viendo como amigas, pero nada de andar. Y pasaron tres años más.

ANDREA: Yo le aseguré que sólo quería estar cerca de ella, saber de ella. Era la mujer que más había amado en la vida, de hecho la única que he amado. Claro, me había enamorado varias veces, pero hasta que conocí a Clara no supe lo que era realmente.

CLARA: Yo me sentía muy atraída por Andrea. Cada vez que la veía me ponía nerviosísima. Fantaseaba con ella, pero seguía con la idea de que una relación de pareja tiene que ser entre un hombre y una mujer, la idea de dos mujeres se me hacía muy extraña. Se supone que los cuerpos de un hombre y una mujer están hechos para embonar, pero con Andrea sentía que embonábamos perfectamente, y entonces no sabía qué pensar. Yo seguía considerándome heterosexual, y tenía pánico de aceptar mis sentimientos por ella.

ANDREA: Pero había señales raras todo el tiempo. De repente Clara se ponía celosa de mis relaciones, de mis amigas.

CLARA: Lo extraño es que yo ya tenía muchas amigas lesbianas, incluso mi propia hermana tenía relaciones con mujeres. Pero tenía miedo de que se enterara mi familia, especialmente mi ex marido y mi hijo. No había lugar en mi vida para una mujer.

ANDREA: Yo mientras tanto tuve otras relaciones, tampoco iba a quedarme los años esperando a Clara sin tener a nadie... aunque en el fondo seguía esperándola.

CLARA: Una noche, seis años después de habernos conocido, me dijo que su relación de pareja no estaba bien, que seguía enamorada de mí. Paralelamente, varias cosas habían cambiado en mi vida. En primer lugar, me volví económicamente independiente. Eso fue muy importante para poder aceptar la idea de una relación con una mujer. Hasta entonces yo había trabajado en una empresa, tenía un jefe con el que además estaba involucrada, así que de alguna forma dependía de él. En cambio, cuando monté mi negocio propio empecé a sentir una gran seguridad en mí misma, una gran fortaleza, y fue entonces cuando se me quitó el miedo. Eso fue determinante, incluso frente a mi ex marido, porque ya no podía hacerme nada.

ANDREA: Una noche me invitó nuevamente a su casa después de haber ido a cenar, y acabamos en la cama.

CLARA: Fue tan impresionante el acercamiento con Andrea que después de esa noche decidí que ya no quería estar sin ella. En ese momento se me quitó el miedo. Eso es lo que celebramos como nuestro aniversario: el día que se me quitó el miedo, tres años después de haber hecho el amor la primera vez. Yo tenía treinta y un años, y Andrea veintiocho. Nos habíamos conocido seis años antes.

Comentario: El caso de Clara, raro hace veinte años, hoy es mucho más común. En efecto, parece haber cada vez más mujeres que después de veinte o treinta años de una vida heterosexual "normal" con novios, matrimonio e hijos, de repente se enamoran de una mujer y cambian radicalmente de vida. En los más de treinta casos que he conocido, nunca se ha tratado de "experimentos" nacidos de la curiosidad o de una crisis existencial (u hormonal), como pudiera pensarse. Ninguna de estas mujeres se ha precipitado en el lesbianismo a la ligera. Antes bien, lo han dudado mucho y han vivido meses o años de confusión y angustia. Les ha sido muy difícil aceptar sus deseos y sentimientos, porque jamás se habían planteado la posibilidad de ser lesbianas. En el proceso de asumirse como tales, han tenido que revisar exhaustivamente su historia afectiva y sexual, sus relaciones anteriores con los hombres, su posición frente a la familia y la sociedad. Han tenido que enfrentar la homofobia no sólo en su entorno, sino también su misma homofobia internalizada. Y en todos los casos que he conocido, han procurado ante todo no dañar a sus maridos e hijos. Ninguna de ellas ha "abandonado" a sus hijos; aunque les haya tomado años de esfuerzo, casi todas ellas han mantenido sus vínculos familiares y sociales.

Clara es un ejemplo de este proceso, al principio confuso y doloroso. Después de un matrimonio de seis años y varias relaciones con otros hombres, y al cabo de una larga lucha consigo misma, actuó con integridad y honestidad. Poco a poco asumió los costos de su amor por Andrea, se abrió con su familia de origen y con su ex marido e hijo. Ninguno de ellos aceptó sin problema su cambio de orientación sexual ni su decisión de vivir con Andrea. Su madre y su ex marido, y hasta su hermana, que también había sido heterosexual antes de "convertirse" siendo ya adulta, la rechazaron en un principio. También su hijo, a pesar de la educación liberal que había recibido, tuvo problemas con el cambio de su madre cuando se volvió adolescente. El proceso de aceptación por parte de todos ellos fue largo y difícil, pero gracias a la tenacidad y la honestidad de ambas mujeres llegó a buen término.

Es interesante notar que la reflexión de Clara sobre su orientación sexual no se dio en términos abstractos. Para ella, la pregunta no fue si era heterosexual u homosexual en general, sino qué hacer con su deseo y sus sentimientos por Andrea. No descubrió, y mucho menos decidió, que le gustaban las mujeres en su conjunto; antes bien, se enamoró de una mujer determinada. Como suele suceder en esos casos, primero vino la amistad, luego el amor, después la relación sexual, y finalmente la revisión de su identidad sexual. Sólo después de todo ese proceso pudo darse la relación de pareja.

El cambio de orientación sexual, mucho más común en las mujeres que en los hombres, y casi siempre de la heterosexualidad a la homosexualidad, plantea toda una serie de preguntas y problemas teóricos. Si la homosexualidad es innata, causada por la genética, por los niveles hormonales durante la vida intrauterina, o incluso por alguna diferencia en la anatomía del cerebro, como se ha especulado en años recientes, entonces no se explica que la gente cambie de orientación. Los factores físicos que pudieran determinar la homosexualidad no son susceptibles de cambio, y menos de un cambio repentino, y en consecuencia no pueden explicar que una persona se vuelva homosexual ya en la edad adulta. Tal transformación puede darse más fácilmente en la adolescencia, como parte de la indefinición y la experimentación propias de esa etapa. No se trata, sin embargo, de una orientación sexual ya establecida que repentinamente cambia, sino de un proceso de exploración que sigue abierto hasta que el adolescente define y asume su "verdadera" orientación. En la edad adulta, ya no se trata de una exploración sino de una transformación profunda, que aún no ha sido explicada.

Hay otro problema. Desde que empezó a estudiarse científicamente la sexualidad, en la segunda mitad del siglo XIX, siempre se ha postulado que la orientación sexual es esencialmente invariable y está organizada alrededor de dos polos, de manera que la gente es básicamente heterosexual u homosexual, sin posibilidad de cambio. Hace cincuenta años, gracias a los trabajos de investigación de Alfred Kinsey, se descubrió que entre los dos polos existe una amplia gama de conductas sexuales intermedias. Se siguió pensando, sin embargo, que las personas predominantemente homosexuales seguirían siendo homosexuales, lo mismo que las heterosexuales; la orientación sexual seguía considerándose como algo básicamente fijo. Esta idea comenzó a desmoronarse hace unos veinte años, cuando empezó a cobrar fuerza la idea de una tercera orientación sexual, la bisexualidad, en la cual la persona no se considera ni heterosexual ni homosexual, sino libre de amar y relacionarse con cualquiera de los dos sexos. Esta concepción moderna de la bisexualidad incluye implícitamente la posibilidad de cambiar una y otra vez de orientación sexual, tanto en lo afectivo como en lo sexual, según el sexo de la persona amada.

Pero esta idea tampoco explica cabalmente lo que le sucedió a Clara y a un número creciente de mujeres como ella. Antes de conocer a Andrea, Clara no se consideraba bisexual, sino heterosexual, y así vivió durante décadas; y ahora no se dice bisexual, sino homosexual, y así vive desde hace catorce años. Ya no le interesan los hombres, ni piensa volver a tener una relación heterosexual. No se puede decir que Clara sea bisexual sólo por el hecho de haberse relacionado con personas de ambos sexos en distintas épocas de su vida. No: primero fue heterosexual, y ahora es lesbiana.

Además, la idea de la bisexualidad puede explicar las conductas sexuales, pero no tanto los sentimientos. Es muy diferente poder tener relaciones sexuales con personas de un sexo o del otro, a poder enamorarse con la misma facilidad. No cabe duda de que muchas personas pueden disfrutar de una relación sexual con hombres o mujeres más o menos indistintamente, pero la orientación afectiva —de qué lado uno se enamora y se compromete emocionalmente— no es tan sencilla ni tan flexible. Incluso gente que se considera a sí misma bisexual suele relacionarse afectivamente sólo con las personas de un sexo, el propio o el otro.

Si bien la revolución sexual abrió las puertas para una experimentación sexual de todo tipo, el hecho es que la inmensa mayoría de la gente sigue formando relaciones de pareja o bien heterosexuales, o bien homosexuales, y que suele permanecer en una orientación o la otra. Factores sociales como la revolución sexual o la homofobia no parecen ser determinantes: la gente no cambia de orientación, ni en un sentido ni en el otro, por adaptarse a su entorno. La prueba de ello es que la enorme mayoría de los homosexuales siguen siéndolo, pese al estigma social que ello implica en casi todo el mundo, y que rara vez se convierten en heterosexuales. Casos como el de Clara, entonces, no se pueden explicar por una bisexualidad esencial, ni por la evolución de la mentalidad y las costumbres en la sociedad contemporánea.

La teoría psicoanalítica respecto de la homosexualidad, centrada en el complejo de Edipo, tampoco es suficiente para iluminar lo que sucede cuando una persona cambia de orientación. Si esta última es dada por las experiencias tempranas, las dinámicas familiares, el desenlace del Edipo, la fijación en la figura materna u otras posibles causas ubicadas en la infancia, ¿cómo podría cambiar en la edad adulta? El mismo Freud así lo reconoció implícitamente, al escribir que el psicoanálisis es prácticamente incapaz de cambiar la orientación sexual.[1]

Otra explicación, derivada también de la teoría psicoanalítica y adoptada por muchos activistas gays, es que las personas que se "convierten" en homosexuales en realidad lo eran desde siempre, pero que no se habían dado cuenta de ello a nivel consciente. Esta idea supone que existe una homosexualidad latente más o menos permanente, como dijo Freud,[2] pero no explica por qué la balanza se inclina hacia ese lado tan tarde y tan repentinamente, ni por qué este cambio es mucho más frecuente en las mujeres que en los hombres. Podríamos suponer que la homosexualidad latente no se manifiesta hasta que se vuelve permisible, por ejemplo cuando la persona considera que ya ha cumplido con sus "obligaciones" heterosexuales, como casarse y criar a sus hijos; sólo entonces podría dar rienda suelta a sus verdaderos deseos.

El problema es que esta explicación de la homosexualidad reprimida no coincide con la realidad vivida. En primer lugar, la mayoría de quienes viven tal transformación nunca habían tenido deseos ni sentimientos homosexuales, ni siquiera en sus fantasías. Vivían como heterosexuales y así se consideraban. En segundo lugar, el cambio no se observa sólo en cierta etapa de la vida, cuando se vuelve posible o más factible el cambio: lo he observado en personas de treinta, cuarenta, cincuenta y hasta sesenta y cinco años de edad. Se da en mujeres casadas o solteras, con o sin hijos, independientemente de que hayan cumplido o no con sus "tareas" heterosexuales. Finalmente, esta explicación plantea un problema ético y epistemológico importante: ¿cómo no creerles a las personas que nos dicen que siempre fueron heterosexuales, en lo sexual y en lo afectivo, a lo largo de décadas enteras de su vida adulta? ¿Cómo pensar que en realidad eran otra cosa, y que su identidad, su estabilidad o incluso su felicidad eran una mentira? ¿Cómo podemos descontar lo que afirman por ajustarnos a una u otra explicación teórica?

Hay otras maneras de explicar dicho cambio, todas insuficientes. Mucha gente supone, por ejemplo, que haber tenido malas experiencias con

---

[1] Escribe Freud: "En general, la empresa de convertir en heterosexual a un homosexual llegado a su completo desarrollo no tiene muchas más probabilidades de éxito que la labor contraria, sólo que esta última no se intenta nunca, naturalmente, por evidentes motivos prácticos" ("Sobre la psicogénesis de un caso de homosexualidad femenina" [1920], en *Obras completas*, tomo III, p. 2547).

[2] "Todos los normales dejan reconocer, al lado de su heterosexualidad manifiesta, una considerable magnitud de homosexualidad, latente o inconsciente" (*Ibídem*, p. 2561).

el otro sexo puede "volver" homosexual a una persona, o que ésta puede "decidirlo" por sí misma. Esta seudoexplicación omite por lo menos tres hechos ampliamente constatados por los estudiosos en la materia.

Uno, la gente no escoge su orientación sexual; tanto en los heterosexuales como en los homosexuales, ésta aparece como algo dado y enteramente fuera de su control. Además, si uno pudiera elegir libremente su orientación, veríamos muchos más casos de gente homosexual que se convierte en heterosexual, por razones obvias, y no al revés, como le sucedió a Clara.

Dos, las personas que han padecido malas experiencias con el otro sexo, en el orden emocional o sexual, no suelen volverse homosexuales. Antes bien, suelen perseverar, esperando tener más suerte la próxima vez. En el peor de los casos, pueden dejar de relacionarse con el otro sexo, pueden volverse asexuales o célibes por el resto de sus vidas, pero esto no significa que se vuelvan homosexuales. Además, si toda la gente que la ha pasado mal en sus relaciones heterosexuales se "convirtiera" de esta manera, habría muchos más homosexuales en el mundo. Sabemos que en México, por ejemplo, la mayoría de las mujeres heterosexuales no tienen orgasmos; sabemos también que al menos una tercera parte de ellas han tenido relaciones emocionalmente devastadoras, en las cuales han padecido agresiones físicas o verbales. Sin embargo, no se vuelven lesbianas. Por otra parte, la mayoría de las personas que han cambiado de orientación sexual, según lo que he podido observar, no habían vivido relaciones heterosexuales particularmente malas: habían sido, en su propia opinión, más o menos felices en sus matrimonios. No descubrieron, ni sospecharon siquiera, que algo faltara —satisfacción sexual, o una buena comunicación, o una solidaridad real—, hasta que se relacionaron con una persona del mismo sexo.

Tres, la idea de una decisión libre y ponderada no toma en cuenta el enorme dolor y desconcierto que viven las personas que cambian de orientación sexual, sobre todo cuando se trata de una "conversión" hacia la homosexualidad, como generalmente sucede. Al contrario, en un primer momento esta transformación radical en lo más profundo de su ser se les aparece como una calamidad, y como algo inexplicable y totalmente fuera de su control, que jamás hubieran escogido aunque se les hubiera ocurrido.

Es posible que no tengamos aún los elementos para entender a fondo el cambio de orientación sexual en la etapa adulta. Todas las teorías al respecto resultan insuficientes de una manera u otra. Ninguna de ellas explica cómo es posible que cambie la orientación sexual, si es cierto que esta última es determinada por factores biológicos, la vida temprana y las experiencias previas de las personas. Ninguna de ellas explica por qué se da mucho más en las mujeres, ni cómo es posible que nunca antes hubieran aparecido deseos o sentimientos homosexuales.

En todo caso, pareciera que una condición necesaria, mas no suficiente, para tal cambio es la aceptación social de la homosexualidad: es evidente que la gente puede más fácilmente concebir una relación homosexual y permitírsela cuando esa posibilidad existe en la cultura, aunque no sea celebrada. Es lógico que tales ejemplos puedan ser más comunes, y sobre todo más visibles, en una sociedad tolerante; pero también es evidente que la tolerancia por sí sola no hace que la gente cambie de orientación sexual. En ese sentido están equivocados los conservadores que creen que la "permisividad" social alienta la homosexualidad; la apertura social, a lo mucho, sólo permite vivir abiertamente lo que antes se vivía de manera oculta.

EL COMPROMISO

MARINA: ¿Ustedes se imaginaron que iban a durar catorce años?

CLARA: Pensamos que íbamos a durar toda la vida. Desde el día que se me quitó el miedo, sentí que quería estar con Andrea el resto de mi vida. No había otra posibilidad.

ANDREA: Yo sentí lo mismo, pero desde que la conocí.

MARINA: ¿Cómo fue que decidieron vivir juntas?

ANDREA: Ese día, el día que se le quitó el miedo, me dijo que ya estaba lista para vivir juntas. En aquel entonces yo estaba en una relación muy problemática con una mujer con la que tenía negocios en común. Quise cuidarla, y esperé el momento apropiado para romper; ya llevaba cuatro años con ella. Pasó otro año hasta que me separé, una eternidad. Entonces compramos esta casa y empezó la relación de pareja.

Comentario: Para esta pareja, el compromiso surgió no sólo del amor, sino de la larga espera que vivieron. En ningún momento pensaron en la conveniencia económica, familiar ni social, factores importantes para muchas parejas heterosexuales cuando deciden casarse. Basarse sólo en el amor, independientemente de otras consideraciones, constituye a la vez la mayor fortaleza y la mayor debilidad de las parejas homosexuales. Para ellas son secundarios o irrelevantes los aspectos económicos, familiares o sociales de la relación, porque de todos modos sus relaciones de pareja no suelen recibir la aprobación de sus familias ni de la sociedad. Aun así, con el amor no basta, sobre todo en la ausencia de incentivos familiares, sociales o económicos para mantener la pareja.

Es indispensable el compromiso, aún más que en el caso de las parejas heterosexuales, precisamente porque no existen los demás incentivos de tipo familiar, social o económico. Quizá por los seis años previos, desde el inicio de su relación de pareja Clara y Andrea hicieron un compromiso de vida y actuaron en consecuencia. Podemos suponer que su decisión se basó en varios factores. Para empezar, las mujeres en general están formadas y educadas para el compromiso a largo plazo, con sus padres, marido e hijos. En esta disposición convergen elementos tanto biológicos como sociales, aunque sea imposible por el momento determinar cuáles pesan más: no sabemos si las mujeres se comprometen más en las relaciones de todo tipo por su educación o por algún factor biológico asociado, por ejemplo, con la maternidad.

En segundo lugar, en este caso podemos suponer que también influyeron la larga amistad y convivencia anterior a la formación de la pareja. Ambas mujeres ya se conocían al derecho y al revés, en sus gustos, intereses, actividades profesionales y rutinas personales. Esto habla a favor del conocimiento mutuo antes de formar una pareja, cosa poco frecuente en el mundo gay. Como señalo en *La experiencia homosexual,* las parejas homosexuales en muchos casos se forman de manera prematura, porque comparten la orientación y la atracción sexuales, lo cual no es suficiente para el largo plazo en ningún tipo de pareja.

En tercer lugar, observamos que las dos ya tenían mucha experiencia de la vida cuando decidieron unirse. Ya habían tenido varias parejas, cada una sabía lo que buscaba en una relación y cómo alcanzarlo. Una de ellas ya tenía un hijo, con todo lo que eso implica de paciencia, dedicación y compromiso. O sea, ambas habían acumulado mucha práctica de las relaciones humanas. Con todo, era necesario que sacaran las mismas conclusiones de esas lecciones de la vida y estuvieran de acuerdo en ellas, y así sucedió. Ni una ni otra estaba dispuesta a repetir patrones anteriores, en contraste con lo que sucede generalmente, cuando una persona cambia de pareja pero sigue repitiendo los errores de siempre. Esto suele pasarles tanto a los homosexuales como a los heterosexuales, aunque quizá de manera más marcada a estos últimos, que tienden a guiarse más por las "buenas costumbres", las apariencias y los juegos de poder y seducción entre hombres y mujeres propios de una sociedad machista.

Con Clara y Andrea observamos una de las grandes ventajas de las parejas homosexuales: poder inventar y reinventar las reglas del juego de su relación, sencillamente porque para ellas no existen normas predeterminadas. Para los homosexuales hoy día, no hay manuales como los que desde su más tierna infancia asimilan los heterosexuales: no hay noviazgo, ni matrimonio, ni luna de miel, ni hijos y nietos, que se vayan sucediendo "naturalmente"; no hay modelos a seguir, ni formas de convivencia establecidas. Por todo ello, la pareja homosexual tiene la posibilidad de inventar sus propias reglas. Pero eso depende de la honestidad y experiencia de vida que ambas personas aporten a la relación; tampoco por ser homosexuales se da automáticamente. Antes bien, muchas parejas homosexuales tienden a repetir los patrones aprendidos del matrimonio heterosexual, con todo lo que este último puede implicar de desigualdad y maniobras de poder de ambos lados. Veremos más adelante cómo esta pareja lésbica fue formulando y acordando reglas del juego distintas de las que habían experimentado anteriormente.

LA FAMILIA

MARINA: ¿Cómo se dio cuenta la familia?

CLARA: Empezaron a darse cuenta poco a poco, en las reuniones familiares a las que iba Andrea; además, el niño de repente oía conversaciones telefónicas entre nosotras. Pedrito tenía diez años, y empezó a hablar de ello con mi mamá; por su lado, ella comenzó a darse cuenta al ver a Andrea con él: la trataba como si fuera su tía. Mi mamá un día me preguntó, sin preámbulos, "¿No le afecta al niño tu relación con Andrea?" Yo me puse roja, no podía creer que mi mamá me estuviera hablando tan abiertamente del asunto. Le contesté: "Al contrario, yo creo que le hace mucho bien, está muy contento y quiere mucho a Andrea".

ANDREA: De hecho, yo conocí al niño desde que tenía cuatro años; siempre estuve presente en su mundo. Así es que yo ya tenía una relación con él: jugábamos, nos hablábamos por teléfono, platicábamos todo el tiempo.

CLARA: Cuando mi mamá me preguntó eso pude responderle así porque había además un precedente: mi última pareja masculina no había querido al niño, no le hacía caso ni le interesaba. Y mi mamá alguna vez me lo había reclamado: "¿Cómo es posible que tengas una pareja que no quiera a tu hijo, que no lo incluya en los planes de ustedes?" Por eso pude decirle a mi mamá que esta relación era buena para él: el niño formaba parte de mi relación, y tenía una persona más que lo quería mucho. Poco tiempo después mi mamá nos invitó a cenar a su casa, ya como pareja. Me di cuenta de esto porque a Andrea le enseñó toda la casa, incluyendo las recámaras y los baños, cosa que mi mamá sólo hace cuando acepta a alguien como miembro de la familia. Es su manera de abrir las puertas. Entendí entonces que estaba recibiendo a Andrea como su nueva nuera.

MARINA: Y tu ex marido, ¿cómo se enteró?

CLARA: Yo creo que por el niño.

ANDREA: Lo conocí en una función de teatro donde participaba Pedrito. Clara me lo presentó, y fue muy amable.

CLARA: Después me felicitó, me dijo que no tenía ningún problema con mi relación, que viviera lo que tuviera que vivir. Aparentemente fue muy comprensivo y aceptó muy bien las cosas. Pero algún tiempo después, cuando se separó de su novia de entonces, creo que se sintió solo y quiso ver más a su hijo. Por otra parte, Pedro comenzó a darse cuenta, ya adolescente, de que podía manejar las cosas como le conviniera. Después de haber aceptado sin problema nuestra relación durante varios años, empezó a quejarse de que no estaba contento y anunció que quería vivir con su papá.

ANDREA: Sí, cuando le ponía límites de repente yo no era nadie, no era su mamá ni su papá, y comenzó a usar la situación para rebelarse contra nosotras. Por fin se fue a vivir con su papá. Y entonces éste se puso en contra nuestra.

CLARA: Creo que el niño empezó a hablar mal de nosotras, y a mi ex marido de repente se le ocurrió que, siendo ya adolescente, Pedrito iba a tener problemas con sus amigos en la escuela, cuando todos los demás niños sabían que su mamá vivía con otra mujer y nunca había sido problema.

MARINA: Y Pedro, ¿cómo hablaba de ustedes dos? ¿Como amigas, lesbianas, novias, esposas?

CLARA: Cuando Pedrito tenía diez años escribió en su diario que su mamá era "lesviana", o sea que desde muy temprano formuló las cosas tal y como eran, mucho antes de que nosotras habláramos explícitamente con él.

MARINA: ¿Cuándo y cómo le explicaron de qué se trataba?

CLARA: Es que era normal, desde siempre. Yo le contaba, cuando todavía era muy chico, que la homosexualidad existía en el mundo como existen las flores y los pájaros. Le hablé de grandes personajes que habían sido homosexuales, como Shakespeare, Miguel Ángel y Oscar Wilde. Le dije que lo único que no podía pasar cuando dos hombres o dos mujeres formaban una pareja era tener hijos juntos, pero que todo lo demás era igual. Siempre hablé de relaciones de pareja entre hombres o mujeres, incluyendo a todos los amigos gays que conocía. Además, él había crecido entre parejas gays porque tiene una tía lesbiana. Nunca fue problema para él hasta que llegó a la adolescencia y su papá comenzó a meterle ideas que no eran suyas. Entonces, de repente dijo que no le gustaba vivir con una pareja lesbiana e inventó cosas que no eran ciertas, como que íbamos a adoptar más niños.

MARINA: ¿En la escuela tuvo problemas por tener una mamá lesbiana?

CLARA: No, nunca tuvo ningún problema y siempre sacó excelentes calificaciones.

Comentario: La cuestión tan difícil para muchas mujeres de cómo decirles a sus hijos que son lesbianas fue facilitada en este caso por varios factores. Uno, Pedro había recibido una educación liberal al respecto desde muy chico, y siempre había conocido a parejas homosexuales. Dos, desde su más temprana infancia había convivido con Andrea, una presencia constante y cariñosa. Tres, Clara ya estaba divorciada cuando se enamoró de Andrea, y su ex marido tenía otra pareja; además, era de por sí un hombre liberal, que también había conocido a muchos homosexuales. Por todo ello, no se opuso a que su hijo supiera de la relación entre Clara y Andrea, ni a que conviviera con ellas. Surgieron problemas cuando el ex marido se separó de su pareja y cuando Pedro entró en la adolescencia, etapa en la cual los varones se vuelven especialmente homofóbicos con tal de demostrar su incipiente hombría.

Durante la infancia de Pedro, sin embargo, no hubo mayor problema. De hecho recibió una educación "naturalista" acerca de la homosexualidad: sin grandes discursos ni explicaciones, siempre oyó hablar del tema, conoció a gente gay, y convivió con la pareja de mujeres desde su infancia. Es posible que ésta sea la mejor manera de educar a los niños acerca de la homosexualidad, en lugar de esperar a que sean adolescentes o adultos para enterarlos, y tener por tanto que enfrentar una homofobia ya consolidada.

Otra finalidad deseable en estos casos —por cierto, muy numerosos: en Estados Unidos, 33% de las parejas lésbicas y 22% de las parejas gays masculinas tienen hijos— es que madres, padres, maestros, médicos, etc. estén bien informados acerca de cómo crecen los niños criados por parejas homosexuales, sean masculinas o femeninas. Existe ya mucha investigación al respecto, como vimos en el capítulo 4.

LA SOCIEDAD

MARINA: ¿Ustedes han sido alguna vez objeto de homofobia?

CLARA: No, nunca. Siempre hemos sido tan abiertas que a la gente no le queda de otra que aceptarnos. Por ejemplo, todos nuestros vecinos son heterosexuales, y además muy conservadores. De repente convivimos con ellos, cenamos con ellos, y nos dicen: "Son ustedes mujeres muy interesantes". Hasta ahí. Nunca se menciona la homosexualidad.

ANDREA: Yo nunca lo he escondido, aunque tampoco lo publico. Se entiende que somos pareja: sin tomarnos de la manita, siempre hablamos en plural, la gente sabe que no tenemos parejas masculinas. Es muy obvio. Que jamás hayamos tenido problemas depende, creo, de nuestra propia aceptación. No nos escondemos, ésa es la clave.

CLARA: Una vez me gané un viaje al Oriente como premio en la empresa en que trabajo. Quise que fuera conmigo Andrea, como mi pareja, pero a mi jefe no le pareció y se opuso. Yo estaba furiosa. Le escribí una carta preguntándole: "Si mi familia acepta mi relación con Andrea, ¿por qué tú no? Andrea no es una amiga: es mi pareja, y yo no voy a ir a ningún lado sin ella". No me contestó. Una semana después, su secretaria me avisó que Andrea sí podía ir al viaje, con la condición de que pagara su propio boleto.

Así fue, y a partir de ahí mi jefe comenzó a tratarnos como pareja.

MARINA: ¿Sus amistades tienden a ser homosexuales o heterosexuales?

CLARA: Yo creo que mitad y mitad. Nuestras amigas generalmente son lesbianas. De hecho, tenemos pocos amigos hombres.

MARINA: ¿Extrañan en su vida una presencia masculina?

CLARA: Jamás. Yo me siento totalmente a gusto con las mujeres y no me hacen falta los hombres nunca, para nada. En mi trabajo tengo mucho más contacto con hombres que con mujeres, pero me siento mucho más a gusto con ellas.

ANDREA: Yo me siento bien con los hombres, me gusta conversar con ellos. Pero siempre el punto de vista de las mujeres es más interesante, más inteligente, más sensible.

Comentario: Como muchas otras parejas homosexuales, Clara y Andrea han encontrado que una condición indispensable para evitar la homofobia externa es combatir la propia. En general, los homosexuales que viven abiertamente su orientación padecen menos discriminación y menos riesgo de chantaje o exclusión que los que permanecen en el clóset. Esto tiene su razón de ser: lógicamente, la gente trata como "normales" a quienes se presentan como tales, incluye a quienes se incluyen, y respeta a quienes se dan su lugar. Los homosexuales que viven en el clóset pagan un precio por ello; los que salen, aunque tengan que pasar por una fase inicialmente difícil, a la larga viven mejor.

Sin embargo, esto a veces no es suficiente. Por muy abiertamente que vivan las personas o las parejas, a menudo los heterosexuales no saben cómo tratarlas. Puede ser por homofobia o porque de verdad no saben qué hacer, socialmente hablando, con las personas gays. Por ejemplo, no les queda claro si pueden mencionar el tema gay o no; si deben invitar a la pareja o no, ni cómo hacerlo; si deben tratar a esta última como a un auténtico cónyuge (¿esposa, esposo?), o como a un amigo, socio, *roommate* o "acompañante". No entienden muy bien la distribución de roles en una pareja homosexual: tratan de averiguar quién es "el hombre" y quién "la mujer", no saben a quién se le deben dar las flores o el vino, o a quién llamar para hacerles una invitación.

Creo que las personas que salen del clóset y viven abiertamente su homosexualidad adquieren implícitamente un compromiso hacia la gente cercana de su entorno: educarlas. Esto significa explicarles que a los homosexuales se les debe dar el mismo trato que a los heterosexuales; se debe mantener con ellos la misma discreción pero también la misma hospitalidad, invitando a la pareja del mismo sexo como si se tratara de un matrimonio heterosexual; se debe entender que la pareja no es una simple amistad, ni tampoco una aventura meramente sexual, ni (por supuesto) una provocación. Muchos heterosexuales consideran todavía que el hecho de que un homosexual mencione a su pareja es una forma de desafío, que hablar en plural ("Anoche fuimos al cine") es un anuncio imprudente e indiscreto de la orientación sexual, como si los heterosexuales no hablaran siempre así.

Conozco a una mujer que llevaba más de diez años viviendo abiertamente con su pareja; sin embargo, una vieja amiga suya siempre la invitaba sola a sus cenas y reuniones. Era una situación incómoda, porque si iba se encontraba con que toda la demás gente había sido invitada con su pareja (heterosexual), y si no iba porque no quería ir sola, su declinación era interpretada como una ofensa. Por fin le explicó a su amiga que ya no iría si no invitaba también a su pareja. La amiga, consternada por el malentendido, le confesó que en realidad no sabía si debía o no invitar a la pareja porque no estaba segura de si era una relación pública o secreta y no había querido ser indiscreta, pero ahora que se daba cuenta de la situación y del deseo de su amiga de ser invitada con su pareja, siempre la iba a incluir. Y así fue. Este ejemplo muestra cómo la actitud de la amiga se basaba no en un rechazo, sino en una auténtica duda acerca de cómo tratar a su amiga lesbiana. Como este ejemplo hay muchos, y por ello creo que los homosexuales deben educar a su familia y amistades acerca de cómo quieren ser presentados y tratados.

LA VIDA DE PAREJA

MARINA: ¿Cómo es la división del trabajo en la casa? ¿Hay roles masculino y femenino?

CLARA: Pareciera como que en la casa tuviera que haber esos roles, pero nosotras tenemos una combinación muy chistosa. Somos totalmente complementarias. A mí me gusta cocinar, y a Andrea le gusta preparar los tragos. A las muchachas las dos les damos instrucciones por igual. Nos gusta ir al súper juntas.

ANDREA: Las dos manejamos, según quien vea mejor, porque Clara no ve bien de noche, o quien esté más cómoda con el coche que vamos a usar.

MARINA: ¿Quién se ocupa más de organizar la vida social y armar planes con las amistades?

ANDREA: Yo soy la más social, aunque cada una se ocupa de sus propias relaciones familiares.

CLARA: No hay roles masculino y femenino, aunque sí hay cosas que yo hago más o que Andrea hace más, pero es por gusto.

MARINA: ¿Quién toma más las decisiones, por ejemplo acerca del tiempo libre o las vacaciones?

ANDREA: Yo soy la que toma más iniciativas, tengo más propuestas.

Pero no por sugerirlo yo es eso necesariamente lo que se hace.

MARINA: Hablemos ahora de autonomía. ¿Cada quien tiene sus amistades por su lado?

CLARA: No, creo que no. Yo casi no veo a nadie si no es con Andrea.

ANDREA: Mis amistades también son amistades de Clara. Pero yo sí veo a mis amigas sin ella, aunque nunca la excluyo. Siempre está invitada, pero muchas veces prefiere quedarse en casa.

CLARA: Es que yo casi no tengo amigas. Hace varios años que no voy a comer o a cenar sola con alguien. Pero no me hace falta. Siempre tengo en que ocuparme. Eso sí, cada quien tiene sus espacios propios, su estudio.

MARINA: ¿Nunca se van de vacaciones por separado?

CLARA: No, nunca. Yo he viajado sola por mi trabajo, pero no se me ocurriría ir de vacaciones sin Andrea. Al contrario, siento que nos hace falta más tiempo juntas. Durante el día nos hablamos muchas veces por teléfono. Cuando estamos en una reunión social, siempre platicamos entre nosotras. Hasta nos han preguntado si de veras vivimos juntas, porque siempre estamos platicando. Nos cierran los restaurantes y seguimos platicando.

ANDREA: Es que las dos tenemos muchas actividades, de trabajo y de estudio. Siempre tenemos mil proyectos y siempre hay de que hablar.

CLARA: Hasta cuando estamos las dos en casa tenemos nuestras actividades por separado. Entonces, cuando nos juntamos hablamos todo el tiempo. Los fines de semana, lo mejor que nos puede pasar es no tener ningún compromiso. Vemos películas, nos preparamos de comer rico, hacemos planes. Nos gusta encerrarnos y poder estar juntas sin salir.

ANDREA: A mí lo mejor que me puede pasar es estar sola con Clara: salir a cenar con ella, estar sola con ella.

Comentario: En esta pareja, como en la masculina que presentamos en el capítulo 6, no existe una división del trabajo por género como suele suceder en las relaciones heterosexuales. Cada persona se hace cargo de las tareas que más se le facilitan por educación, comodidad o sencillamente por gusto. Observamos además cómo de repente se alternan algunas tareas, según las circunstancias, con la flexibilidad característica de una relación igualitaria. Nadie domina siempre: hay una alternancia en la toma de decisiones, y todo es negociable.

Las dos mujeres suelen pasar todo su tiempo libre juntas, cosa común en las parejas lésbicas, que, por lo general, evidencian menos autonomía personal que las masculinas o incluso las heterosexuales. Estas últimas, debido a la tradicional repartición de roles masculino y femenino, acostumbran preservar espacios individuales: las mujeres ven a sus amigas o a sus hermanas sin el marido, los hombres tienen sus comidas de negocios o se juntan entre ellos para jugar futbol o ver un partido. Las parejas gays masculinas suelen mantener asimismo cierta autonomía, por la sencilla razón de que los hombres están más acostumbrados que las mujeres a ser socialmente independientes.

En la pareja lésbica observamos muchas de las conductas propias del género femenino en cuanto a cierta tendencia a la fusión emocional: suelen compartir casi todo su tiempo libre y amistades. Esto no significa que no sean felices; al contrario, para muchas mujeres la relación ideal implica compartirlo todo. Pero sí puede conducir a una dependencia emocional excesiva. En este caso, Clara y Andrea han mantenido espacios profesionales diferentes, lo cual les sirve de contrapeso y les ayuda a mantener su individualidad. Muchas otras parejas lésbicas comparten no sólo la cama y la casa, sino también el trabajo. Cuando eso pasa corren el riesgo de una fusión mayor que pueda llegar a asfixiarlas.

LA RELACIÓN SEXUAL

MARINA: ¿Cómo ha sido la relación sexual?

CLARA: Se ha mantenido durante todo este tiempo. Ha tenido cambios, pero sigue siendo tan fuerte y tan intensa como al principio. Los cambios han tenido que ver con la menopausia: he subido un poco de peso, y ahora necesitamos cremitas para lubricar y cosas así. Pero eso nos ha acercado todavía más. Ha habido mucha comprensión, mucha atención de Andrea hacia mí. Todavía estamos como dos adolescentes.

ANDREA: Lo de la menopausia ha sido algo nuevo. Para mí ha sido importante consentir a Clara, cuidarla en ese sentido; yo todavía no estoy ahí. Ella de repente tiene cambios de humor, pero yo la entiendo y no lo tomo demasiado en serio. Afortunadamente, nuestra sexualidad no se ha visto afectada.

MARINA: ¿Usan juguetes sexuales o ven juntas películas pornográficas? ¿Han abierto la relación a terceras personas?

CLARA: De terceras personas, nada. Nos gusta mucho fantasear juntas, por ejemplo si vemos a una mujer que nos gusta en el cine o en la calle. Nos gustan algunas películas porno, con tal de que no sean exclusivamente heterosexuales, y sólo un ratito.

ANDREA: A veces vemos cosas por curiosidad, pero por lo general las películas porno que pasan en la televisión son muy deprimentes. Lo que más nos gusta son las películas de mujeres hechas por mujeres. No son la gran maravilla, pero por lo menos no están llenas de tipos y pitos. También hemos comprado cositas en las *sex shops,* como vibradores, pero nada que tenga forma de pene. Es nada más por curiosidad, las probamos y ya.

CLARA: Preferimos a la antigüita. Por lo demás, hemos hablado mucho y hemos decidido que no vamos a tener un affaire fuera de la relación.

ANDREA: A mí no se me antoja. Pensar en otra gente, con otro cuerpo y otro olor, me da mucha flojera.

Comentario: Es en el campo sexual donde vemos la diferencia más marcada entre las parejas gays femeninas y masculinas. Estas últimas por lo general recurren mucho más a la pornografía y a las terceras personas, tienen prácticas sexuales más variadas y relaciones más frecuentes. Estas diferencias derivan más del género que de la orientación sexual: los hombres gays tienen una actividad sexual mayor no por ser gays, sino por ser hombres. Su sensibilidad sexual es mucho más visual, está menos ligada a la intimidad emocional, y es por supuesto más libre en el sentido de tener más espacios y oportunidades para buscar encuentros sexuales.

Como la mayoría de las parejas lésbicas, Clara y Andrea no suelen utilizar juguetes sexuales (por ejemplo, vibradores); encuentran más placenteras las prácticas "a la antigüita", como la estimulación manual y oral. A pesar de su ya larga relación, hacen el amor dos o tres veces por semana, una frecuencia alta comparada con el promedio de las parejas lésbicas, que por lo general presentan menos actividad sexual que las heterosexuales o las masculinas; estas últimas son las que presentan la frecuencia sexual más elevada de todos los tipos de pareja. Lo más común en las parejas lésbicas es que básicamente dejen de hacer el amor después de tan sólo seis o siete años de relación, por varias razones: la tendencia a la fusión y al comportamiento maternal, la suma de los factores físicos que pueden conjuntarse en dos mujeres (menstruación, menopausia) y la socialización de las mujeres en general, que tiende a inhibir la plena expresión de su sexualidad.

Asimismo, las lesbianas no suelen experimentar con *ménages-à-trois,* probablemente debido a las inhibiciones derivadas de su educación sexual, y por el vínculo entre intimidad sexual y afectiva, al que conceden mucha mayor importancia que los hombres. También es cierto que una pareja sexualmente satisfecha no tiene por qué buscar a terceras personas. Además, se percibe que ni Andrea ni Clara quisieran poner en riesgo todo lo que han construido en su relación, y no cabe duda de que los *ménages-à-trois,* por excitantes que sean, pueden suscitar problemas de celos, desconfianza e inseguridad que dañarían la relación de pareja.

TRABAJO Y TIEMPO LIBRE

MARINA: Comparten alguna actividad profesional?

ANDREA: Cada quien tiene su profesión, pero trabajamos juntas en un aspecto del negocio de Clara: la visión general, la estrategia a largo plazo de su empresa.

CLARA: El único problema de trabajar juntas es que, como pasamos tanto tiempo juntas, de repente hablamos todo el tiempo del negocio. Entonces tuvimos que poner un alto: a partir de la cena ya no hablamos del asunto. Porque si no, nos damos cuerda y nunca paramos.

MARINA: ¿Existe alguna rivalidad?

CLARA: ¡Qué chistoso! No, nunca. Bueno, de repente yo me siento vieja y gorda, pero no me molesta que Andrea sea joven y flaca, ¡al contrario!

Andrea: Es que nuestros campos son tan diferentes que más bien la extraño, la necesito. Es tanto lo que tengo con ella, que no surge la idea de una rivalidad. A veces me gustaría que compartiéramos más cosas.

Comentario: Como muchas parejas que tienen un buen nivel de comunicación, Clara y Andrea comparten algunas áreas de su actividad profesional: se apoyan, buscan retroalimentación y les interesa lo que hace cada quien. Esto es más común en las parejas lésbicas que en las masculinas y las heterosexuales, porque a las mujeres en general se las educa para interesarse en lo que sienten, piensan y hacen los demás. Desde muy chicas se les inculca la empatía, esa capacidad para ponerse en el lugar del otro, también conocida como "intuición femenina". Esta disposición general de las mujeres es lo que hace de ellas buenas amigas y compañeras. En una pareja lésbica se potencializa porque son dos personas las que se cuidan y se escuchan. No es casual que las parejas lésbicas sean mejores amigas, más allá de su relación amorosa y sexual.

EL FUTURO

MARINA: Hablemos del futuro. ¿Piensan estar siempre juntas?

ANDREA: Sí. Cuando lo pienso me digo "¡Qué maravilla envejecer juntas!" A veces me miro en el espejo y veo una nueva arruga y digo "¡Qué bueno que estemos envejeciendo juntas!" Clara ya tiene cuarenta y cinco y yo cuarenta y dos, pero para mí Clara sigue siendo la mujer que conocí hace veinte años.

CLARA: Sí. A mí lo único que me asusta es que Andrea se muera joven y me deje muchos años sola. Ése es mi máximo miedo. La idea de llegar juntas a los noventa años me parece lo mejor que nos pueda pasar. Todos nuestros planes se basan en la idea de que podamos vivir otros cuarenta y cinco años juntas. Para mí lo máximo es, cuando despierto en la mañana, saber que ahí está Andrea y que le puedo dar un beso, aunque siga dormida. Es maravilloso.

Comentario: La expectativa de envejecer juntas es poco típica de las parejas homosexuales, tanto femeninas como masculinas. Por la homofobia, tanto interna como externa, la mayoría de las parejas homosexuales tienden a pensar que no durarán, "porque así son los gays", o porque "es bien sabido que las parejas gays no duran". Sin embargo, como vimos en el capítulo 4, ahí donde se ha legalizado el matrimonio gay han aparecido de repente decenas de miles de parejas homosexuales de larga duración que nos demuestran (para desolación de los conservadores del mundo entero) que las cosas no son así.

Por otra parte, el envejecimiento es un tema problemático para los homosexuales, sobre todo masculinos. Diversas encuestas han mostrado que los hombres gays suelen considerarse viejos a una edad mucho más temprana que los hombres heterosexuales. Según un estudio australiano,[3] a los cincuenta y cuatro años en promedio ya no se ven como deseables, sobre todo si buscan a hombres más jóvenes, cosa muy común. En esto se asemejan a los heterosexuales, que generalmente se sienten atraídos por mujeres mucho más jóvenes. En contraste, las lesbianas suelen emparejarse con mujeres de una edad similar a la suya y se abre así, en efecto, la posibilidad de envejecer juntas.

ASPECTOS LEGALES Y ECONÓMICOS

MARINA: ¿Cómo están sus arreglos legales y de dinero?

CLARA: Desde el primer día juntamos los dineros. Cada quien tiene su cuenta, pero las dos cuentas son mancomunadas.

ANDREA: Todo lo legal está a nombre de las dos: las empresas, las propiedades, las cuentas.

CLARA: Tomamos juntas todas las decisiones acerca de inversiones o pagos.

MARINA: ¿Pero cada quien puede hacer o comprar lo que quiera?

CLARA: Absolutamente. Por supuesto, nunca compramos una cosa grande, como un coche, sin el consentimiento de la otra. Para las cosas chicas, cada quien se compra lo que quiera.

MARINA: ¿Tienen testamento?

CLARA: Claro. Cada quien tiene su testamento, con la otra como beneficiaria. Bueno, en el mío son mi hijo y Andrea, en partes iguales.

ANDREA: Mi herencia es para Clara y si ella muere, para su hijo.

MARINA: ¿Han hecho arreglos legales en caso de enfermedad o incapacidad?

---

[3] Keith C. Bennett y Norman L. Thompson, "Accelerated Aging and Male Homosexuality: Australian Evidence in a Continuing Debate", en John Alan Lee (comp.), *Gay Midlife and Maturity*.

ANDREA: No. Deberíamos hacerlo, es algo que podríamos hacer en España, donde ya podríamos casarnos.

MARINA: Si pudieran casarse, ¿lo harían?

CLARA: Sí, precisamente para esas cosas legales. No lo necesitamos para reafirmar nuestra relación, aunque nunca sobran pretextos para una celebración. Nosotras cada sábado celebramos que sea el fin de semana. Si fuera legal en México, por supuesto que lo haríamos.

Comentario: Tal como la pareja gay masculina entrevistada en el capítulo 6, Clara y Andrea han hecho todo lo posible por asegurar su futuro. Además, a ellas les pareció normal compartir su dinero y propiedades desde un principio, quizá por la larga relación de amistad y convivencia que ya habían acumulado. Esto refleja no sólo su nivel de compromiso, sino también una gran confianza. Aquí de nuevo vemos un grado de amistad y solidaridad que no se ve tan a menudo en las parejas heterosexuales, en las que —por lo menos en los países machistas— parecería que los hombres necesitan controlar el dinero.

LAS LECCIONES DE LA EXPERIENCIA

MARINA: ¿Qué consejos le darían a una joven pareja de mujeres que estuvieran empezando una relación?

ANDREA: La comunicación. Díganse todo lo que tengan que decir, todo lo que sientan, aunque no quieran, aunque les dé miedo ofender a la pareja. Hay que decirse todo, aunque cueste trabajo. Es la manera de construir una relación. Nosotras no tenemos esta relación por suerte: la tenemos porque es el fruto de un gran esfuerzo que se repite constantemente.

CLARA: Nunca hay que quedarse con resentimientos ni pendientes. Yo también les recomendaría el compromiso. Está sobreentendido que las parejas gays no tienen una relación formalizada, cambian mucho de pareja. Pero sin compromiso las relaciones no duran. No hay razón para no tener una relación de muchos años.

Comentario: En este rubro, las dos mujeres ofrecen exactamente los mismos consejos que la pareja de hombres, y que también ofrecería una pareja heterosexual de larga duración. Finalmente, lo que hace exitosa y perdurable una relación es ante todo la comunicación: la honestidad, la voluntad de entender al otro, la solidaridad y el respeto mutuo, más allá de los pequeños desacuerdos. En este sentido, todas las relaciones son iguales. Como dijo Tolstoi, todas las familias felices se parecen.

CAPÍTULO 8

FORMAS DE ACEPTACIÓN*

En este capítulo presento las historias de tres personas que han vivido y aceptado la homosexualidad, la suya propia o la de algún ser querido, sin las culpas ni los conflictos que eran tan comunes hace sólo veinte años: una joven, un hombre cuya esposa le anunció que era lesbiana después de veinte años de matrimonio, y la madre de un hombre gay. Estas historias no son típicas; al contrario, son excepcionales, pero muestran cómo está cambiando la experiencia de la homosexualidad incluso en un país tan conservador como México, y cómo se puede vivir bien el descubrimiento de la homosexualidad, tanto en uno mismo como en alguien cercano.

PAOLA

Paola nació en 1984 y a los quince años salió del clóset. De padres profesionistas, fue a escuelas privadas; tanto ella como su familia tuvieron acceso a la información y la ayuda profesional necesarias para aceptar su orientación sexual. A continuación, la historia de cómo ella y su familia han vivido su homosexualidad.

Antes de los quince años no me había dado cuenta de que fuera gay; ni se me había ocurrido que podía ser una cosa o la otra. Un día una chava de la escuela, dos años mayor que yo, se me acercó y me platicó que alguna vez había estado con una chava. Yo nunca lo había hecho, pero me llamó

---

* Las personas a las que entrevisté para este capítulo son de la ciudad de México, de clase media alta y de educación universitaria. No pretendo, nuevamente, que sean representativas; sólo ilustran cómo, aun en un entorno homofóbico, es posible vencer el prejuicio.

la atención. Probé con ella y me gustó; de repente me di cuenta de que eso era lo que me hacía falta. Me clavé.

Terminé la relación seis meses después porque ella me ponía el cuerno todo el tiempo. Me cuestioné entonces si sólo estaba enamorada de ella, o si de plano me gustaban las mujeres. Poco a poco me di cuenta de que no había sido sólo ella. Tenía mucho miedo, porque no conocía a nadie más así, pero unos meses después me relacioné con otra chava, conocí a mucha gente gay en la prepa, empecé a salir, a platicar, a leer libros, y confirmé que sí soy gay.

Sí me he cuestionado las causas de mi homosexualidad, aunque no sé con qué fin, porque realmente es algo de lo que estoy enamorada. A mí me gusta mucho la gente gay. Salir del clóset fue un cambio muy radical, fue como salir a otro mundo. Yo antes era muy introvertida, no tenía amigos, estaba muy clavada en mi rollo. Tuve novios, pero no me gustaba estar con ellos. Cuando salí del clóset me salí de mí misma, tuve amigos y empecé a vivir de otra manera. Ser gay fue la salvación de muchas cosas. No fue sólo por la cosa sexual.

Cuando tuve mi primera relación, la gente se dio cuenta de que andábamos siempre juntas y en mala onda decían que éramos lesbianas. A mí no me importaba. Después de unos dos meses, mis papás comenzaron a darse cuenta también. Me preguntaron por qué estaba tan pegada a esa chava. Me sermonearon durante dos horas. Mi papá, muy nervioso, decía que a veces uno se puede confundir, que uno cree que le gusta alguien pero que no es cierto, y bla bla bla.

Yo por dentro pensaba: si a las dos horas no dicen nada, les voy a decir la verdad. Y así fue. Después de dos horas me paré y les dije: "Entonces qué, ¿les preocupa que sea lesbiana?" Mi papá se puso blanco, mi mamá estaba llorando. La verdad, sí me sentí mal. Pero yo no dudé, me mantuve en mi postura. Luego mi mamá dijo: "Nosotros te vamos a apoyar en lo que necesites, aquí estamos, enséñanos tu mundo..." Mi mamá es muy humana, los dos son muy abiertos aunque les cuesta mucho, porque son muy sobreprotectores. Pero por el amor que me tienen, lo aceptaron.

Mi papá estuvo durante mucho tiempo algo molesto y preocupado, pero a final de cuentas se tranquilizó. Tenía mucho miedo de que fuera verdad: en esa plática no quería oír que yo era gay y creo que por eso le dio tantas vueltas al tema. Hasta la fecha le cuesta mucho trabajo, con las chavas que he traído a casa es muy reservado. Pero me respeta. A mi mamá le digo todo. Ella en un principio tenía miedo, me sobreprotegía. Luego se puso a estudiar el tema, leyó libros, consultó a un psicólogo.

Mi hermana, que tenía entonces trece años, lo tomó muy tranquila. A los seis meses de la plática con mis papás la invité a tomar un café, le dije que estaba saliendo con una chava y lo único que dijo fue: "¡Qué padre!"

Siempre me ha apoyado muchísimo, se lleva muy bien con las chavas con las que salgo. Mi hermano ahora tiene nueve años, todavía no sabe, creo que mis papás no quieren que sepa. No entiendo cuál es el problema, no sé si piensan que voy a contagiarlo o qué. La verdad, sí me molesta.

De pronto tengo dudas, me da curiosidad saber qué pasaría si me acostara con un chavo. Pasó una vez, pero no fue una buena experiencia. No lo conocía, estaba tomada, y pues nada, me quedé en las mismas. No estoy cerrada a andar con un hombre, pero no es algo que me atraiga. De pronto me aburren los hombres.

De hecho, la gente buga [heterosexual] me aburre. Es que son dos mundos diferentes. Ser gay te obliga a ser una persona abierta en todos los sentidos, una persona que no juzga a los demás. Por ejemplo, los gays no tenemos problema con los bugas, y ellos sí tienen problema con nosotros. Los hombres bugas nada más hablan de sí mismos. Tengo un par de amigos bugas, y siempre hay el problema de que quieren conmigo. De repente veo a los amigos bugas que conocía en la escuela, pero me da flojera.

Yo ya me muevo en otro mundo, mi medio es cien por ciento gay. Mi mejor amigo es gay, mi grupo de amigos es gay. Me la paso muy bien, es gente con quien puedo platicar, chavos y chavas por igual. Con los bugas no me siento yo, como que ya no encajo. No es que yo me comporte de manera distinta, ni me importa que ellos sepan que soy gay; es como una vibra, no me siento bien.

En la escuela secundaria, mis compañeros me molestaban muchísimo. No se me acercaban, pero hablaban a mis espaldas. Afortunadamente, sólo estuve ahí hasta los dieciséis años. Luego me metí a otra escuela donde cursé toda la preparatoria, y ahí la mitad de la gente es gay, tanto alumnos como maestros. Hasta el director era gay. Es muy abierta, la gente que estudia ahí sale feliz, y es feliz para siempre. Yo me fui dando cuenta poco a poco, viendo qué chavas tenían el arete del lado izquierdo de la nariz y cosas así: éramos como diez. A los alumnos bugas no les importaba. Estaban muy marcados los grupos: los chavos ricos, fresas, que sí eran muy homofóbicos; los que fumaban marihuana; los gays; cada quien en su grupo. En la escuela hablaban mucho de los valores humanos, entonces en general había respeto.

Muchos de los chavos gays en la escuela sí tuvieron problemas con sus papás. Algunos también han tenido conflictos consigo mismos por ser gays, pero la mayoría no. Es que hemos creado un ambiente muy padre, estamos todos para todos, hay mucho apoyo. Yo ya conozco a mucha gente gay: tengo amistad con unos sesenta o setenta, y luego conozco a muchos más sólo de saludo, de los cafés y los antros. La mayoría de ellos no tienen problema con ser gays; la mayoría de sus papás, sí.

¿La bisexualidad? No, en mi medio casi no hay bisexuales. La gente

gay es gay, los bugas son bugas. Claro, luego hay bugas que son hetero-flexi-
bles. Son heterosexuales, pero no tienen ningún problema con besarse o
acostarse, o de repente andar, con alguien de su mismo sexo. Los que están
desbalanceados ahorita son los bugas, que están inclinándose mucho por
esta onda. Tengo amigas gays a las que no les gustan las lesbianas, les gustan las bugas, que les parecen más femeninas; entonces van y las seducen,
y siempre encuentran. Pero los heteroflexibles no se consideran bisexuales,
sino bugas.

    ¿Cómo me gustaría ser en diez años? Me veo viviendo con mi chica,
probablemente fuera del país. Me gustaría estar en una sociedad abierta,
como España, donde ya se permite el matrimonio gay. No es que quiera
casarme, no me importa el papel, en realidad no pienso en eso. Pero sí me
gustaría tener un hijo, y creo que en México sería más difícil, sobre todo
para la criatura. Creo que tendría un hijo con las tecnologías nuevas, no
por el método tradicional. Sí, sí me imagino en una relación larga, de toda
la vida. No veo por qué la gente gay no pueda tener relaciones estables.

Comentario: Quizá lo más notable de esta historia sea la desenvoltura con
la que Paola probó el sexo con otra chica y descubrió que le gustaba, y la
relativa facilidad con la que asumió su homosexualidad después de cierto
desconcierto inicial. Cualquiera de estos pasos hace veinte años probablemente hubiera desembocado en un tremendo conflicto interno, con sentimientos de culpa, confusión y vergüenza. También es de notar la rapidez con la que se sucedieron en Paola las distintas fases de la aceptación:
la confusión, la duda, la experimentación, el enamoramiento, el asumirse
como homosexual, todo ello en un año o dos, en contraste con los diez o
doce años de duda y tormento que antes consumían prácticamente toda la
adolescencia y temprana adultez de los jóvenes homosexuales.

    Podríamos pensar que esta desenvoltura es propia de Paola nada más,
si no tomáramos en cuenta que otros jóvenes están haciendo el mismo tipo
de experimentos sin mayor angustia. Observamos así, en la generación joven de este medio socioeconómico, un clima de tolerancia en el cual todos
se sienten con el derecho de explorar y vivir libremente su sexualidad. Sin
embargo, es interesante notar que no todos se juntan entre sí: hay respeto,
pero no necesariamente convivencia. Los jóvenes forman grupos con intereses y valores diferentes, grupos a los que uno puede pertenecer o no.

    Aun así, debemos tomar con cierto escepticismo lo que dice Paola acer-
ca de cómo "se volvió" lesbiana. Según su relato, tuvo curiosidad, expe-
rimentó, le gustó. Pero ya había algunas señales: los novios no le habían
interesado, era una chica relativamente aislada de sus pares y desde la infancia le habían llamado la atención las niñas. La homosexualidad no se
dio en ella de un día para otro, ni se volvió lesbiana sólo por haber tenido

una experiencia placentera. El hecho de que se haya "clavado" con su primera novia nos indica asimismo que había en ella no sólo cierta disposición sexual, sino también afectiva, hacia la homosexualidad.

La reacción de los padres no fue de una aceptación inmediata ni completa; no es lo que hubieran querido para su hija. Como muchos padres en esta situación, intentaron convencerla de que no era cierto, pero Paola no les permitió albergar falsas esperanzas ni negar su realidad. Muy rápidamente, ellos se dieron cuenta de que tendrían que aceptar a su hija para conservarla, y desde el primer momento se expresaron con mesura y un amor incondicional. Se dijeron dispuestos a conocer el mundo de su hija, y luego lo mostraron en los hechos: con el tiempo, sus amistades y novias fueron aceptadas. La mamá de Paola no se dejó llevar por su rechazo inicial: escuchó, estudió y consultó a un psicólogo para aprender a manejar la situación. Se dedicó a aprender todo lo que podía sobre la homosexualidad en general, y sobre la experiencia de su hija en particular. Y logró dos cosas muy importantes: conservó la confianza de su hija, y evitó que hubiera distanciamientos o rupturas en la familia. No podemos hablar, sin embargo, de una aceptación completa: los padres aparentemente prefieren que no se entere su hijo menor, cosa que lógicamente molesta a Paola.

Aquí distinguimos claramente la brecha generacional de la que hablamos en la introducción y el primer capítulo de este libro: para la mayoría de los jóvenes nacidos después de la liberación gay, o sea más o menos después de 1980, la homosexualidad ya no es una enfermedad, ni algo de qué avergonzarse. Para sus padres, que crecieron antes de ese parteaguas, lo sigue siendo. Entonces es natural que los jóvenes ya no tengan tantos problemas con sus pares, pero sí con sus padres y maestros, que pertenecen, por definición, a la generación anterior.

Es sumamente interesante notar, en este sentido, que Paola no sólo acepta su lesbianismo, sino que lo celebra. Podemos distinguir tres aspectos de la homosexualidad que le atraen especialmente. En primer lugar, evidentemente, ésta corresponde a su orientación natural y por tanto forma parte de su concepto de sí misma: Paola siente que su homosexualidad vino a completar su identidad. En segundo lugar, si bien sigue siendo minoritaria, la homosexualidad ya no es tan marginal como antes: Paola no ha tenido dificultad alguna para conocer a otros homosexuales e integrarse a un medio casi exclusivamente gay, que no es sórdido ni alejado de su entorno social, como hubiera podido ocurrir hace treinta años; ha encontrado un medio de gente joven afín, de su edad y nivel cultural y socioeconómico. Lejos de alejarla de su entorno natural, su homosexualidad le ha dado a Paola un sentimiento de pertenencia y comunidad que no tenía antes.

Finalmente, no sólo acepta su orientación, sino que la prefiere a la heterosexual. En efecto, cada vez más gente gay está descubriendo que no tiene mucho en común con el mundo heterosexual, el cual le "aburre" con sus convenciones y roles de género tradicionales. Muchos homosexuales prefieren mantenerse alejados de la saga interminable de los niños y las escuelas, los suegros y las reuniones familiares, de todo aquello que algunos llaman "la vida en bugolandia".

Por otra parte, las lesbianas, así como muchas mujeres heterosexuales, prefieren tener como amigos a hombres gays para poder disfrutar de la compañía masculina sin tener que soportar el machismo y las dinámicas de poder y seducción que suelen regir la relación entre mujeres y hombres heterosexuales. Y muchos hombres gays también se llevan mejor con las mujeres o con otros varones gays, y así evitan la ignorancia y la homofobia que suelen encontrar en sus congéneres heterosexuales. En una palabra, los gays ya no necesitan a los heterosexuales: les es más fácil y placentero socializar entre sí, porque sienten más afinidad y respeto, y en un mundo gay pueden expresarse de manera más espontánea.

Paola, por su juventud y su nivel cultural y socioeconómico, se ubica justo en la frontera de este nuevo mundo. Quiere participar tanto en las ventajas de la homosexualidad actual como en las de la heterosexualidad tradicional: no ve por qué no podría, algún día, casarse y tener hijos, al igual que las mujeres heterosexuales. Podríamos preguntarnos si quererlo todo no es propio de todos los jóvenes, en todas las épocas. Pero lo que quiere Paola en realidad no es tanto; no es más, ni menos, de lo que pueden esperar las jóvenes heterosexuales. Estas aspiraciones, y la posibilidad real de cumplirlas, son propias de la nueva generación gay.

MARIO

Claudia y Mario estuvieron casados casi veinte años y tuvieron tres hijos. Un día Claudia le anunció que estaba involucrada con otra mujer y que se había dado cuenta de que era lesbiana. En un principio ninguno de los dos supo qué hacer. Al paso de los meses examinaron todas las opciones posibles: separarse con o sin divorcio, seguir juntos pero mantener relaciones fuera del matrimonio, que ella se alejara por un tiempo, establecer algún tipo de ménage-à-trois, ocultar o no la situación frente a las familias y amistades, decirles a los hijos o no, hasta encontrar una solución que tomara en cuenta las necesidades de los dos, y sobre todo el bienestar de sus hijos. Mario narra cómo aprendió a aceptar la homosexualidad de su esposa, cómo lograron preservar el respeto y la amistad entre ellos, cómo han intentado proteger a sus hijos, y cuáles son, desde su punto de vista, los problemas que quedan pendientes.

No me tomó del todo por sorpresa. De alguna manera ya lo había percibido, sobre todo por el acercamiento que Claudia había tenido con otra mujer en los últimos meses. Me di cuenta de que no había nada que hacer; nuestra pareja, como tal, estaba terminada. Habíamos tenido problemas de toda índole, pero no eran necesariamente graves. Esto era otra cosa: era terminal.

En lo sexual, ella siempre había sido diferente de las otras mujeres que he conocido. Es difícil de explicar, no es cuestión de posiciones ni nada así, pero había algo diferente. Quizá era su necesidad de alcohol para poder soltarse; sin unas copas era muy rígida. También en la vida cotidiana había cierta lejanía. Había tenido una infancia muy masculina, fue muy *tomboy*. Por otro lado, era muy mujer en el sentido convencional, se arreglaba y todo. O sea, no había ninguna señal evidente.

Lo primero que disparó el tema fue una cena que tuvimos con una amiga. Corrió el alcohol, y esta amiga, que era gay, propuso un encuentro a tres. Claudia dijo que no, y yo tampoco quería, aunque nos quedamos jugando con la idea. Claudia se quedó muy prendida, y un par de semanas después me confesó que sí le atraía la idea de estar con ella: no los tres juntos, sino ellas dos. Esto me llamó mucho la atención. Por fin ya me dijo que era gay, con mucho trabajo. Fue muy valiente.

Al principio me dio mucha rabia: finalmente se trataba de una traición, una infidelidad, y aún más contundente por ser con otra mujer. Mi siguiente reacción fue pensar en los niños: aunque la relación estuviera rota, se planteaba la pregunta de qué íbamos a hacer con ellos. La pareja puede ya no estar, pero la familia sigue.

Hubo otra cosa, muy ruda. Me pregunté qué había hecho yo: seguro que cogía muy mal, que era un amante pésimo o tenía un miembro chiquito... Claro que me sentí herido en mi orgullo. Me dije, por ejemplo, "La gente ha de pensar que tengo el pito muy chiquito, que todo ha sido mi culpa". Sí lo viví como una agresión muy fuerte contra mi masculinidad. Luego pensé que no era tan grave, precisamente porque me estaba dejando por una mujer y no por un hombre. Al final, gracias a las mujeres con quienes he estado recientemente, pude darme cuenta de que no es problema mío: es decir, mi masculinidad no está en juego, la orientación sexual de Claudia no me involucra.

Durante un tiempo tuvimos encuentros sexuales con otras mujeres. Yo prefería tener la certeza y entonces tomar decisiones, en vez de vivir el largo trayecto de dudas y aceptación por el que había pasado Claudia. La primera fase fue para mí una herida de amor propio muy fuerte; eso fue lo más duro. Pero luego vino algo mucho más fuerte, que fue la duda de Claudia: "No sé si soy o no soy". Eso fue todo un calvario, porque yo quería ya saber, no quería prolongar las cosas. Había asuntos prácticos que hacer si nos íbamos a separar, había que tomar decisiones, etc. La duda fue muy pesada. Pasaban las semanas y ahí seguíamos, en un megaproblema pero sin poder resolver nada. Entonces le dije: "Yo prefiero acompañarte en esto, para que salgamos de las dudas". Así fue como tuvimos varios encuentros con otras mujeres. Ella se levantaba al día siguiente muy contenta de haber roto los tabúes, de haberse enfrentado al asunto, y además se fue dando cuenta de que no había sido sólo una mujer que le había gustado, sino que le gustaban las mujeres en general, y que la cosa se iba haciendo cada vez más fuerte.

Hubo una fase de recorrer opciones: discutimos muy seriamente la posibilidad de integrar a una mujer a nuestra pareja, en un *ménage-à-trois,* o de seguir juntos y tener encuentros ocasionales con otras mujeres, o bien que cada quien tuviera su vida amorosa y sexual fuera de la casa. Luego pensamos en la posibilidad de que Claudia se fuera de la casa por un tiempo y después regresara. Los dos teníamos la voluntad de no terminar con el matrimonio inmediatamente. La clave de todo fue que, pasara lo que pasara y sintiésemos lo que sintiésemos, lo más importante eran los niños. Cuando pusimos ese valor por encima de todo, lo demás cayó por su propio peso; todo se fue acomodando. Eso resolvió muchas cosas, porque no permitió que nuestras frustraciones o heridas al amor propio se sobrepusieran al objetivo principal de que salieran bien nuestros hijos. Creo que eso ayudó muchísimo.

También me ayudaron otras cosas. En esa época tuve mucho trabajo, y eso contribuyó a centrarme. La otra cosa fue que encontré a una amiga muy cercana varios meses después, una mujer muy inteligente y al mismo tiempo cariñosa y solidaria, y tuvimos una serie de encuentros sexuales que me restablecieron el amor propio: me hizo ver que no era malo en la cama, que mi hombría estaba en buenas condiciones, y eso me ayudó mucho. También me sirvió leer del tema; además siempre he tenido amigos gays.

He sabido de otras parejas a las que les ha sucedido lo mismo. Un caso que conozco fue verdaderamente desastroso. El marido golpeó a su mujer, se llevó a los niños y entabló contra ella un proceso judicial para demostrar que era lesbiana y que por tanto era un caso de divorcio necesario. Creo que no lo logró, pero todo el drama afectó muchísimo a los niños; fue muy destructiva la experiencia.

Claudia y yo finalmente nos decidimos por la separación, y pusimos una fecha para poder hablar con los niños dos o tres meses antes, y para ir resolviendo de antemano los problemas prácticos, por ejemplo, que yo consiguiera una casa. Lo más conveniente era que viviera lo más cerca posible, para que los niños pudieran ir y venir libremente, a pie, de una casa a otra. Pensamos que eso evitaría muchos de los problemas que suelen acompañar una separación. Lo más importante fue el respeto mutuo. En los meses antes de la separación física no me alejé de la casa, pero hacía lo que yo quería. Ella se metió durísimo a estar con sus hijos y a su terapia. Desde que me contó hasta que decidimos separarnos, pasaron como cuatro meses, y luego nos separamos como seis meses después; todo el proceso duró como un año. Creo que pudimos sobrevivir porque los dos trabajamos mucho; hablamos interminablemente. El punto era nunca dejar de hablar.

Por ejemplo, decidimos vernos una noche por semana, y lo seguimos haciendo hasta el día de hoy, siempre en los mejores términos posibles. En ese espacio era posible hacer cualquier cosa: visitamos varios lugares de *table dance*, tuvimos experiencias sexuales con otras mujeres, salimos muchas veces a cenar. Gracias a ello nos hicimos de nuevo cómplices. Era importante que ella se sintiera libre, que experimentara cosas y le diera rienda suelta a su preferencia sin culpa y sin que yo la juzgara. Fue muy importante que ella no se sintiera juzgada por mí.

La decisión de separarnos giró alrededor de dos cosas: cuidar a los niños y hacernos amigos. Quisimos preservar todo el cariño que siempre nos tuvimos bajo la forma de amistad. Fue difícil, porque había la homosexualidad de Claudia, pero también otros problemas inherentes a la pareja. Fue muy difícil separar las dos cosas, pero necesario. Y es que no sólo nos separamos por la orientación sexual de Claudia, también había otras cosas. Había que resolver todo eso para poder ser amigos.

Yo siempre he tenido cierta apertura hacia la homosexualidad, en primer lugar porque he pensado en ella con respecto a mí. Desde mi adolescencia he tenido muchos amigos y amigas gays, y fue inevitable que yo mismo me preguntara si lo era, o qué sentiría, o qué relación tenía yo con la homosexualidad. Nunca le he temido, pues. Además, como a los veinte años tuve una experiencia muy fuerte con un amigo muy querido. Una noche tuve un sueño erótico con él y desperté muy asombrado. No llegó más lejos la cosa, en realidad no lo deseaba, pero me hizo pensar mucho en lo que significa la cercanía, y cómo uno sí podría llegar a ese punto. Entonces la homosexualidad no ha sido para mí un tema tabú, que yo no haya visitado para mí mismo; no me parece lejano, pues.

Sí, sí me preocupa que mis hijos crezcan con una madre lesbiana. En primer lugar, creo que es muy importante la definición sexual en la adolescencia, aunque no estoy seguro de que el cambio de Claudia pueda tener repercusiones en la definición de mis hijos. No lo sé. Parece que no hay correlación alguna entre la orientación sexual de los padres y la de los hijos, pero aun así me preocupa. No me gustaría que alguno de mis hijos fuera gay, porque todo el proceso de aceptarlo y asumirlo frente a la sociedad me parece muy doloroso. Por otra parte, sí quiero tener nietos, es mi parte tradicional que aflora. Creo que eso es lo que más me mueve.

También me preocupa cómo van a asumir mis hijos frente a la sociedad el hecho de tener una madre homosexual. Yo he tratado de entenderlo y aceptarlo, pero aun los propios padres y hermanos de Claudia han sido muy rudos con ella. Entonces no sé muy bien cómo hacerles la cosa más fácil a mis hijos. Lo que no sé cómo hacer es apoyarlos frente a la sociedad. En su escuela, que es liberal, no hay problema: la homosexualidad se trata con mucha naturalidad, y en realidad no es tema. El problema es el mundo social, cómo evitar que sea un proceso rudo para ellos.

No les hemos dicho nada a los niños, pero han de sospecharlo. Por supuesto, saben que nos vamos a divorciar, me han visto con diferentes mujeres que les presento como mis amigas, y eso no parece causarles problema. Pero Claudia también les presenta a puras amigas, o sea, no hay hombres en su vida, y no sabemos qué piensan de eso. Todavía no han dicho nada. Queremos estar muy pendientes para que no se enteren por fuera. Preferimos decirles antes que después. Pero ¿cómo? En todo caso, estamos haciendo un gran esfuerzo por inculcarles ciertos valores: la tolerancia, la libertad, la responsabilidad y el respeto. Y por supuesto el amor, lo importante que es que la gente se quiera. Creo que es la mejor manera de prepararlos.

A Claudia sólo le deseo que le vaya muy bien. Quiero que tenga una vida estable, con una pareja y con trabajo; no quisiera verla sola. Que tenga una vida llena de cariño y de certeza.

Comentario: Al asumir la homosexualidad de ella, Claudia y Mario enfrentaron un problema muy serio que hubiera podido acabar no sólo con la pareja, sino con la familia. De hecho, como él mismo señala, en otros casos similares eso es lo que ha sucedido: una separación en malos términos y una lucha por la custodia de los hijos, poniendo en peligro la felicidad futura de todos. Mario y Claudia lograron proteger a sus hijos y salvar la amistad entre ellos gracias al valor y la honestidad de ambas partes, pero también porque pudieron hacer de lado la vanidad herida y los resentimientos. En lugar de enemistarse, se volvieron aliados en pro de un objetivo común: el bienestar de sus hijos. Se comprometieron a mantener abierta la comunicación y exploraron juntos toda una serie de opciones para tratar de salvar el matrimonio.

Sin embargo, como era de esperarse, esta última meta no prosperó. Teóricamente, hubiera sido posible un *ménage-à-trois* con alguna mujer dispuesta a ello, o bien que Claudia y Mario mantuvieran relaciones fuera del matrimonio; pero a la larga, ninguno de los dos hubiera podido rehacer su vida. Relativamente jóvenes aún, quisieron darse la oportunidad, tanto él como ella, de volver a tener parejas y no sólo aventuras sexuales. Ambos tuvieron la lucidez de entender que la homosexualidad de ella no sólo era una cuestión de cama; tanto ella como él deseaban volver a tener relaciones afectivamente comprometidas. Lo que querían no era el amor libre, sino la libertad de hacer una vida nueva.

Por supuesto, todo ello fue posible en parte porque era ella, y no él, la persona que resultó ser homosexual. Las cosas no funcionan tan bien cuando es el hombre, porque cuando es el marido el que se va la separación casi siempre afecta más a la mujer, tanto en lo económico como en lo emocional. Además, en el estado actual de las cosas, es mucho más fácil para un hombre volver a encontrar pareja que para una mujer, sea ésta heterosexual u homosexual. En este caso, por ejemplo, Mario no tuvo dificultad alguna para encontrar nuevas parejas. De haberse dado este proceso al revés —es decir, que Claudia, heterosexual, fuera abandonada por su marido, homosexual—no hubiera sido tan fácil para ella volver a encontrar una pareja masculina. Muy rápidamente, Mario pudo volver a relacionarse con mujeres atractivas que sanaron su amor propio lastimado y le demostraron que podía rehacer su vida.

Por supuesto, también contó mucho su apertura intelectual, en el sentido de aceptar la orientación sexual de su esposa y ponerse a estudiar el tema, así como su sentido de la responsabilidad como padre: pasara lo que pasara, no iba a dejar a sus hijos sin madre ni sin padre.

Por su parte, Claudia tuvo el valor de decirle a su marido lo que le estaba pasando. En este punto, he observado una diferencia notable entre hombres y mujeres: los varones casados, cuando se descubren homosexuales o si siempre lo han sido, tienden más a ocultarlo y llevar una doble vida; en cambio, las mujeres que he conocido en esa situación tienden a decirlo y a optar por la separación. Podría haber varias explicaciones. Uno, los hombres en general tienen mucha más libertad de movimiento y no se ven obligados, como las mujeres, a dar explicaciones; por ello, es más fácil que engañen a sus cónyuges. Por otra parte, engañar a la pareja es más aceptable en los hombres en una sociedad machista, y esto también les hace las cosas más fáciles. Tres, cuando una mujer se va del matrimonio, puede estar prácticamente segura de que sus hijos seguirán con ella; en cambio, los hombres temen perder a sus hijos si se separan, y por ende dudan más en hacerlo.

Los dos tuvieron además la sapiencia de buscar ayuda profesional: ambos iniciaron una terapia individual y consultaron con un terapeuta familiar la mejor manera de manejar la situación con sus hijos. Pudieron negociar así los tiempos y el modo de informar a los niños sus intenciones de separarse. Cuando llegó la hora del divorcio, Mario había conseguido una casa cercana que sus hijos ya habían conocido; incluso ellos escogieron la decoración de sus cuartos, ayudaron a pintarlos y participaron en la mudanza con gran regocijo. Cuando su papá se mudó, ya tenían cuartos, juegos, televisión y ropa en un lugar que llegaron a considerar su segunda casa.

El hecho de que Mario pudiera no sólo aceptar sino entender lo que le estaba sucediendo a su esposa tuvo mucho que ver con sus propios cuestionamientos acerca de la homosexualidad: esta última no le pareció tan extraña, ni por supuesto patológica, porque él mismo había tenido la curiosidad y la apertura de examinar su propios deseos y fantasías a partir del sueño erótico con un amigo muy querido. Lejos de rechazar el recuerdo de ese sueño como algo absurdo o prohibido, se preguntó qué podía significar y examinó no sólo su aspecto sexual, sino lo que podría significar la cercanía con una persona muy querida sin importar su sexo. Entonces entendió que hay muchas formas de intimidad, y que la sexual no es sino una manifestación más del amor entre dos personas. El hecho de haber sentido alguna vez ese amor, aunque no derivara en una relación sexual, le dio una comprensión personal de lo que puede ser la homosexualidad.

Esto le permitió a Mario acompañar a Claudia con respeto, empatía y solidaridad, y esta cercanía les ayudó a salvaguardar la amistad que los unía, además del vínculo de pareja y de familia. Lo que habían construido juntos como matrimonio no se perdió: en ningún momento quedó descalificado ni anulado, sino que se utilizó como el fundamento para una relación futura como amigos y —lo más importante— como padres de sus hijos.

Lo único que le ha preocupado a Mario es lo que podría significar para sus hijos crecer con una madre lesbiana. Su preocupación es natural, pero no por ello fundamentada: como vimos en el capítulo 4, la homosexualidad del padre o de la madre, en sí, no tiene por qué afectar el desarrollo ni la salud psicológica de los hijos. Los niños criados por parejas homosexuales no tienen más probabilidades de ser homosexuales, ni presentan más problemas del tipo que sea, que los que han crecido con padres heterosexuales.

A Mario le preocupa ante todo la reacción de los demás, aunque él mismo admita que en la escuela no habrá problema. Lo que quizá olvide es que "la sociedad", en diez o veinte años, no será la misma de hoy: los pares de sus hijos, que hoy no tienen problema con la homosexualidad, serán los adultos de mañana. Por otra parte, se puede ir preparando a los niños para saber defenderse de la homofobia que pudieran encontrar.

Esto no necesariamente implica decirles desde ahora que su mamá es lesbiana. Eso podría posponerse, por ejemplo hasta que Claudia tenga una pareja estable. Lo que sí puede hacerse desde ahora es tratar de inmunizar a los niños contra la homofobia, hablándoles de la homosexualidad como de una cosa natural, dándoles libros escritos para hijos de padres gays y películas apropiadas para su edad, y en general inculcándoles la tolerancia y el respeto por las personas diferentes, como de hecho ya lo están haciendo Claudia y Mario. Lo que más puede dañar a un niño es la mentira, o darse cuenta de que algo importante le está siendo ocultado, sentir que está siendo excluido de la vida real de sus padres. Según he podido observar en algunos casos, los niños no tienen problema con la homosexualidad si ésta

les es presentada de forma natural y espontánea. Y por supuesto, siempre
será preferible que lo oigan de sus padres que de otras personas.

LUCÍA

Lucía, una mujer de clase media alta, historiadora del arte de cincuenta y cinco
años, ratificó que su hijo era gay hace ya quince años, después de haberlo sospechado
durante mucho tiempo. Narra cuál ha sido su largo proceso de sospecha, negación,
duda y temor. Sin llegar a una plena aceptación, finalmente alcanzó lo más impor-
tante: el respeto y el apoyo incondicional.

Yo ya tenía sospechas en su adolescencia. Se me perdía: íbamos al cine y
desaparecía durante toda la película. Decía que iba al baño. También en los
viajes desaparecía y regresaba muy extraño, como abrumado. Yo no enten-
día. De niño se envolvía la toalla en la cabeza como un turbante, y eso me
llamaba mucho la atención. Una vez la psicóloga de la escuela me dijo que
debía tener mucho cuidado con él, que probablemente iba a ser gay. Me
enoje muchísimo con ella, y hasta me quejé con la directora.

Creo que recibí todos estos prejuicios de mis padres, que le tenían pánico a la homosexualidad; en esa época se hablaba mucho de los "jotos",
así se les decía, y en mi familia se hablaba de ello como de algo a la vez
trágico y vergonzoso.

De hecho yo tuve una relación con una chica durante mi adolescencia,
en un colegio privado, durante varios años. Eso terminó, pero me casé ya
con sentimientos de culpa, y desde siempre tuve mucho miedo de que alguno de mis hijos saliera así. Me dio terror un día que vi a Toño, una vez que
estábamos de viaje, hablando en el *lobby* del hotel con un desconocido, un
señor mucho mayor. Fue en ese momento cuando me di cuenta, fue algo en
su mirada, y lo supe ya sin la menor duda. Hubo muchos otros episodios.
Una vez su padre lo vio caminando por la calle, en la Zona Rosa, con otro
muchacho, y después me comentó que, más que como amigos, se veían
como pareja. Fue una etapa muy difícil. Toño se negaba a hablar, estaba en
una fase de mucha rebelión contra mí, yo sentía que me provocaba a cada
rato. Luego se independizó y empezó a vivir con un *roommate*, creo que fue
su primera relación homosexual. Yo le llamaba muy temprano y contestaba
el *roommate*. Era evidente que estaban juntos en la cama.

Me divorcié cuando Toño tenía quince años, y eso lo afectó mucho. Era
un niño muy sensible, lo vivió fatal. Luego me volví a casar, y eso también
me llenó de culpa. Entonces, cuando me di cuenta, me dije: "El castigo
por haberme divorciado es tener un hijo homosexual". Lo viví como un
tremendo drama: "Dios me está castigando por la libertad que me tomé

al divorciarme y volverme a casar, y por haber tenido una relación homo-sexual durante mi adolescencia". Ahora lo veo: Toño tuvo que cargar con mis propios sentimientos de culpa.

Cuando salíamos a la calle o íbamos a un restaurante, lo veía mirar a otros jóvenes y me estremecía. Me daba horror pero al mismo tiempo me excitaba de alguna manera. Los hermanos de Toño lo sufrieron mucho, se enojaban mucho. Cuando por fin Antonio nos lo anunció a su papá y a mí, ya tenía como veinticinco años. Un día nos citó a los dos y nos dijo: "Quiero decirles que soy gay". Fue la primera vez que lo hablamos abiertamente.

Yo reaccioné como una mamá de telenovela mexicana. Lloré, le pedí perdón a Toño, le dije que me sentía muy culpable. Él me respondió: "Tú no tienes nada que ver en esto. Es cosa mía, tiene que ver con mi carácter". "Es parte de mí desde hace ya muchos años", insistía, "tú no tienes nada que ver, no te culpabilices." Sin embargo, yo... bueno, hasta la fecha me siento culpable. Además, no estuvimos ahí para él, vivió todo el proceso con mucha soledad. Ahora han cambiado mucho las cosas, pero en toda esa fase no estuvimos con él. Eso también me llena de culpa.

Su padre reaccionó muy amorosa y solidariamente, mucho más que yo. Yo estuve muy torpe en ese momento. Lo primero que pensé fue: "Pero hay mucha promiscuidad, el sida..." No lo supe manejar con adultez, me ga-naron mis emociones, relacioné todo con mi culpa, mi historia, mi pasado y todo lo que solía escuchar en mi casa acerca de los "jotos". En cambio, su padre reaccionó con mucho respeto. Una semana después invitó a Toño a un viaje y por primera vez se fueron solos los dos de vacaciones. Era su manera de expresarle que lo aceptaba, pero lo más importante, que lo respetaba. Fue un gesto de amor muy loable. Después hablamos él y yo, y le pregunté cómo se sentía. "Lo quiero, pero de una forma distinta", me respondió. "¿Cómo?", le pregunté, "¿qué quieres decir?" "Es que me parece tan valiente", dijo, "lo admiro mucho, incluso creo que lo quiero más que antes..." Yo no tuve esa madurez, mis sentimientos de culpa me hicieron reaccionar de otra manera.

Me enojé, me dio tristeza, me dio miedo el sida, en fin... todo muy revuelto. Busqué a un psiquiatra. Tenía que entenderlo y ver si en realidad era yo la culpable. Yo decía: "Ya lo sabía, siempre lo sospeché, yo ya lo intuía", como si me estuviera dando la razón a mí misma. Incluso recor-dé que cuando estaba embarazada de Toño estuve estudiando la obra de Leonardo da Vinci, y pensé: "Mi hijo va a ser homosexual". Estaba obse-sionada con el tema. Tenía muchas fantasías al respecto. Creo que por eso reaccioné tan mal, lo relacioné con todas esas historias. Cuando Toño me lo confirmó, pensé que así lo había yo designado, como si yo lo hubiera de-cidido. Consulté también a una psicoanalista: quería que me tranquilizara, que me dijera que no era mi culpa.

Tardé mucho en asimilarlo. Hubo muchos desencuentros con Toño, él sentía mucho rechazo. A sus hermanos les costó también mucho trabajo. No le hablaban, no lo incluían en sus planes, como si Toño no existiera. Comenzó a haber muchos problemas en la familia, se vivió una atmósfera difícil. Entonces tomé la defensa de Toño y me puse de su lado.

Ahora Toño ya tiene treinta años, pero yo todavía me mortifico mucho. Me preocupa su estilo de vida, que no se haga el examen del sida regularmente, aunque sé que es muy responsable. Me tranquiliza que tenga tan buena relación con su papá, quien constantemente lo busca. Pero me preocupa que se pueda enfermar, que pueda sufrir, que se quede solo, que lo puedan marginar... Ahora ya platicamos del tema, me cuenta su vida... Pero va mucho a los antros, y eso me preocupa. Como que no ha encontrado un equilibrio. Lo que más me gustaría es que tuviera una pareja estable.

También me preocupa la discriminación, en un país tan conservador como el nuestro. Una vez lo golpearon en la preparatoria. Sobre todo me dan miedo los antros. Una vez fui con unos amigos, vi a todos esos jóvenes ahí parados, bebe y bebe. Pensé: "Qué barbaridad, todos estos jóvenes aquí bebiendo, y sus papás en la absoluta ignorancia de quiénes son realmente sus hijos..." Me cuesta mucho trabajo. Hace poco vi en la tele una marcha gay y me llamó la atención que hubiera tanta gente. Me dio gusto, pero no dejé de pensar en la promiscuidad. También me mortifica que beban demasiado, que consuman drogas, que pierdan la cabeza...

¿La aceptación? Bueno, lo quiero mucho, lo admiro muchísimo, es un chico enormemente inteligente y responsable. Lo acepto totalmente. Pero lo quiero distinto a mis otros hijos: lo quiero con dolor... y con culpa. Toño me duele. Eso me hace estar más cerca de él, de alguna manera. Me preocupa, pero lo apoyo incondicionalmente, y él lo sabe. Tengo la mejor disposición. Cancelo lo que sea cuando él me habla para vernos. Acepto a sus parejas, incluso quise mucho a uno con quien anduvo varios años. Yo prefiero que esté con alguien, que no esté solo. Sus hermanos también acabaron por aceptarlo, ya plenamente. Incluso es el tío favorito de sus sobrinos. Ellos cuando sean grandes seguramente aceptarán mejor el mundo gay.

¿El matrimonio gay? Estoy totalmente a favor. Yo creo en el matrimonio, me parece maravilloso, me he casado dos veces, entonces ¿cómo no voy a estar a favor de que los gays se amen, se deseen y quieran hacer su vida juntos? Que se quieran, que compartan, que sean felices, que formen una pareja respetada, aceptada por la sociedad, que sean invitados a todas partes. Cuando se legalizó el matrimonio gay en España me conmovió muchísimo. Tengo muchos amigos gays y lesbianas, los quiero y los respeto. Soy totalmente liberada en ese sentido. Gracias a Toño me he abierto muchísimo: he cambiado.

¿Qué hubiera pasado si mi hija hubiera resultado lesbiana? Creo que ahí sí me hubiera dado mucha tristeza, sería muy diferente. No sé por qué. Quizá sienta que hay más aceptación respecto de los hombres. Pero que mi hija hubiera sido gay, no sé. Nuestra relación no sería la misma. Me hubiera decepcionado. No me gustaría que viviera con otra mujer. Quizá sea también porque hay tantos hombres gays muy talentosos, a los que admiro mucho, y no conozco a tantas lesbianas exitosas.

¿Consejos a otros padres? Yo les aconsejaría que fueran muy amorosos, muy solidarios, que estuvieran ahí. Sé que es difícil, pero que sus hijos sientan que están ahí. Que se eduquen. Yo me he enriquecido, me he reeducado gracias a Toño. Veo las cosas distintas, por ejemplo, cuando veo las telenovelas, la televisión, ya no es con el morbo de antes. Incluso acepto más mi parte homosexual, que todo el mundo tiene, que yo misma tuve en mi adolescencia. Pero repito, lo que más me abruma es la posibilidad de que Toño termine con sida. Eso me aterra y a veces hasta me quita el sueño...

Comentario: La narración de Lucía, quien comparte sus dudas y errores de una manera sumamente honesta y conmovedora, es un buen ejemplo de algunas de las reacciones que solemos observar en las madres de jóvenes homosexuales. La sospecha desde la adolescencia, e incluso la infancia, es frecuente en las madres y mucho más común en ellas que en los padres, tal vez por su mayor cercanía física y emocional con los hijos. Pero junto con la sospecha suele operar la negación: las mamás toman nota, algunos detalles "les llaman la atención", pero no sacan las posibles conclusiones, lo cual posiblemente sea mejor, dado que de todos modos no habría nada que hacer al respecto. Los padres que ven "diferentes" a sus hijos —y esto sucede mucho más en los niños que en las niñas, quienes pueden ser "marimachas" sin despertar mayor preocupación— frecuentemente cometen dos errores fundamentales. Primero, piensan que el niño "afeminado" va a ser homosexual, lo cual no es necesariamente cierto. La investigación muestra que sólo alrededor de la mitad de los hombres gays presentaron rasgos "femeninos" en su infancia, y que por lo tanto no todos los niños "afeminados" resultan luego ser homosexuales. Segundo, piensan que pueden "prevenir" la homosexualidad prohibiéndoles a sus hijos jugar con las niñas, vestirse de cierta manera, cambiándolos de escuela o imponiéndoles "tratamientos" (por supuesto espurios).[1] En muchos casos también observamos una sobreprotección del niño por parte de su madre, precisamente porque siente "diferente" a su hijo. Todas estas reacciones hacen que el niño crezca creyéndose anormal y culpable, sea homosexual o no, y no influyen de manera alguna en su futura orientación sexual.

---

[1] Véase el caso de Betito en *El machismo invisible*, capítulo 1.

Como Lucía, muchos padres tienen una reacción telenovelesca cuando su hijo les anuncia que es homosexual. Éste es un fenómeno psicológico y cultural interesantísimo: cuando la gente no sabe qué hacer, lo primero que le viene a la mente es lo que ha visto en la televisión. Como me lo dijo alguna vez un escritor de telenovelas: "Cuando empecé en este negocio, las telenovelas imitaban la realidad; ahora, la realidad imita las telenovelas". De este modo, la homosexualidad de un hijo varón, así como el embarazo de una hija soltera, inmediatamente evoca toda una serie de gestos y declaraciones previsibles. Pero esta primera reacción no es más que eso, y no refleja necesariamente el verdadero sentir de los padres, quienes necesitan tiempo para calmar sus emociones y ordenar sus ideas. Es por ello que nunca debe tomarse decisión alguna, ni por parte del hijo ni de los padres, en el calor de ese primer momento.

La reacción del padre de Toño es poco usual en países como México. No deja de ver a la persona entera que es su hijo; no pierde de vista la esencia humana de Toño, sea cual sea su orientación sexual, y esto le permite colocarse en su lugar de una manera empática y darle su apoyo incondicional desde el primer momento. Lucía tiene una reacción distinta porque, tal como ella misma lo dice, lo primero que se dispara en ella es el sentimiento de culpa.

Se trata de una reacción muy frecuente, yo diría casi universal, en las madres. Aquí entra en juego no sólo la preocupación perpetua propia de la maternidad, sino también una serie de ideas preconcebidas acerca de la homosexualidad. Mucha gente piensa, por ejemplo, que los varones homosexuales son necesariamente afeminados, y que los niños se vuelven así por una cercanía excesiva con su madre. Ambas cosas son falsas; no obstante, muchas madres se preguntan automáticamente "¿En qué fallé?" También interviene, por supuesto, el machismo: en una sociedad machista, cuando un hijo tiene problemas o "sale mal", todo el mundo culpa a la madre, ella misma incluida.

La reacción inicial de Lucía se vio complicada, además, por su propia historia: una relación lésbica en su adolescencia (cosa mucho más frecuente de lo que se cree, sobre todo en los colegios no mixtos) y un divorcio. Objetivamente hablando, ninguna de las dos cosas tiene nada que ver con la homosexualidad de Toño. Pero en este asunto, como en todos los temas tabú que no se hablan ni se conocen lo suficiente, opera una suerte de pensamiento mágico: de repente, incluso en personas con educación universitaria, todo es posible. Los más mínimos detalles del pasado cobran una fuerza portentosa, cada supuesto error o culpa se recubre de pronto de un significado premonitorio. Esta reacción se observa comúnmente cuando ocurre alguna tragedia personal: la gente dice "Yo ya lo intuía, incluso hace muchos años lo soñé", o bien "Me acuerdo de que una vez lo fantaseé",

como si ese hecho hubiera podido causar el evento... Este tipo de razonamiento tiene, por supuesto, cierto componente de omnipotencia: las cosas
no suceden porque uno las haya imaginado. Pero sería un error atribuir
esto al narcisismo; antes bien, es característico del pensamiento mágico que
suele posesionarse de nosotros cuando ocurre algo catastrófico (aunque en
realidad no lo sea, como en este caso), sobre todo si es algo que siempre
habíamos temido.

La siguiente reacción de Lucía, el miedo por su hijo, también es común
en los padres de un hijo homosexual. Sobre todo sobreviene el fantasma
del sida, visto por mucha gente creyente como un castigo de Dios. Porque
el sida es mucho más que una enfermedad: es un símbolo que encierra toda
una serie de temores, culpas y prejuicios. Es por ello que podemos observar el terror al sida aun en los padres de lesbianas, aunque éstas sean, de
toda la población, las personas con menor riesgo de contraer una enfermedad sexualmente transmisible. Por supuesto, tales enfermedades son más
comunes entre la población masculina gay, pero también depende de la
persona de la que se trate. Si bien hay muchos gays seropositivos, son más
los gays que no lo son; para hacer una analogía, si bien hay muchas adolescentes que se embarazan sin desearlo, la mayoría de ellas no se embarazan,
porque se cuidan. Aquí vemos el peligro de los estereotipos nacidos del
prejuicio, en este caso, de la homofobia. Si Toño se cuida, no tiene por qué
enfermarse; si las adolescentes se cuidan, no tienen por qué embarazarse;
si los jóvenes toman precauciones al manejar, no tienen por qué sufrir un
accidente automovilístico, etc. Depende de la persona. En este caso, el
hijo de Lucía es un hombre ya adulto que, a lo largo de quince años de
vida homosexual activa, no se ha enfermado, ni ha sido asesinado, ni es
drogadicto, ni ha dejado de estudiar y trabajar de una manera consistente
e incluso sobresaliente.

A Lucía le preocupa mucho que Toño frecuente los antros. Aquí caben
dos comentarios. Si los antros han llegado a cobrar tanta importancia en el
mundo gay, es en parte porque durante mucho tiempo fueron el único lugar
público de reunión para los homosexuales. Esta situación está cambiando
en los países industrializados, como vimos en el capítulo 1, y lo mismo
sucederá poco a poco en países como México, cuyas principales ciudades
ya ofrecen algunas alternativas, como cafés, restaurantes y librerías gays.
Por otra parte, una opinión personal y desde luego debatible: los hombres
en general, sean heterosexuales u homosexuales, necesitan a las mujeres
para madurar y volverse plenamente adultos. Creo que los varones heterosexuales, si no tuvieran novias o esposas para mantenerlos en casa y "asen-
tarlos", también pasarían una buena parte de su tiempo libre en los antros
buscando nuevas conquistas sexuales. En esta perspectiva, la afición por los
antros está más relacionada con el género masculino que con la orientación

sexual. Aun así, en general he observado que después de los cuarenta o cuarenta y cinco años los hombres gays acaban por hartarse de los antros, con todo lo que implican en cuanto a desveladas, excesos de toda índole y pérdida de tiempo.

Por otra parte, es notable la distinción que hace Lucía entre la homosexualidad masculina y la femenina: si se tratara de su hija, dice, le sería mucho más difícil aceptarla. Pienso que hubiera acabado por aceptarla de todos modos, dada la apertura que ha mostrado con Toño. Pero no deja de ser interesante que la homosexualidad le cause menos problema en un varón, porque supuestamente hay tantos hombres gays exitosos y tan pocas lesbianas, tesis muy debatible en México, donde muchas de las mujeres más destacadas son precisamente lesbianas.

Aquí interviene tal vez cierto machismo: sean heterosexuales u homosexuales, en un país como México es lógico que el trabajo y el éxito de las mujeres sean menos reconocidos que los de los hombres, sean éstos gays o no. Lo que realmente se busca, y se valora, en las mujeres es otra cosa: después de todo, su tarea principal, en una sociedad machista, es tener hijos, pero si una mujer no tiene hijos, como la mayoría de las lesbianas, entonces es considerada menos exitosa, haga lo que haga en el campo profesional. Por otra parte, es cierto que en general hay menos mujeres exitosas que hombres, pero, de nuevo, esto tiene más que ver con la discriminación contra ellas en una sociedad misógina, que con la orientación sexual.

Ahora bien, a pesar de todas sus culpas y temores, Lucía ha llegado a un grado de aceptación admirable en muchos sentidos. Como ella misma lo dice, tener un hijo homosexual la ha cambiado. Y esto no se da automáticamente: lo que sucede en este caso es que Lucía ha hecho su tarea. Ha consultado a especialistas, ha leído, les ha contado a sus amistades lo que siente, se ha acercado a otros gays, ha llevado a cabo un análisis exhaustivo de sus propias reacciones, y finalmente ha permitido que predomine en ella el amor incondicional hacia su hijo. Incluso tomó la iniciativa de ir a un antro, y ha abierto su casa y su corazón a los compañeros de Toño. Podría no haberlo hecho. Podría haberse rehusado a conocer el mundo de su hijo, como lo hacen muchos padres. Ella ha preferido rescatar su vínculo materno con Toño y ha llegado a respetar, si no a aprobar plenamente, algo que a fin de cuentas forma parte de su naturaleza. Y también de la suya propia: aceptar la homosexualidad de su hijo también le ha permitido, después de muchos años, aceptar la parte homosexual de ella misma, es decir, su esencial, y compartida, humanidad.

CONCLUSIÓN:
LA DIGNIDAD GAY

He intentado presentar en este libro un panorama general de la evolución reciente de la homosexualidad en Occidente en dos vertientes principales: su creciente aceptación por parte de la sociedad, el sector privado y el Estado, así como su rechazo por parte de una derecha religiosa militante que ha montado una campaña permanente en su contra. He planteado como razón principal de esta *homofobia reactiva* el hecho de que los homosexuales se han vuelto en los últimos años el chivo expiatorio, el blanco preferido, de una reacción conservadora que se opone no sólo a la libertad sexual, sino también al aborto, la anticoncepción, el divorcio, la igualdad de género, los derechos de las mujeres y de las minorías: en una palabra, a todos los avances sociales de los últimos cincuenta años.

Esto ha colocado a los homosexuales en una posición no sólo vulnerable, sino contradictoria. Por una parte, pueden vivir abiertamente, casarse y hasta adoptar hijos en algunos países; por la otra, siguen siendo objeto de una homofobia a veces violenta. Por un lado, la normalización; por el otro, el riesgo, sobre todo cuando no están en aquellos (pocos) lugares en los cuales ya no importa la orientación sexual de las personas.

Sin embargo, que existan dichos espacios de libertad es en sí revolucionario. Nunca antes se había visto tal aceptación, y es impresionante la rapidez con la que ha desaparecido, en buena medida, la homofobia milenaria. Esta normalización de la homosexualidad, aunque sea en pocos lugares, nos demuestra muchas cosas: que sí es posible ser gay sin culpa ni vergüenza, que la sociedad sí es capaz de asimilar la diversidad, que ésta no representa peligro alguno para instituciones tradicionales como la familia y el matrimonio, y finalmente que, cuando conquistan los derechos civiles plenos, los homosexuales suelen llevar vidas muy parecidas a las de la demás gente. Cuarenta años después, la liberación gay no llevó a un colapso de los valores, ni a la androginia, ni a la creación de guetos marginados, como tanto se temió, sino a una integración social marcadamente conformista.

Por ello, y por el círculo virtuoso del que hablamos en el capítulo 1, los espacios de libertad se están ampliando, y no sólo en los países industrializados. Al igual que para las demás minorías, se trata de un cambio social y cultural de vastos alcances; la legalización del matrimonio gay o sus variantes no es meramente un asunto de leyes. Se respira un aire de tolerancia generalizado, cada vez mayor. Pero éste todavía no es el final. Los homosexuales han ganado algunas batallas y perdido otras: aún hay mucho trabajo por delante.

La normalización de la homosexualidad ha tenido un costo y lo seguirá teniendo: la condición de la aceptación siempre ha sido precisamente el conformismo, como si la sociedad les dijera a los homosexuales: "Los aceptaremos como seres normales si ustedes se portan como tales, es decir, como nosotros". Y esto es, en términos generales, lo que ha sucedido. Contribuyó a ello el peso político y económico de los homosexuales, así como su cooptación por el consumismo y la publicidad. Por otra parte, desempeñaron un papel importante los avances logrados simultáneamente por otros grupos minoritarios bajo el auge de la legislación antidiscriminatoria, y la aceptación paulatina de la diversidad (étnica, religiosa, sexual) en las democracias occidentales. La normalización de la homosexualidad no sucedió por sí sola: dependió, y seguirá dependiendo, de las conquistas sociales y legislativas de las demás minorías.

También ha desempeñado un papel central la construcción de una comunidad gay. Y no estoy hablando sólo del distrito Castro en San Francisco o los demás barrios gays en Estados Unidos y Europa, sino de una comunidad gay globalizada que se ha consolidado en el ciberespacio. Es en buena medida gracias a internet que los homosexuales ya no están solos, vivan dónde vivan: ahí han encontrado un sentimiento de pertenencia y una identidad colectiva que van mucho más allá de cualquier espacio geográfico. A través de internet han compartido experiencias e información, y han forjado redes de apoyo locales, nacionales e incluso trasnacionales. Cuando el gobierno iraní ejecuta a dos jóvenes homosexuales, grupos gays salen a la calle en Irlanda, Francia, el Reino Unido, Austria, los Países Bajos y Suecia. Las asociaciones gays del mundo entero estudian lo que sucede en España, en Massachusetts, en Sudáfrica, y adaptan sus estrategias en función de las lecciones aprendidas. Todo ello ha sido posible, en gran parte, gracias a internet.

La normalización de la homosexualidad ha dependido de todos estos elementos que convergieron en los años noventa del siglo pasado. El impacto ha sido importante, tanto para los heterosexuales como para los homosexuales. Para los primeros, la presencia gay en la cultura y en los medios masivos ha contribuido, por ejemplo, a una mayor flexibilidad en los roles de género, cuya prueba más visible es el surgimiento del hombre metrosexual. Ha llevado a una mayor aceptación no sólo de la homosexualidad, sino de la bisexualidad: un número creciente de hombres y mujeres reconocen haber sentido atracción por personas de ambos sexos en todos los países donde hay encuestas al respecto. Esto no significa necesariamente que actúen en función de ello, pero sí que puedan ya permitirse una sexualidad más libre y auténtica, sea cual sea su orientación. La normalización de la homosexualidad ha llevado asimismo a un amplio proceso de reflexión sobre la familia, la pareja, la relación entre hombres y mujeres, y a una mayor tolerancia en todos los ámbitos.

LOS OBSTÁCULOS A VENCER

La aceptación social que se está dando en tantos países es real, pero no debemos cometer el error de considerarla como una conquista definitiva. Aún es precaria. Hay demasiados ejemplos históricos de minorías que llegaron a sentirse seguras por estar ya plenamente integradas, y que sin embargo se volvieron de nuevo objeto de persecución e incluso exterminio. El ejemplo histórico más notorio es por supuesto el de los judíos, pero no olvidemos que también los homosexuales fueron enviados a los campos de concentración, y esto tras un periodo de relativa aceptación en Europa y en la misma Alemania.

La opinión pública puede volcarse de nuevo contra las minorías: en tiempos de incertidumbre, guerra, crisis económicas, epidemias, descomposición social y vastos movimientos migratorios, tienden a resurgir el racismo, el fundamentalismo religioso, la xenofobia, y por supuesto la homofobia. En tales épocas también suele observarse, incluso en los países más liberales, un vuelco hacia la derecha, con sus concomitantes campañas a favor de los valores tradicionales. Con la eventual llegada al poder de gobiernos de derecha es perfectamente posible la derogación del matrimonio gay, por ejemplo. Como señalé en la introducción, la aceptación social de la homosexualidad se ha dado muy rápidamente. Esto ha sido positivo, pero también implica cierta precariedad: se trata de un fenómeno aún muy reciente para ser completamente asimilado por la sociedad en su conjunto.

Por otra parte, si bien es cierto que la generación joven, nacida después de 1980, parece aceptar sin mayor problema la homosexualidad, me preocupa que esta tolerancia pudiera resultar superficial. No se trata necesariamente de una aceptación real, sino a veces de meros eslóganes demasiado fáciles, como "Cada quien su vida" o "Cada cabeza es un mundo", que reflejan una tolerancia de orden personal más que cívico. Bajo esta óptica relativista, cada quien tiene el derecho de hacer lo que quiera, porque yo también quiero ejercer ese derecho sin que nadie me estorbe. Esto no es respeto ni aceptación, sino una forma de *indiferencia* hacia los demás, "mientras no se metan conmigo". La larga lucha de los negros en Estados Unidos y del feminismo en todo el mundo se ha enfrentado a este dilema: los negros y las mujeres tienen derechos sólo hasta cierto punto, y tanto el racismo como el machismo siguen vigentes, aunque sea bajo formas más sutiles. Ya no se lincha a los negros, en el mundo occidental ya no se encierra a las mujeres, pero sigue habiendo barreras muy reales a su plena aceptación en el mundo laboral, económico y social. Sin embargo, según las encuestas, tales barreras ya no son tema de preocupación para los jóvenes, quienes dan por sentados los derechos de las minorías y de las mujeres. Así, muchísimas jóvenes no se consideran feministas porque ya no ven la necesidad de serlo. Como si ya se hubiera ganado la guerra, cuando sólo se han ganado algunas escaramuzas.

Creo que los homosexuales deben congratularse por los logros obtenidos, pero también mantener una buena dosis de desconfianza. No se trata sólo de seguir en la lucha legislativa y consolidar una mayor visibilidad en la cultura y los medios, sino de mantener una reflexión profunda y constante sobre las metas a largo plazo y sobre las mejores estrategias para lograrlas. En este momento, cuarenta años después del inicio de la liberación gay, habiendo logrado tantos avances ante la ley, la medicina, la psicología y la sociedad en su conjunto, es hora de preguntarnos: ¿cuáles son ahora los objetivos? ¿Adoptar hijos? ¿Salir en la tele? ¿Abrir más antros? ¿Obtener campañas públicas a favor de la diversidad? ¿Basta con haber logrado leyes contra la discriminación? ¿Será suficiente con poder casarse? Y cuando hayamos vencido la homofobia, ¿qué sigue?

LA DIGNIDAD GAY

Estoy convencida de que el siguiente paso es que los mismos homosexuales asuman plenamente la normalización de la homosexualidad. Esto significa rebasar la fase histórica de la lamentación, que consistió en provocar lástima para luego pedir comprensión y aceptación. En efecto, en los últimos treinta años, y hasta la fecha en los países homofóbicos, hemos visto a muchos homosexuales dedicarse a describir en los foros públicos (sobre todo en los medios masivos) todo lo que han padecido a causa de la discriminación. Este sufrimiento ha sido indudablemente real y ha tenido consecuencias muy lastimosas y duraderas para incontables homosexuales, pero creo que exponerlo públicamente ya no sirve a la causa. Por el contrario, ratifica todos los estereotipos homofóbicos, por no hablar del morbo, que tan gustosamente cultivan los medios masivos respecto de la homosexualidad. Confirman, una vez más, que los homosexuales son personas "sensibles", básicamente infelices, solitarias y fracasadas, que merecen la compasión de la sociedad.

Habiendo asumido una identidad gay y logrado una comunidad gay, así como muchos avances reales, el siguiente paso es lograr la *dignidad gay*. Esto significa presentarse ante la sociedad, ya no como menores de edad que piden comprensión, sino como adultos que exigen respeto. La verdadera igualdad no vendrá de la compasión. Tampoco es necesaria la comprensión. Para tomar algunas analogías: no es necesario conocer a fondo la historia de la esclavitud para saber que los negros merecen el mismo trato que los blancos. No es necesario empaparse de la cultura judía para tomar una posición decidida contra el antisemitismo. No es necesario ser mujer ni entender lo que han sufrido las mujeres en las sociedades machistas para estar a favor de la equidad de género. Lo único que se requiere es aceptar la igualdad de derechos para todos, sencillamente porque todos formamos parte de la misma sociedad y estamos ligados por el mismo contrato social. Como tan bien lo dijo Rodríguez Zapatero al legalizar el matrimonio gay en España, "una sociedad que ahorra sufrimiento inútil a sus miembros es una sociedad mejor". La compasión no tiene nada que ver en el asunto.

Por ello, para lograr la dignidad gay es urgente dejar atrás la victimización. La realidad ha rebasado esa fase histórica, que quizá fue necesaria en un principio para despertar en los heterosexuales cierta conciencia de la homofobia. Pero hoy día, y aun en un país como México, los homosexuales ya no requieren ni merecen la lástima de la sociedad, sino la plena aceptación. Existen ya suficientes homosexuales plenamente integrados, aceptados e incluso admirados, para seguir tocando la misma nota habiendo tantas otras, como el trabajo, el mérito y la integridad personales, y sencillamente vivir una vida sana y plena.

COSTOS DE LA INTEGRACIÓN SOCIAL

A propósito de este último tema, muchos heterosexuales ya no tienen problema con la homosexualidad como tal, pero sí con cierto estilo de vida gay, sobre todo entre los hombres. Me refiero al mundo de los antros, que suele entrañar el consumo excesivo de drogas y alcohol, y una sexualidad anónima a menudo desprotegida, es decir, una serie de conductas adolescentes, por no decir autodestructivas. Creo que este estilo de vida, muy común sobre todo entre los jóvenes gays, es una barrera a la aceptación. Ésta no es meramente una opinión personal: la he escuchado en boca de heterosexuales y homosexuales por igual.

A este respecto me gustaría citar un artículo que apareció recientemente en el *Guardian,* periódico inglés de centroizquierda, escrito por
un comentarista gay muy conocido que trabaja tanto en radio y televisión
como en la prensa. Su título en español es "La sociedad ya acepta a los
hombres gays como iguales. Entonces, ¿por qué demonios siguen tantos
de ellos comportándose como adolescentes?"[1] El autor, Simon Fanshawe,
acababa de realizar un documental transmitido en la BBC llamado "¿Qué
les pasa a los hombres gays?", y reconoció que al hacerlo probablemente
había cortado amarras con "las facciones más radicales del mundo gay" y
los "hedonistas" que siguen buscando "el clímax de su vida en el alcohol,
las drogas y la 'putería'".

Escribe: "Los dos grupos siguen creyendo que basta con ser gay para ser
buenas personas. Yo ya no lo creo. Y en este programa me di a la tarea de
exponer el hecho de que los hombres gays seguimos viviendo como adolescentes, obsesionados con la sexualidad, el cuerpo, las drogas, la juventud y
el ser 'gay'." "Pasamos", insiste, "demasiado tiempo en el ligue, los saunas,
el web gay". Fanshawe confiesa que él ha hecho exactamente lo mismo, y
se describe como un hombre gay en sus cuarenta que se pregunta cuándo
"vamos a aprovechar la oportunidad de ser adultos en una sociedad que, al
menos legalmente, ya nos considera como iguales".

Reconoce que durante mucho tiempo, en la primera época de la liberación gay, fue importante vivir la libertad sexual y exigir el derecho a hacerlo. Pero ahora, dice, ciertas cosas ya no promueven la causa gay sino, al
contrario, no hacen más que chocarle a la gente. Por ejemplo, pasearse por
las calles en tanga simplemente porque es la marcha del orgullo gay ya no
transmite más que inmadurez; lo mismo sucede con el hecho de tener relaciones sexuales en lugares públicos, cosa que no hacen ni toleran los heterosexuales. Fanshawe critica asimismo las publicaciones gays, con sus páginas
y páginas de anuncios sexuales: "Hemos normalizado la prostitución".

Prosigue: cuando se trata de sexo, ya no hacemos distinciones, "ya no
pensamos en los efectos que [nuestra conducta] pudiera tener sobre nuestra salud emocional o mental, ni sobre nuestra capacidad para hacer juicios
morales en el mundo". Claro, reconoce, en el mundo gay se hacen juicios,
pero están basados casi enteramente en las apariencias, en el cuerpo. Y
declara:

El mundo ha cambiado para los hombres gays. He de añadir la objeción ritual
de que sigue habiendo homofobia, por supuesto; pero el hecho es que, según la

[1] Simon Fanshawe, "Society Now Accepts Gay Men as Equals. So Why on Earth Do So
Many Continue to Behave like Teenagers?", *The Guardian*, 21 de abril de 2006.

ley, hemos logrado una igualdad casi total. Sin embargo, seguimos comportándonos como si fuéramos todavía una minoría marginada, excluida del mundo de la responsabilidad. Los hombres gays tenemos mucho trabajo por delante. Seguimos siendo adictos a las drogas, la sexualidad y las apariencias, y a todo ello le damos el nombre de cultura gay.

Menciona los costos: el uso alarmante de la droga sintética *cristal meth*, las tasas crecientes de infecciones por VIH y sífilis, la cual en los últimos cinco años se ha sextuplicado entre los hombres gays británicos.

Concluye con un llamado a la madurez,

> porque los hombres gays hemos luchado por la libertad y ahora tenemos a nuestro alcance un nuevo mundo. Algunos de nosotros estamos listos para asumirlo: uniones civiles, la posibilidad de adoptar hijos, nuestra visibilidad real en nuestras comunidades, a las cuales contribuimos de tantas maneras, desde liderar la lucha contra el sida hasta promover campañas que mejoren la salud pública para todos: eso es vivir como ciudadanos. Pero para asumirlo tenemos que dejar atrás nuestros años adolescentes de sexo, de drogas y de burla hacia la gente mayor, y comprometernos con un futuro de fidelidad y responsabilidad. Ya no se trata de construir castillos en el aire. Hemos llegado, por fin, al mundo real.

Palabras de una singular resonancia, viniendo de un hombre gay que se dedica a pensar y a describir la vida gay desde una perspectiva gay. Pero igualmente impactantes resultan las reacciones de sus lectores, publicadas a continuación de la versión *online* del artículo.[2] Se pueden leer un centenar de comentarios que ilustran muy bien el debate acerca de hacia dónde va la homosexualidad en un país en el que ha habido avances importantes en los derechos gays, como la legalización de la unión civil, cuando la generación que hizo y vivió plenamente la liberación gay se está acercando ya a los cincuenta años. Veinte lectores felicitan a Fanshawe por su artículo y expresan su total acuerdo con él; la mayoría de ellos comparten sus críticas al estilo de vida que describe, pero objetan que no todos los gays participan en él. Finalmente, sólo una minoría de los lectores de Fanshawe defienden el "hedonismo gay": algunos preguntan cuál es el problema, otros alegan que los heterosexuales hacen exactamente lo mismo, otros más sostienen que los homosexuales no tienen por qué adoptar valores heterosexuales como la fidelidad, y por último algunos se erigen contra cualquier tipo de "moralismo" y lo equiparan con la homofobia.

---

[2] Véase www.guardian.co.uk.

He escogido presentar aquí la opinión de un grupo de hombres gays lo suficientemente informados y politizados como para leer el *Guardian* y escribir sus reflexiones, para que mi cuestionamiento no parezca meramente el de una dama moralizadora. Creo que este debate es importante y urgente para todos los homosexuales, porque plantea una pregunta esencial: ¿cuál debe ser el siguiente paso, después de la liberación gay, después de la creación de comunidades gays, después de las conquistas legislativas, después de cierta aceptación social? Estas interrogantes pueden parecer prematuras en un país como México, donde todavía hay tanto por hacer, pero he oído a muchos hombres gays mexicanos quejarse del "medio" y expresar su repudio hacia una vida social centrada en los antros. Y si estas preguntas ahora son, en efecto, prematuras, ya no lo serán en unos cuantos años.

Porque, a fin de cuentas, la normalización de la homosexualidad tiene que ver no sólo con su aceptación por parte de la sociedad, sino también con una integración social por parte de los homosexuales, desde el punto de vista de una responsabilidad personal y cívica. Éstas parecen ser, por ahora en todo caso, las condiciones para ganar no sólo la aceptación, sino también, y sobre todo, el respeto.

BIBLIOGRAFÍA

LIBROS Y ARTÍCULOS

ALTMAN, DENNIS, *The Homosexualization of America: The Americanization of the Homosexual*, Nueva York, St. Martin's Press, 1982.

ARCHER, BERT, *The End of Gay*, Nueva York, Thunder's Mouth Press, 2002.

BAGEMIHL, BRUCE, *Sexual Exuberance: Animal Homosexuality and Natural Diversity*, Nueva York, St. Martin's Press, 1999.

BENOTSCH, ERIC G., SETH KALICHMAN y MAGGI CAGE, "Men Who Have Met Sex Partners via the Internet: Prevalence, Predictors, and Implications for HIV Prevention", *Archives of Sexual Behavior*, vol. 31, no. 2, abril de 2002, pp. 177-183.

BRIGHT, SUSIE, "Come Out If You're Gay or Straight!", *Gay & Lesbian Review Worldwide*, vol. 7, no. 1, 2000, pp. 40-41.

BRITO, ALEJANDRO, "Del derecho de convivencia a la conveniencia de no reconocerlo: la izquierda y el movimiento por las sociedades de convivencia en México", *Debate Feminista*, año XVI, vol. 32, octubre de 2005.

BRONSKI, MICHAEL, *Culture Clash: The Making of Gay Sensibility*, Boston, South End Press, 1984.

BROWN, GRAHAM, BRUCE MAYCOCK, y SHARYN BURNS, "Your Picture Is Your Bait: Use and Meaning of Cyberspace among Gay Men", *The Journal of Sex Research* 42, no. 1, 2005, pp. 63 y ss.

BULL, CHRIS, "A Step toward Protection", *The Advocate*, 23 de diciembre de 1997, p. 16.

BUTTERS, RONALD R., JOHN M. CLUM y MICHAEL MOON (comps.), *Displacing Homophobia: Gay Male Perspectives in Literature and Culture*, Durham, N.C., Duke University Press, 1989.

CASTAÑEDA, MARINA, *La experiencia homosexual*, México, Paidós, 1999.

————, *El machismo invisible*, México, Grijalbo / Hoja Casa Editorial, 2002.

CHASIN, ALEXANDRA, *Selling Out*, Nueva York, Palgrave, 2002.

CREEKMUR, COREY K., y ALEXANDER DOTY (comps.), *Out in Culture: Gay, Lesbian, and Queer Essays on Popular Culture*, Durham, N.C., Duke University Press, 1995.

DAILY MAIL, THE, "Gay Partners Make Better Parents, Say Adoption Chiefs; Agency Sparks Fury as It Backs Executive's Plan for Change in Law", 22 de noviembre de 2005, p. 8.

EBO, BOSAH (comp.), *Cyberghetto or Cybertopia?: Race, Class, and Gender on the Internet*, Westport, C.T., Praeger Publishers, 1998.

ELIASBERG, KRISTIN, "Making a Case for the Right to be Openly Different", *The New York Times*, 16 de junio de 2001.

FREUD, SIGMUND, *Obras completas* (trad. Luis López-Ballesteros y de Torres), Madrid, Biblioteca Nueva, 1973.

GORSKI, PAUL, "The Multiculturality of the World Wide Web", *Multicultural Perspectives*, vol. 1, no. 3, 1999, pp. 44-46.

GROSS, LARRY, *Up from Invisibility*, Nueva York, Columbia University Press, 2001.

HARRIS, DANIEL, *The Rise and Fall of Gay Culture*, Nueva York, Ballantine Books, 1997.

————, *Cute, Quaint, Hungry, and Romantic: The Aesthetics of Consumerism*, Nueva York, Basic Books, 2000.

HARRIS INTERACTIVE y GLSEN, *From Teasing to Torment: School Climate in America, a Survey of Students and Teachers*, Nueva York, GLSEN, 2005.

HEALY, CHRISTOPHER, "Marriage's Bloody Backlash: Legal Victories and the Movement to Legalize Gay Marriage Have Meant an Increase in Gay Bashing", *The Advocate*, 17 de abril de 2004, pp. 38 y ss.

HEREK, GREGORY M., y JOHN P. CAPITANIO, "Sex Differences in How Heterosexuals Think about Lesbians and Gay Men: Evidence from Survey Context Effects", *The Journal of Sex Research*, vol. 36, no. 4, 1999, p. 348.

HEREK, GREGORY M., JEANINE C. COGAN y J. ROY GILLIS, "Victim Experiences in Hate Crimes Based on Sexual Orientation", *Journal of Social Issues*, vol. 58, no. 2, 2002, pp. 319 y ss.

JONES, WENZEL, "America Online December 1997: The Internet Reshaped How Gay People Interact. It Also Put at Risk the Navy Career of Officer Timothy McVeigh", *The Advocate*, 12 de noviembre de 2002, p. 71.

JORDAN, TIM, *Cyberpower: The Culture and Politics of Cyberspace and the Internet*, Londres, Routledge, 1999.

KAISER, CHARLES, "Anti-Semitism vs. Homophobia", *The Advocate*, 23 de mayo de 2000, p. 112.

KANTOR, MARTIN, *Homophobia: Description, Development, and Dynamics of Gay Bashing*, Westport, C.T., Praeger, 1998.

KAUFMAN, GAYLE, y VOON CHIN PHUA, "Is Ageism Alive in Date Selection among Men? Age Requests among Gay and Straight Men in Internet Personal Ads", *The Journal of Men's Studies*, vol. 11, no. 2, 2003, pp. 225 y ss.

KERNS, JOHN G., y MARK A. FINE, "The Relation between Gender and Negative Attitudes toward Gay Men and Lesbians: Do Gender Role Attitudes Mediate This Relation?", *Sex Roles: A Journal of Research*, vol. 31, nos. 5-6, 1994, pp. 297 y ss.

KING, BEVERLY R., "I Have 'A Mommy, a Daddy, and a Barbara': The Psychology of Parenting as a Lesbian or a Gay Man", *The Journal of Sex Research*, vol. 39, no. 4, 2002, pp. 335 y ss.

KIRBY, DAVID, "From Soft Words to Hard Fists", *The Advocate*, 24 de noviembre de 1998, p. 39.

LEE, JOHN ALAN (comp.), *Gay Midlife and Maturity*, Nueva York, Harrington Park Press, 1991.

MEDEIROS, DANIEL M., "Get Used to It! Children of Gay and Lesbian Parents", *Archives of Sexual Behavior* 32, no. 5, 2003, pp. 490 y ss.

MILLBANK, JENNI, "From Here to Maternity: A Review of the Research on Lesbian and Gay Families", *Australian Journal of Social Issues* 38, no. 4, 2003, pp. 541 y ss.

MONDIMORE, FRANCIS MARK, *Una historia natural de la homosexualidad* (trad. Mireille Jaumá), Barcelona, Paidós, 1998.

MUSTANSKI, BRIAN S., "Getting Wired: Exploiting the Internet for the Collection of Valid Sexuality Data", *The Journal of Sex Research*, vol. 38, no. 4, 2001, pp. 292 y ss.

NATION, THE, "The Net That Binds: Using Cyberspace to Create Real Communities", 21 de junio de 1999, p. 11.

OSGERBY, BILL, *Playboys in Paradise: Masculinity, Youth and Leisure-Style in Modern America*, Nueva York, Berg, 2001.

PERRY, BARBARA, *In the Name of Hate: Understanding Hate Crimes*, Nueva York, Routledge, 2001.

QUINN, DAN, "Hate: The Crime That's Not Necessarily a Crime", *The Advocate*, 10 de junio de 1997, pp. 50 y ss.

QUITTNER, JEREMY, "Addicted to Dot-Com Sex: With Sex Options on the Net Almost as Plentiful as Bauds per Second, Many Gay Men Are Finding That Online Life Has Had a Chilling Effect on Their Mental and Physical Health", *The Advocate*, 4 de febrero de 2003, pp. 34 y ss.

ROWSE, A. L., *Homosexuals in History*, Nueva York, Carrol & Graf Publishers, 1977 [versión en castellano: *Los homosexuales en la historia* (trad. Elena Liaras Muls), Barcelona, Planeta, 1981].

RUSSELL, GLENDA M., y JANIS S. BOHAN, "The Gay Generation Gap: Communicating Across the LGBT Generational Divide", *Angles,* vol. 8, no. 1, diciembre de 2005.

SAVIN-WILLIAMS, RITCH C., *The New Gay Teenager,* Cambridge, Mass., Harvard University Press, 2005.

SEIDMAN, STEVEN, *Beyond the Closet,* Nueva York, Routledge, 2004.

STRONG, SCOTT M., DEVENDRA SINGH y PATRICK K. RANDALL, "Childhood Gender Nonconformity and Body Dissatisfaction in Gay and Heterosexual Men", *Sex Roles: A Journal of Research,* 2000, p. 427.

TOMSEN, STEPHEN, Y GAIL MASON, "Engendering Homophobia: Violence, Sexuality and Gender Conformity", *Journal of Sociology,* vol. 37, no. 3, 2001, pp. 257 y ss.

VAID, URVASHI, *Virtual Equality,* Nueva York, Doubleday, 1996.

VARY, ADAM, "Better Dating through Circuitry: Gay Singles Looking for Relationships Rather Than Just Sex Are Finding Success Via the Internet", *The Advocate,* 4 de Febrero de 2003, pp. 30 y ss.

WESTON, KATH, *Families We Choose: Lesbians, Gays, Kinship,* Nueva York, Columbia University Press, 1991.

WHITLEY, BERNARD E., "Gender-Role Variables and Attitudes toward Homosexuality", *Sex Roles: A Journal of Research,* 2001, pp. 691 y ss.

YOSHINO, KENJI, "Covering", *The Yale Law Journal,* vol. 111, número 4, enero de 2002.

PERIÓDICOS EN LÍNEA

The Guardian (www.guardian.co.uk).
The Los Angeles Times (www.latimes.com).
Le Monde (www.lemonde.fr).
The New York Times (www.nytimes.com).
El País (www.elpais.es).
Reforma (www.reforma.com).

PUBLICACIONES GAYS EN LÍNEA

365 Gay.com (www.365gay.com).
The Advocate Internet (www.advocate.com).
Anodis (www.anodis.com).
The Electronic Gay Community Magazine (www.awes.com/egcm).
La France Gaie et Lesbienne (www.france.qrd.org).
Gay Barcelona (www.gaybarcelona.net).
Gay.com (www.gay.com/index.html).

Global Gayz (www.globalgayz.com).
Gay/Lesbian Topix.net (www.topix.net/news/gay).
Planet Out (www.planetout.com).

PUBLICACIONES EX GAY EN LÍNEA

Exodus International (www.exodus-international.org).
Inqueery (http://inqueery.com).
Love Won Out (www.lovewonout.com).
NARTH (National Association for Research and Therapy of Homosexuality, www.narth.com).
PFOX (Parents and Friends of Exgays and Gays, www.pfox.org).

ORGANIZACIONES DEDICADAS A LOS DERECHOS HUMANOS, EDUCACIÓN Y MONITOREO DE MEDIOS

American Civil Liberties Union (www.aclu.org).
Amnesty International (www.amnesty.org).
Association des Parents et Futurs Parents Gays et Lesbiens (www.apgl.asso.fr).
The Commercial Closet (www.commercialcloset.org/cgi-bin/iowa/index.html).
Equality Forum (www.equalityforum.com).
Gay and Lesbian Alliance Against Defamation (www.glaad.org).
Gay, Lesbian, and Straight Education Network (www.glsen.org/cgi-bin/iowa/home.html).
Gender Public Advocacy Coalition (www.gpac.org).
Human Rights Campaign (www.hrc.org).
International Gay and Lesbian Association (www.ilga.org).
Lambda Legal Defense and Education Fund (www.lambdalegal.org/cgi-bin/iowa/index.html).
Media Awareness Network (www.media-awareness.ca).
National Gay and Lesbian Task Force (www.thetaskforce.org).
Out & Equal (www.outandequal.org).
OutProud (www.outproud.org).
Partners Task Force for Gay and Lesbian Couples (www.buddybuddy.com/partners.html).
Parents, Families and Friends of Lesbians and Gays (www.pflag.org).
PrideParenting (www.prideparenting.com).
Stonewall (www.stonewall.org.uk).

SITIOS INTERNACIONALES, ACADÉMICOS, MÉDICOS Y PSICOLÓGICOS

American Academy of Pediatrics (www.aap.org).
American Medical Association (www.ama-assn.org).
American Psychiatric Association (www.psych.org).
American Psychological Association (www.apa.org).
Journal of Homosexuality (www.haworthpress.com).
National Association of Social Workers (www.naswdc.org).
Organización Mundial de la Salud (www.who.int).
Parlamento Europeo (www.europarl.europa.eu).

BIBLIOGRAFÍAS, ENCUESTAS Y BASES DE DATOS EN LÍNEA

Federal Bureau of Investigation (www.fbi.gov).
Gay and Lesbian Consumer Census (www.glcensus.org).
Gay and Lesbian Studies Resources (www.lib.uchicago.edu/e/su/gaylesb).
Gay Demographics (www.gaydemographics.org).
The Institute for Gay and Lesbian Strategic Studies (www.iglss.org).
The Pew Research Center for the People and the Press (http://people-press.
   org).

ENCICLOPEDIAS EN LÍNEA

GLBTQ (An Encyclopaedia of Gay, Lesbian, Bisexual, Transgender & Queer
   Culture, www.glbtq.com).
Wikipedia (www.wikipedia.org).

También publicado por Paidós

LA EXPERIENCIA HOMOSEXUAL
Marina Castañeda

Aunque cada vez más homosexuales "salen del clóset", y a pesar de que en algunos países desarrollados se toman medidas para evitar la discriminación basada en la orientación sexual y se buscan formas de extender a parejas de un mismo sexo los beneficios del matrimonio, en casi todo el mundo gays y lesbianas siguen siendo una minoría discriminada y marginada. Al mismo tiempo, constituyen una parte invisible de la sociedad heterosexual: se encuentran en todas las etnias, todas las clases sociales, todas las religiones, todas las profesiones, todas las ciudades del mundo (como lo resume una consigna alegremente coreada en las marchas del orgullo gay, "estamos en todas partes"). Con sus conductas y relaciones no circunscritas a los roles tradicionales, y al buscar modelos alternativos de pareja, de comunicación y de sexualidad, gays y lesbianas son un ejemplo paradigmático de lo que significa formar parte de una sociedad y simultáneamente vivir al margen de ella.

Basada en las investigaciones más recientes y en su propia experiencia clínica y personal, la psicoterapeuta Marina Castañeda analiza y explica la dimensión subjetiva de la homosexualidad para todo aquel interesado en comprenderla desde dentro (los homosexuales mismos) o desde fuera (sus familiares, sus amigos, sus terapeutas). Entre los temas aquí estudiados destacan la manera como uno se vuelve homosexual y construye su identidad, la homofobia internalizada, las dinámicas de las relaciones amorosas entre personas de un mismo sexo, la bisexualidad, la función social y cultural de la homosexualidad, las implicaciones de la marginalidad, y las perspectivas para las nuevas generaciones. *La experiencia homosexual* es, en suma, un libro innovador que con gran acierto contribuye a cubrir la preocupante ausencia de información seria y desprejuiciada sobre el tema en el mundo de habla hispana.

UNA HISTORIA NATURAL DE LA HOMOSEXUALIDAD
Francis Mark Mondimore

A lo largo de la historia, la gente ha definido la
homosexualidad de muchas formas: como un pecado terrible,
un don divino, una enfermedad mental o una alteración de la
naturaleza humana. Desde que se acuñó la palabra *homosexual*
en 1869, académicos y científicos de distintas disciplinas
han intentado comprender el fenómeno de las relaciones
íntimas con el propio sexo. En esta obra, el psiquiatra
Francis Mark Mondimore explora el complejo paisaje de la
orientación sexual, explica cómo se ha entendido y definido la
homosexualidad desde la antigüedad hasta ahora, y resume los
últimos descubrimientos de la biología, la historia, la psicología
y la antropología. Asimismo, Mondimore revisa la investigación
biológica actual sobre el carácter de la orientación sexual,
examina los recientes descubrimientos científicos sobre la
función hereditaria y hormonal, y discute nuestra actual
comprensión de la bisexualidad. También se centra en el
proceso por el cual los individuos llegan a identificarse a
sí mismos como homosexuales, en la sensibilidad de los niños
respecto a su propia identidad sexual, y en las consecuencias
psicológicas del estigma homosexual en los adolescentes. Para
terminar, la obra analiza la discriminación antihomosexual y la
aparición del movimiento de orgullo gay.

UNA HISTORIA SOCIOCULTURAL DE LA HOMOSEXUALIDAD
Xabier Lizarraga Cruchaga

Desde que se tiene memoria, mujeres y hombres homosexuales han sido una de las minorías más oprimidas: han vivido una historia cruenta de odio, persecución, encierro, invisibilidad. En el mejor de los casos, se los ve de soslayo o se les concede una engañosa tolerancia represiva. En las últimas décadas ha habido cierta apertura de criterios y parecería que quienes aman a gente de su mismo sexo, juzgados intermitentemente como pecadores, delincuentes, perversos o enfermos, ya no tienen que pedir permiso para existir. Entonces, ¿por qué tantos siguen haciéndolo?

Con la mirada lúcida e incisiva propia del investigador social, y a la vez con el profundo conocimiento del tema adquirido con su participación en capítulos recientes y decisivos de esta historia, Lizarraga, uno de los pioneros del movimiento de liberación homosexual en México y todavía hoy activo militante, nos ofrece una obra con cuya lectura, como sostiene José Ramón Enríquez, "se entiende claramente aquella consigna del movimiento homosexual en sus inicios: 'No nos da vergüenza, nos da miedo'", pues "¿cómo no sentir miedo si estamos ante una historia de odios que desde hace milenios han entrado en las venas y en la médula de todas las víctimas? Porque cuando en este libro se habla de odio, se habla también del peor, del que se tiene el homosexual a sí mismo, simplemente por serlo. Se habla también de que el homosexual es víctima de sí mismo, y la liberación comienza por mirarse al espejo y sonreírse, y por atreverse a entreabrir las puertas del propio clóset para dejar entrar el aire fresco y respirar por fin, pase ya lo que pase. [...] Libros como éste deben ser leídos por los homosexuales [...], porque es la historia de cada uno, de la misma manera que por los heterosexuales, porque también es su historia: es la historia de un odio introyectado y del peligro de pérdida de los propios derechos, porque cada vez está más claro que cualquier libertad conculcada pone en peligro la propia".